rororo

ro
ro
ro

«Als ich zum ersten Mal im Fernsehen eine lila Kuh sah, wunderte ich mich. Im Gegensatz zu Stadtkindern, die so ein Tier noch nie gesehen hatten, wusste ich wohl, dass Kühe weiß-braun und nicht weiß-lila sind. Früh war mir klar: Milch kommt von der Kuh, und erst nachdem sie in der Kuh war, landet sie im Supermarkt. Stadtkinder, die anderer Meinung waren, lachte ich aus.

Am Nachmittag trafen wir uns auf einer Wiese. Wir versteckten uns in Sträuchern, kletterten auf Bäume und robbten durch das noch hohe Gras. Samstagvormittag wuschen die Väter ihr Auto, am Nachmittag mähten sie den Rasen. Nie wäre einer von uns kleinen Dingenskirchnern auf den Gedanken gekommen, das Dorf könnte eines Tages zu klein, zu miefig, zu uncool werden.

Jedes Kind sollte wissen, wie eine grüne Haselnuss schmeckt und wie sich Moos unter nackten Füßen anfühlt. Eine Kindheit auf dem Land ist so gut wie ein Haus am Meer.

Danke, Mama, danke, Papa, dafür. Doch eines Tages hörte ich auf, grüne Haselnüsse zu essen. Das ganze Schlamassel begann.»

Philipp Mattheis, geboren 1979 in Bayern, schreibt für die Süddeutsche Zeitung, das SZ Magazin und jetzt.de.

Philipp Mattheis

In Dingenskirchen

Geschichten vom Arsch der Welt

Rowohlt Taschenbuch Verlag

Originalausgabe
Veröffentlicht im Rowohlt Taschenbuch Verlag,
Reinbek bei Hamburg, Oktober 2011

Umschlaggestaltung ZERO Werbeagentur, München
(Umschlagabbildung: © Jürgen Gawron)
Satz Berling PostScript (InDesign) bei
KCS GmbH, Buchholz bei Hamburg
Druck und Bindung CPI – Clausen & Bosse, Leck
Printed in Germany
ISBN 978 3 499 62764 4

«Die unbekannten Partien sind vorerst vor allem eines: große Versprechungen.»

München – Geheimnisse einer Stadt.
(Michael Althen, Dominik Graf)

Prolog

Ich weiß, wie eine grüne Haselnuss schmeckt. Sie ist weicher und feuchter als eine reife Nuss. Kaut man auf ihr herum, entwickelt sich langsam ein Aroma, das an Seife erinnert. Eine unreife Haselnuss schmeckt nicht gut, aber sie ist auf der Skala der in Deutschland wild wachsenden Pflanzen noch im Bereich des Essbaren. Ich habe viele grüne Haselnüsse gegessen. Die Sträucher wuchsen an einer Hecke hinter unserem Haus. Wir Kinder pflückten schon im September die kleinen Nüsse, öffneten sie mit einem Stein und mampften, bis uns schlecht wurde.

Wir aßen einige Pflanzen, die gemeinhin nicht gerade als genießbar gelten: Kleeblätter zum Beispiel, Gänseblümchen (wobei die Stiele an Karotten erinnern und es ja heute eine ganze Menge Salate mit Gänseblümchen geben soll) und ein gezacktes grünes Kraut, dessen Name ich nicht kenne. Wir aßen Sauerampfer und saugten die kleinen weißen Blüten der Taubnessel aus, die mit ein bisschen Phantasie nach Honig schmecken. Im Sommer verliefen wir uns in Maisfeldern, schälten die jungen Kolben aus den papierartigen Blättern und aßen sie, obwohl sie nicht schmeckten. Manchmal schnitten wir uns an den scharfen Kanten der Blätter die Unterarme auf, aber das störte uns nicht. Wir rannten durch Wiesen, wo uns der Löwenzahn bis an die Knie reichte. Wir pflückten die dottergelben Blumen und überreichten den Strauß stolz unserer Mutter. Die freute sich gerührt und verbarg ihre Sorge darüber, dass wir

Kinder unsere Hosen schon wieder mit Löwenzahnsaft versaut hatten.

Ich weiß, welches Holz sich am besten dafür eignet, einen Bogen zu basteln, Eibe nämlich, und dass es Eiben gar nicht so oft gibt. Einen Kilometer hinter dem Haus meiner Eltern begann der Wald. Wir bauten Baumhäuser aus herumliegenden Ästen, die sich stets als instabiler als gedacht erwiesen. Und liefen davon, wenn wir glaubten: Dahinten kommt der Förster. Die feinen, toten Äste auf dem mit Tannennadeln übersäten Waldboden knacksten unter unseren Schritten.

Ich weiß, wie es sich anfühlt, wenn nackte Füße auf Moos treten. Es kitzelt ein wenig, aber davon einmal abgesehen, ist Moos die perfekte Gehunterlage für einen Menschenfuß.

Als ich zum ersten Mal im Fernsehen eine lila Kuh sah, wunderte ich mich. Im Gegensatz zu Stadtkindern, die so ein Tier noch nie gesehen hatten, wusste ich wohl, dass Kühe weiß-braun und nicht weiß-lila sind. Mein Vater schickte mich abends zum Bauernhof am Ende der Straße. Früh war mir klar: Milch kommt von der Kuh, und erst nachdem sie in der Kuh war, landet sie im Supermarkt. Stadtkinder, die anderer Meinung waren, lachte ich aus.

Mein Schulweg führte mich an einer großen Wiese vorbei, die immer frisch geodelt, also mit Kuhscheiße besprenkelt war. Da der Weg über die Wiese aber viel kürzer war, als über die Teerstraßen außen herum zu laufen, nahm ich den direkten Weg. Als ich im Klassenzimmer ankam, rümpfte meine Klassenlehrerin Frau Holder die Nase, aber mehr auch nicht, denn irgendjemand von uns 30 Kindern stank immer nach Kuhscheiße.

Am Nachmittag, nach Erledigung der Hausaufgaben, trafen wir uns auf einer anderen, im besten Fall nichtgeodelten, Wiese und bewaffneten uns mit Holzstöcken, von denen der eine entfernt an ein Schwert erinnerte, der andere mit etwas Phantasie ein Gewehr hätte sein können, und spielten. Wir versteckten uns in Sträuchern, kletterten auf Bäume und robbten durch das noch hohe Gras. Im Spätsommer mähte der Bauer die Wiese. Zurück blieben kleine Grasstoppeln, die schmerzten, wenn man barfuß auf ihnen lief, aber auch Berge von Gras, die wir in die Höhe warfen oder unter denen wir uns versteckten. Unser Herrschaftsbereich war riesig: Dingenskirchen ist ein Straßendorf, das heißt, es erstreckt sich über fast drei Kilometer an einer ehemaligen Bundesstraße entlang, ist aber bei weitem nicht so breit. Überall zwischen den Doppelhaushälften, Reihenhäusern und alten Bauernhöfen lagen kleine und größere Wiesen. An manchen Straßenecken gab es Misthaufen, die, mit Kinderaugen gesehen, so groß waren wie die Pyramiden von Gizeh. Aus den Ställen ertönten stetig gewaltige, lethargische Muhrufe. Sie kamen tief aus den Leibern großer, mächtiger, aber sehr sanfter Tiere. Katzen strichen im Sommer über den warmen Teer, Schäferhunde bellten hinter Gartentoren. Von März bis Oktober war immer von irgendwoher das Geräusch eines Rasenmähers zu hören. Samstagvormittags wuschen die Väter ihre Autos, am Nachmittag mähten sie den Rasen. Allerdings nie am Sonntag, denn es ist verboten, am Sonntag den Rasen zu mähen.

Hielten wir uns abseits der Hauptstraße, war unser Bewegungsradius durch nichts eingeschränkt. Die größten Teile des Dorfes waren verkehrsberuhigte Zonen, von Autos drohte nur wenig Gefahr. Fremde Menschen gab es nicht, und selbst wenn sich der kleine Gerlinger Sepp doch einmal im Kolping-Ring verlaufen sollte, las ihn früher oder später die Frau Bierlwimmer oder die Frau Riedl auf und brachte den Jungen zurück zu seiner Mutter. Die Menschen in Dingenskirchen kannten sich, denn sie trafen sich sonntags in der Kirche, unter der Woche beim Metzger und abends im Sportlerheim – und sie passten aufeinander auf. Die Eltern ließen ihre Kinder am Nachmittag nach draußen, sie streiften durch den Ort, trafen sich beim Drehkarussell hinter dem Kindergarten und drehten, bis allen schlecht geworden war.

Nie wäre einer von uns kleinen Dingenskirchnern auf den Gedanken gekommen, das Dorf könnte eines Tages zu klein, zu miefig, zu uncool werden.

Jedes Kind sollte wissen, wie eine grüne Haselnuss schmeckt, und wie sich Moos unter nackten Füßen anfühlt. Diese Empfindungen brennen sich unauslöschlich ein und werden ein Leben lang nicht vergessen. Wir Menschen leben ja noch nicht so lange in Städten, eigentlich sind wir ja alle Landeier, und eine Kindheit auf dem Land ist so gut wie ein Haus am Meer.

Danke, Mama, danke, Papa, dafür.

Doch eines Tages hörte ich auf, grüne Haselnüsse zu essen. Das ganze Schlamassel begann.

Der Vogelkäfig

Frau Deimel führte uns in ein Zimmer mit gelben Wänden. Sie zeigte auf drei mit orangenem Stoff bezogene Stühle und forderte uns auf, uns dort hinzusetzen. Dann sagte sie in sanftem Bairisch: «Der Herr Bürgermeister kimmt glei'.» Wir lehnten unsere Skateboards neben uns an die Stühle und setzten uns. Die Skateboards, das war uns wichtig, sollte der Bürgermeister unbedingt sehen. Mir fiel auf, dass an einer der Rollen ein Stück Kuhmist klebte. Kurz überlegte ich, es noch zu entfernen, bevor der Bürgermeister kam. Aber dann würde mir ja der Kuhmist zwischen den Fingernägeln kleben, und Kuhmist zwischen den Fingernägeln war ja noch viel blöder als Kuhmist an Skateboard-Rollen.

Auf dem Schreibtisch des Bürgermeisters stapelten sich ein paar Akten, ein Leitz-Ordner lag aufgeschlagen in der einen Ecke sowie ein Locher in der anderen Ecke. Außerdem stand da noch eine halbelektronische Schreibmaschine. Hinter dem Schreibtisch hingen Gardinen, sie waren hellgrün und verstaubt. Ich dachte mir, was das für eine komische Zeit gewesen sein müsse, in der Menschen die Farben Orange und Hellgrün für eine gute Kombination gehalten hatten.

Frau Deimel ging und ließ die Tür hinter sich offen. Auf dem Gang hörten wir noch ihre Tippelschritte, und dann wurde es still, unangenehm still. Fink sagte nichts, Schmidi sagte nichts, und ich sagte auch nichts. Ich kannte Frau Deimel schon seit Jahren, und Frau Deimel kannte mich seit dem Kindergarten. Frau Deimel war immer freundlich, und vielleicht, das stellte ich mir gerade in diesem Moment vor, hätte sie, wäre sie Metzgerin, mir als Kind auch immer eine Wiener geschenkt. So hatte es die Metzgerin von Dingenskirchen nämlich immer getan, wenn ich mit meiner Oma oder meiner Mama zum Einkaufen gegangen war.

Metzgerinnen auf dem Land machen das so: Sie schenken kleinen Kindern eine Wiener. Sie fragen dann immer die Begleitperson, nie das Kind selbst, ob es schon in den Kindergarten gehe oder ob es sich auf die Schule freue. Die antwortet dann mit einer netten Floskel, von wegen, ja, sehr freut sich das Kind schon. Sie blickt kurz auf das Kind hinab und sagt zu ihm: Gell, freust dich schon. Das Kind nickt. Sag danke, sagt die Begleitperson, und das Kind sagt danke. Brav, sagt die Begleitperson, und die Metzgerin lächelt. Während das Kind die Wiener mampft, unterhalten sich Metzgerin und Begleitperson über den neuesten Dorftratsch, zum Beispiel, dass es das Kind vom Bierlwimmer wahrscheinlich nicht auf das Gymnasium schaffe. Ja mei, der Bierlwimmer, sagt die eine, und dann sagt die andere, dass das ja eigentlich schon absehbar gewesen sei, weil der Bierlwimmer selbst ja auch nicht besonders helle sei und sein Kind ja schon im Kindergarten wegen seiner Blödheit aufgefallen sei. Oder sie unterhalten sich über den Fischer, der ja jetzt seine Frau verlassen habe wegen «der vom Hellinger». Die Hellinger, sagt die Metzgerin, sei ja schon sehr freundlich, aber die Fischerin, die sei ja nun ganz alleine. Ja mei, sagt die Begleitperson dann, aber nicht dieses Ist-mir-egal-Ja-mei im gelangweilten Ton, sondern das Ach-die-Arme-Ja-mei im sanften, mitfühlenden Ton. Dann gehen die Begleitperson und das Kind zum Bäcker, wo sich die Konversation wiederholt.

An all das musste ich denken, während wir in diesem gelben Raum mit den hellgrünen Gardinen auf den orangenen Stühlen saßen und auf den Bürgermeister warteten. Diese Gedanken trugen nicht gerade dazu bei, mich besser zu fühlen. Im Gegenteil: Wegen Frau Deimel, meiner Oma, der Metzgerin und der Wiener fühlte ich mich mies wie jemand, der gerade dabei ist, es sich mit all den Leuten zu verscherzen, die es gut mit einem meinen. Frau Deimel, die Metzgerin, unsere Mütter und Omas und alle anderen aus Dingenskirchen hatten Dutzende Wiener und viel Aufmerksamkeit in uns investiert, und wir hatten es ihnen mit blinder Zerstörungswut gedankt.

Ich sah Fink an, aber Fink blickte auf die Lampe mit dem grünen Blechschirm über ihm. Vielleicht ging es Fink genauso, vielleicht sogar noch viel schlimmer als mir. Denn Fink war eigentlich nicht so der aggressive Typ. Daran änderte auch die Glatze nichts, die er sich vor zwei Wochen hatte rasieren lassen. In der Grundschule war er immer davongerannt, wenn es eine Rauferei gab, und im Kindergarten, daran musste ich jetzt auch noch denken, war er weinend zur Kindergärtnerin gelaufen, wenn ihm der zwei Jahre ältere Gerlinger Sepp oder der Bierlwimmer Tom seine Lego-Burg zerstört hatten. Fink hatte sich da zu was hinreißen lassen.

Ich sah Schmidi an, er hatte sein Baseball-Cap nicht abgesetzt. Im Gegenteil – er hatte es noch tiefer ins Gesicht gezogen: Schmidi hatte seinen Angry-Young-Man-Blick drauf, diesen Ihr-kapiert-gar-nix-und-lasst-mich-verdammt-nochmal-in-Ruhe-ihr-Motherfucker-Blick, den er immer aufsetzte, wenn es irgendwie um Erwachsene ging. Das gab mir ein bisschen Sicherheit, denn wenn Schmidi jetzt auch noch eingebrochen wäre, dann hätte ich mit Sicherheit losheulen müssen, sobald der Bürgermeister erschien. «Es tut mir so leid, Herr Bürgermeister!», hätte ich geschrien. «Wir werden uns ändern, wir werden eine Therapie machen, ein Antiaggressionstraining oder so was, und wir werden wertvolle Mitglieder dieses Dorfes werden. Und den Vogelkäfig werden wir selbstverständlich ersetzen, und wenn wir unser Taschengeld für Jahre verpfänden müssen! Nur bitte, bitte, holen Sie nicht die Polizei!»

Aber Schmidi brach nicht ein, und ich war ihm so dankbar für diesen Ihr-kapiert-gar-nix-und-lasst-mich-verdammt-nochmal-in-Ruhe-ihr-Motherfucker-Blick. Dann entdeckte ich rechts von mir die Karte. Sie hing grün und groß wie eine Leinwand an der gelben Wand. Darauf waren Quadranten, Striche, Linien verzeichnet, und ab und an bohrte sich eine Pinnnadel mit rotem Kopf durch das Papier. Ich erkannte darauf den Bimskofener Forst, dann Dingenskirchen selbst und schließlich die Autobahn, die nach München führte. Die Pinnnadeln mit den roten Köpfen steckten wild verstreut in dem Waldgebiet, aber …

«Wann kommt der Motherfucker endlich?»

Hatte Schmidi gerade wirklich Motherfucker gesagt? Hatte Schmidi gerade den Bürgermeister, zwar in dessen Abwesenheit, aber doch in dessen Büro, einen Motherfucker genannt? Motherfucker! Gott, das war so cool! Ja, jetzt wusste ich es, wir würden aus dieser blöden, letztlich doch nichtigen Vogelkäfiggeschichte herauskommen! Schmidi würde Fink und mich da wieder herausbringen, genauso wie er uns hineingebracht hatte. Wir würden uns auf keinen Fall entschuldigen. Wir würden ihm ganz klar sagen, dass die Zerstörung des Vogelkäfigs ein Akt der Verzweiflung gewesen war, mit dem wir, die Jugendlichen aus Dingenskirchen, auf unsere hoffnungslose Lage aufmerksam machen wollten. Wir würden dem Bürgermeister ins Gesicht sagen, dass wir dieses blöde Ding nur zerstört hätten, weil es in Dingenskirchen keine Halfpipe zum Skaten gab. Dass ich nach einem halben Jahr Üben noch immer keinen einzigen Trick konnte, sondern nur geradeaus fahren konnte. Aber das lag nur daran, weil es in Dingenskirchen nämlich auch keine coolen Skater gab, die mir einen Trick beibringen konnten, weil überhaupt alles voller Bauern war. Dass Dingenskirchen keinen S-Bahn-Anschluss hatte und wir deswegen vom gesellschaftlichen Leben ausgeschlossen waren und dass die Mädchen in Dingenskirchen alle Landpomeranzen waren, die 14-Jährige ohne Führerschein und ohne Golf GTI nicht mit dem Arsch anschauten. Dass es in Dingenskirchen zu viele Bauern gab, die uns mit ihrer Dumpfheit tyrannisierten, und dass es überhaupt verdammt oft nach Kuhmist roch. Und dass er mal froh sein könne, dass in Dingenskirchen nicht bald die Revolution ausbrach angesichts dieser lebensunwürdigen Bedingungen für Jugendliche. All das würden wir drei, Fink, Schmidi und ich, ihm endlich einmal sagen!

Es kam dann aber doch ganz anders.

Der Bürgermeister war an und für sich ein freundlicher Mensch. Ich kannte ihn schon so lange, wie ich Frau Deimel kannte, und der Bürgermeister kannte Fink, Schmidi und mich mindestens ebenso lange. Er war bei der CSU, aber das sind auf dem Land in Bayern fast alle. Es sind so viele bei der CSU, dass es unter ihnen zwangsläufig auch nette, lustige und gar nicht so arg konservative Leute geben muss. Er war Mitte 40, hatte eine etwas zu lange Nase, weshalb er mich an Pinocchio erinnerte. Wann immer ich ihn sah, trug er Anzüge in Beige- oder Brauntönen. Irgendwie passte das zu der komischen Orange-Hellgrün-Gelb-

Kombination seiner Zimmereinrichtung. Der Bürgermeister lächelte viel. Er hatte gelächelt, als meine Eltern das Haus in Dingenskirchen gebaut hatten. Ein junges, optimistisches Paar aus der Stadt, das seine Brut im Grünen großziehen wollte, wie so viele Paare, die es Anfang der Achtziger aus der Stadt ins Umland zog und die die eingesessenen Dingenskirchner mit einer Mischung aus Bewunderung und Abfälligkeit «G'studierte» nannten. Der Bürgermeister hatte beim Weltspartag gelächelt, als alle Kinder von Dingenskirchen, die der Eingesessenen und die der «G'studierten», ihr Sparschwein zur Raiffeisenbank oder zur Sparkasse gebracht hatten (auf dem Land gibt es nur diese zwei Banken). Und er hatte gelächelt, als Dingenskirchen sein 500-jähriges Bestehen gefeiert hatte und er auf dem Pausenhof der Grundschule eine Rede gehalten hatte.

Bloß heute, an diesem Märznachmittag lächelte er nicht. Der Bürgermeister setzte sich hinter seinen Schreibtisch, schob die Akten beiseite, legte eine Klarsichtfolie mit einem Papier vor sich und sah uns an. Unangenehm lang sah er uns an, so lange, dass ich nervös wurde und an der Rolle meines Skateboards herumspielte.

«Also, Buam», sagte er. «Das ist alles eine sehr unschöne Angelegenheit. Das macht mir keinen Spaß, jetzt hier also dazusitzen mit euch.»

Er zog das Papier aus der Klarsichtfolie und las vor:

«In der Nacht vom 3. auf den 4. März wurde das Vogelgehege nahe der Fahrradgarage auf dem Gelände der Adolf-Kolping-Grundschule Dingenskirchen schwer beschädigt. In dem drei mal drei mal vier Meter großen Drahtgitternetz des Käfigs befanden sich in einer Höhe von 20 bis 100 Zentimeter mehrere faustgroße Löcher. Es ist von einer mutwilligen Beschädigung auszugehen. Hätten sich zum Tatzeitpunkt Vögel in dem Gehege befunden, wäre es diesen ein Leichtes gewesen, aus dem Gehege zu entwischen. Aufgrund der kalten Jahreszeit befanden sich allerdings keine Tiere darin. Die Anwohnerin Gerlinde Girmer konnte beobachten, dass sich kurz vor der Tat etwa drei vermummte Gestalten nahe der Fahrradgarage befunden hatten und dort Zigaretten geraucht hatten. Ihrer Aussage nach waren es dieselben Personen, die gegen 20.00 Uhr begannen, grundlos auf das Drahtgitter einzutreten. Die Anwohnerin sei aufgrund des Gejohles und Geschreis der Personen aufmerksam gemacht worden. Gemäß ihrer Aussage verließen die Täter den Tatort wenige Minuten später mit Rollbrettern, was auf dem gepflasterten Untergrund des Pausenhofs abermals zu einer nicht unerheblichen Lärmbelästigung führte. Die Anwohnerin verständigte noch in derselben Nacht den Hausmeister Wachtl. Der Sachschaden beläuft sich auf 43,80 Mark.»

Der Bürgermeister schob das Blatt Papier wieder in die Klarsichtfolie zurück und legte es auf den Leitz-Ordner. Fink hatte die Arme verschränkt und blickte zu Boden. Sein linker Fuß wippelte. Ich sah wieder auf die Landkarte mit den roten Pinnnadeln. Wenn man die Nadeln mit einer unsichtbaren Schnur verband, ergab sich daraus vielleicht ein Muster. Ein Gesicht oder so was oder ein Marihuanablatt oder ein Anarchy-A oder … auf jeden Fall irgendwas, was meine Gedanken von dieser blöden Vogelkäfiggeschichte ablenken konnte.

Schmidi setzte plötzlich sein Cap ab, und seine Locken standen wirr in alle Richtungen ab. «Herr Bürgermeister», sagte Schmidi. Aber der Bürgermeister deutete Schmidi mit der Hand, jetzt erst mal nicht zu sprechen.

«Ich frage mich», sagte er, «warum macht's ihr so etwas? Ich frage mich das ganz ehrlich, weil ich es nämlich nicht verstehe.»

Auf der Landkarte zeichnete sich so etwas wie eine Bierflasche ab: Da oben bei Dingenskirchen war der Flaschenhals, und wenn man die zwei Punkte von Bimskofen mit dazunahm, dazu nochmals zwei Pinnnadeln im Wald, dann ergab das eine schräg liegende Augustiner-Bierflasche.

«Ihr habt hier in Dingenskirchen alles, was man sich wünschen kann: Es gibt den Tennisverein, den Fußballverein, den Schützenverein, den Burschenverein, wir haben einen Schachclub, einen Tischtennisclub, Aerobic kann man machen, Mountain-Bike-Fahren, im Wald spazieren, joggen, es gibt die Kolping-Jugend, den Kegelverein, im Wald kann man Pilze suchen, Judo gibt's auch. Engagieren könnt's ihr euch. Die Leute in Dingenskirchen, die freuen sich doch über junge Leute wie euch. Als ich ein junger Bub war, gab's das alles nicht. Mein Gott, was wäre ich froh gewesen, hätte es damals so viele Angebote gegeben! Und was macht's ihr daraus? Zigaretten rauchen und den Vogelkäfig kaputt treten! Was meint ihr, wie sich der alte Wachtl dafür eingesetzt hat, dass die Grundschule diesen Vogelkäfig bekommt. Das war nicht einfach, und dann haben wir es aber doch durchgebracht auf der Gemeindeversammlung, weil wir uns gesagt haben: So ein Vogelgehege ist gut für die Kinder und für die Jugendlichen in Dingenskirchen.»

Ich suchte weiter nach einem Muster, die Bierflasche war gar nicht schlecht. Wenn man die beiden Nadeln der Waldwirtschaft mit der am unteren Ende verband, könnten das vielleicht Brüste sein?

«Und du, Michael», er nannte Schmidi plötzlich Michael, das irritierte, «du, Michael, spielst auch super Fußball. Warum brauchst du denn da so einen Blödsinn machen? Was sagt denn deine Mutter dazu?»

Michael und Mutter, das war keine gute Kombination. Dieses Doppel-M war die Geheimwaffe gegen den Ihr-kapiert-gar-nix-und-lasst-mich-verdammt-nochmal-in-Ruhe-ihr-Motherfucker-Blick. Das Doppel-M zerbröselte Schmidis Wutkulisse. Es ließ ihn zusammenschrumpfen zu einem kleinen Jungen, dem die Metzgerin eine Wiener schenkt. Schmidi grummelte plötzlich etwas, das nach «Mmjaaa» klang. Und dann sagte er es. Schmidi, der den Fink aufgezogen hatte, weil er nicht mittreten wollte gegen das Drahtgitter, während Schmidi schon längst wie ein Berserker Löcher mit seinen Stahlkappen-Doc-Martens' in den Vogelkäfig hämmerte und dabei immer wieder «Scheißkaff! Scheißkaff!» schrie. Schmidi, der mir auf die Schulter geklopft hatte, als wir in der Fahrradgarage Zigaretten geraucht hatten, damit ich endlich mal Lunge rauchte, anstatt nur zu paffen. Schmidi, der zwei Jahre älter war als Fink und ich, und der als Einziger von uns schon mal Sex gehabt hatte, auch wenn es nur die mollige Reitinger Silvia auf dem Weißbier- und Colafest in Bimskofen gewesen war. Schmidi, der noch vor zwei Minuten den Bürgermeister einen Motherfucker genannt hatte, sagte plötzlich:

«Es tut uns leid.»

O Gott, das war alles so uncool. Ich drehte die Rolle meines Skateboards.

«Das war alles eine blöde Idee», sagte Schmidi. «Mir ist die Zigarette durch das Gitter gefallen, und dann wollte ich die rausholen wegen den Vögeln, weil ich mir nicht sicher war, ob nicht doch einer da drinnen war. Deswegen mussten wir ein Loch in das Gitter treten, damit die Vögel nicht verbrennen. Und dann ist das irgendwie ausgeartet.»

«Irgendwie ausgeartet», wiederholte Fink.

«Ja, das ist dann irgendwie ausgeartet», sagte ich.

«Irgendwie ausgeartet?», wiederholte der Bürgermeister, und dann war es wieder unangenehm still. «Wenn es einem nicht gutgeht, das ist ja manchmal ganz normal in eurem Alter, dann macht doch Sport oder irgendetwas. Ihr könnt auch zu mir kommen, wenn ihr Vorschläge habt, wir können das alles besprechen. Aber macht doch in Herrgotts Namen nicht einfach etwas kaputt!»

«Wir brauchen a Halfpipe oder a Ramp», sagte Fink plötzlich.

«Was?»

«Ja, wir brauchen eine Ramp», sagte Schmidi.

«Was soll das sein, eine Ramp?»

«Für unsere Skateboards», sagte ich.

«Ei-ne Ram-pe», sagte Fink, «damit wir fahren können. Hier in Dingenskirchen liang überall Steine rum oder Kuhmist. Wir kenna hier ned richtig fahren, weil die Rollen von de Boards blockieren.»

«Ihr wollt also eine Rampe für eure Rollbretter?»

«Hm», sagten wir einstimmig.

«Und einen S-Bahn-Anschluss», sagte ich.

«Einen S-Bahn-Anschluss?»

«Ein Jugendzentrum wär a cool, aber ein cooles, ned so a schwules wie der Raum von der Kolping-Jugend», sagte Fink.

«Discos gibt es hier auch nicht», sagte Schmidi.

Der Bürgermeister sagte nichts. Er lehnte sich nach vorne, faltete die Hände auf dem Schreibtisch, und kurz sank sein Kopf hinunter. Er seufzte.

«Ihr wollt mir also erzählen, dass ihr einen Vogelkäfig kaputt gemacht habt, weil es in Dingenskirchen kein Jugendzentrum, keine S-Bahn, keine Rollbrettrampe und keine Disco gibt.»

So hätten wir es vielleicht nicht ausgedrückt, aber an den Worten des Bürgermeisters war etwas dran. Wenn er es so sah, hatte er irgendwie recht.

«Buam, so geht das nicht. Wir haben eine ausgezeichnete Busverbindung nach Hofning, wo eine S-Bahn-Station ist. Der Bus fährt sechs Mal am Tag, und zur Not kann man die sechs Kilometer auch mal mit dem Fahrrad fahren. Haben wir früher auch gemacht. Aber bloß weil ein paar 14-Jährige sich wie Wandalen aufführen, berufen wir hier keine Gemeindesitzung ein, um euch eine S-Bahn-Station zu bauen. Bei euch hakt's doch wohl?»

Den letzten Satz hatte der Bürgermeister geschrien. Ich sah jetzt doch wieder auf die Karte mit den roten Pinnnadeln, aber ich fand nicht mal mehr die Bierflasche wieder. Das ergab alles keinen Sinn.

«Wir moana ja bloß ...», sagte Fink, «... uns ist eben sehr langweilig gewesen, und dann war dieser Käfig da, der is ja auch leer g'wesen. Wenn da Vögel drin gewesen wären, hätten wir das nicht gemacht. Sicher nicht.»

«Sicher nicht», sagte Schmidi.

«Sicher nicht», sagte ich.

Der Bürgermeister seufzte schon wieder. Das klang nicht gut.

«Ich mache euch jetzt ein letztes Angebot: Wir lassen die Polizei aus dem Spiel. Ihr entschuldigt euch beim Hausmeister Wachtl, und ihr ersetzt den Schaden natürlich. Dafür will ich, dass so etwas nie wieder vorkommt. Ihr könnt in diesem Dorf so viele tolle Sachen machen. Niemand muss hier irgendetwas kaputt machen. Verstanden?»

Wir nickten.

«Gut, dann Hand drauf.»

Jeder von uns musste dem Bürgermeister die Hand schütteln. Sie fühlte sich an wie ein Stück Schmirgelpapier, das man mit Flüssigseife eingerieben hatte. Er sagte etwas wie «Raus mit euch». Das sollte jovial klingen. Wir nahmen unsere Skateboards und standen auf. Kurz vor Verlassen drehte ich mich noch einmal um und fragte: «Herr Bürgermeister, die roten Pinnnadeln auf der Karte, was bedeuten die?»

«Sau-Abschüsse», sagte er.

Wir verließen das Gemeindehaus und fuhren schweigend auf unseren Skateboards die Hauptstraße entlang Richtung Fahrradgarage. Da stand er, der große Vogelkäfig mit nix drin außer einem alten Stück Holz. Hausmeister Wachtl hatte das Drahtgitter repariert.

Schmidi zog eine Marlboro Medium aus seiner Bomberjacke und zündete sie an.

«Der Bürgermeister ist doch ein Motherfucker.»

«Der war doch ganz nett», sagte Fink. Er begutachtete den silbern glänzenden, neuen Draht.

«Er checkt gar nichts», sagte Schmidi. «Er hat keine Ahnung, wie wir hier leben.»

«Aber er hätte auch die Polizei holen können, dann hätten wir jetzt vui mehr Ärger.»

Schmidi zog an seiner Marlboro Medium und versuchte, Ringe zu machen, was ihm aber nicht gelang.

«Okay, dann ist der Bürgermeister vielleicht kein Motherfucker. Aber dafür ist die Girmerin eine Bitch. Die hat den ganzen Tag nichts zu tun, sitzt am Fenster und spielt den Blockwart. Fuck you!»

Schmidi machte einen Stinkefinger in Richtung des Hauses, in dem die Girmerin wohnte. Ihr Grundstück grenzte an den Pausenhof der Grundschule.

«Ja, die Girmerin is a blede Sau», sagte Fink. «Also, eine Bitch, meine ich.»

Fink fiel immer wieder ins Bairische zurück, was ihn selbst am meisten nervte. Er gab sich große Mühe, wenn er mit Schmidi zusammen war, keinen Dialekt zu sprechen, und weil er sich so anstrengte, klang sein Hochdeutsch immer etwas hölzern und überkorrekt.

«Und jetzt? Was machen wir jetzt? Wir sollten wohl nicht mehr so viel hier am Pausenhof abhängen.»

«Vielleicht ist die Hochsprungmatte schon draußen», sagte Schmidi.

Der Pausenhof der Grundschule war gepflastert. Die Rollen klackerten auf den Furchen der Steine. Ich kratzte mich an der Backe und spürte, wie an meinem Gesicht etwas hängen blieb. Es war Kuhmist. Das war alles Scheiße.

Vogel süß-sauer

«Mittagsbuffel 6,90 DM», stand auf der Tafel mit Kreide geschrieben. Irgendein Spaßvogel hatte die Haken des «t» verwischt und daraus ein «l» gemacht. Mein Vater hatte die ganze Autofahrt von Dingenskirchen nach Hofning nicht gesprochen. Er öffnete die Tür, und wir standen in einem langen gefliesten Flur, wie es ihn in oberbayerischen Bauern- und Wirtshäusern oft gibt. Links von dem Flur führte eine Tür in den Raum, der einst eine Stube gewesen war. Jetzt standen dort Bambus-Sträucher aus Plastik und golden lackierte Tiere, die an Löwen erinnerten. In der Ecke plätscherte ein Springbrunnen. Es roch nach Räucherstäbchen.

Wir waren die einzigen Gäste. Eine schiefe Flötenmusik dudelte vor sich hin. Ein chinesischer Kellner kam, reichte uns zwei Speisekarten und ging wieder, ohne ein Wort zu sagen. Mein Vater schlug die Karte auf, schlug sie wieder zu und sagte: «Wir nehmen ja eh das Buffet.»

Er faltete die Hände und sah aus dem Fenster. Ich vergrub meine Hände in den Hosentaschen und sah ebenfalls aus dem Fenster.

«Der goldene Affe» war das einzige chinesische Restaurant im Landkreis. Es lief schlecht, wann immer ich an ihm vorbeiging und einen Blick hineinwarf, war es leer. Nur abends saß dort ab und zu eine Familie, die wohl der Meinung war, sich «mal etwas Exotisches leisten» zu müssen. In Hofning gab es außerdem noch ein italienisches Restaurant, in dem immer, wann immer man es betrat, italienische Schlager von Toto Cutugno und Eros Ramazzotti liefen, und einen Griechen, dessen Speisekarte völlig überflüssig war, da jeder Gast stets Gyros bestellte. Der Besitzer des italienischen Restaurants wechselte alle drei Jahre aus unbekannten Gründen, was der Gast nur daran merkte, dass das «Roma» nun nicht mehr «Roma», sondern «Salerno» und später «Napoli» hieß. Der Besitzer des griechischen Restaurants blieb immer derselbe.

Der chinesische Kellner kam wieder, mein Vater sagte «Wir nehmen das Buffet», woraufhin der Kellner auf einen langgezogenen Tisch deutete, auf dem vier rechteckige silberne Behälter standen. Ich füllte eine Schüssel mit einer schleimigen Suppe, in der weiße Flocken schwammen, und schaufelte anschließend einen Teller voll mit Stücken gebackener Ente.

«Willst du kein Gemüse?», fragte mein Vater.

Ich schüttelte den Kopf.

Ich war der Meinung, dass wir uns dieses Gespräch sparen konnten. Es war vollkommen überflüssig. Er würde sagen: «Junge, einfach so Sachen kaputt machen, das geht nicht.» Und ich würde sagen: «Klar, mir tut das wirklich leid.» Er würde sagen: «Okay.»

Wir setzten uns. Ich nahm einen Löffel Schleimsuppe und beschloss, sie nicht aufzuessen. Mein Vater aß Salat und Reis.

Wir kauten, schluckten und schwiegen. Ich nahm ein Stück gebackene Ente in die Hand, in der Erwartung, dass mein Vater mich darum bitten würde, Messer und Gabel zu benutzen. Er sagte nichts. Ich legte den Kopf in meine aufgestützte Hand, tauchte ein Stück Ente in eine süß-saure Sauce und stellte mir vor, es wäre ein Chicken McNugget. Ein McDonald's in Hofning wäre das Allerbeste, was uns passieren könnte. Ein

McDonald's, das wäre besser als ein Jugendzentrum. So ein Laden wäre ein Treffpunkt und ein Fenster zur Welt. Auf dem Parkplatz davor könnten wir skaten, dann einen Cheeseburger essen und die Gurkenscheiben an die Glasscheibe werfen. Die Gurkenscheiben würden dort kleben bleiben.

«Welche Vögel kennst du?», fragte mein Vater.

Ich zuckte mit den Schultern.

«Welche Vögel kennst du? Sag ein paar Namen, los.»

Ich kaute auf einem Stück Entenknorpel herum.

«Spatz.»

«Ist das alles?»

«Amsel.»

«Ja, und welche noch?»

«Drossel, Fink und Star.»

«Welche noch?»

«Mann, was soll das denn?», fragte ich und schluckte den Knorpel herunter.

«Okay, Papagei, Adler, Kakadu.»

Mein Vater schaufelte seinen gebratenen Reis von einem Ende des Tellers zum anderen.

«Taube?»

«Natürlich kenne ich Tauben.»

«Was ist mit Meisen?»

«Sind das die mit der gelben Brust?»

«Und was ist mit dem Specht?»

«Der, der so viel Lärm macht, weil er immer gegen einen Baum hämmert.»

Er schaufelte den Reis wieder zurück und nahm einen Bissen.

«Ist die Ente gut?»

«Ist auch ein Vogel.»

«Das meine ich nicht. Ich wollte wissen, ob sie gut schmeckt.»

«Passt schon», sagte ich und tauchte ein weiteres Stück in die süß-saure Sauce. Chicken McNuggets waren 100 Prozent knorpelfrei. Pommes frites schmeckten auch nicht so gleichmäßig und armselig wie Reis.

«Wusstest du, dass die Herzschlagfrequenz eines Sperlings bei 900 liegt? Es gibt noch mehr interessante Fakten über Vögel: Zugvögel zum Beispiel haben einen Magnetsinn, mit dem sie sich auf ihren langen Reisen orientieren. Manche Arten besitzen im Schnabel eigene magnetische Teilchen. Diese reagieren auf das Magnetfeld der Erde. Wie ein eingebauter Kompass! Mit einem Unterschied: Sie bestimmen die Richtung nicht, indem sie zwischen Nord- und Südpol unterscheiden, sondern indem sie die Inklination des Erdmagnetfeldes erkennen. Andere wiederum haben einen Magnetsinn im rechten Auge – dort bilden sich mit dem einfallenden Licht sogenannte Radikal-Paare. Diese reagieren auf das Erdmagnetfeld. Vieles ist noch nicht erforscht, aber man weiß, dass es diesen Sinn gibt. Zugvögeln gelingt es so, sich über Tausende Kilometer zu orientieren – von hier bis nach Afrika.»

Ich tunkte ein weiteres Stück gebackener Ente in die süßsaure Sauce und schob es langsam in den Mund.

«Vögel sind die Tiere, von denen es die meisten Arten gibt – zumindest unter Landwirbeltieren. Es sind über 10 000. Das muss man sich mal vorstellen: Dir sind gerade einmal zehn eingefallen. Der kleinste ist der Zwergkolibri mit nur fünf Zentimetern, der schwerste ist der Strauß. Manche Vögel sind vielleicht nicht einmal entdeckt. Wer weiß das schon. Leider werden es aber immer weniger. Wenn wir nichts dagegen tun, werden bis zum Jahr 2100 zehn Prozent aller Vogelarten ausgestorben sein.»

«Krass», sagte ich mit vollem Mund.

Ich schluckte das Stück Ente herunter, ohne es ausreichend zerkaut zu haben, wodurch meine Speiseröhre schmerzte. Es war in solchen Situationen besser, nichts zu sagen, weil sich aus meinem Widerspruch erst recht etwas ergab, was einer Moralpredigt beziehungsweise einem Anschiss nahekam. Noch war die Situation erträglich, nicht angenehm, aber aushaltbar.

«Papa, ich …»

«Vögel und Menschen – das ist auch ein interessantes Thema. Die Familie der ‹Honiganzeiger› zum Beispiel ist höchst raffiniert. Der Vogel macht den Menschen durch lautes Rufen auf sich aufmerksam, fliegt dann ein Stück und wartet darauf, dass man ihm folgt. So führt er den Menschen zu einem Bienennest, dass dieser dann ‹für ihn› plündert. Der Mensch kriegt also den Honig, und der Vogel frisst die verbleibenden Insekten.»

«Das ist alles wirklich blöd gelaufen …»

«Der Honiganzeiger legt seine Eier übrigens wie der Kuckuck immer in fremde Nester. Das ist doch …»

«Wir wollten das nicht mit dem Käfig.»

«… interessant!» Er wurde lauter. «Das ist doch faszinierend!»

«Es war blöd, okay?», sagte ich lauter.

«Vögel sind doch unglaublich interessante Tiere!», schrie er durch das Lokal. Der chinesische Kellner in der Ecke blickte auf.

«Ich mache so was nicht wieder, okay?», schrie ich zurück.

«Verdammt!»

Wir schwiegen. Er aß seinen Reis jetzt schneller, kaute hektisch wie ein Kaninchen. Ich bestellte bei dem Chinesen ein Glas Spezi und trank in einem Zug die Hälfte aus. Ich wartete darauf, dass er mir erzählte, wie lange sein Schulweg gewesen war, dass er die drei Kilometer jeden Tag hatte gehen müssen, auch im Winter. Dass die aus Schlesien vertriebene Familie arm gewesen und es ein Privileg gewesen sei, auf das Gymnasium zu gehen. Dass es zum Geburtstag keine Playstation, sondern ein Buch mit Vogelbildern und -namen gab, und dass er erst wegen dieses Buches sich entschlossen habe, Biologie zu studieren. Dass er nicht und keiner seiner Freunde auch nur auf den Gedanken gekommen war, etwas «nur so, aus Langeweile» zu zerstören.

Ich wartete darauf, während ich den Spezi schneller leerte, als es mir guttat, und sich in meinem Magen etwas Gewaltiges zusammenbraute. Aber es kam nichts dergleichen. Was hätte ich ihm auch sagen sollen? Ja, danke, jetzt ist es mir klar. Von nun wird alles anders werden? Jetzt, durch deine Erzählungen von damals, ist die Langeweile auf einmal verschwunden?

In einer gewissen Weise beneidete ich ihn. Ich glaubte, damals sei all das einfacher gewesen. Nicht leichter, aber weniger kompliziert.

Auf seinem Teller war kein einziges Reiskorn mehr. Er tupfte sich die Lippen mit einer rosa Stoffserviette ab und winkte dem chinesischen Kellner. Ein junges Mädchen kam und räumte die Teller ab. Der Kellner sagte etwas auf Chinesisch zu ihr, es klang nicht freundlich, sie murrte und verschwand.

Mein Vater bezahlte die Rechnung, und wir stiegen ins Auto.

Nach der Tankstelle bogen wir auf die Straße nach Dingenskirchen und passierten das Schild «Bimskofen 10 Kilometer», obwohl eigentlich Dingenskirchen der nächste Ort war und nur sechs Kilometer entfernt lag. Grund hierfür war ein Streit zwischen den Gemeinden. Vor etwa 20 Jahren war ein Bauer namens Kreithmayer beim Pflügen seines Feldes auf ein rostbraunes, nicht besonders ansehnliches, becherartiges Gefäß gestoßen. Dem Kreithmayer wäre der Fund erst gar nicht weiter aufgefallen, wäre das Ding nicht wie durch ein Wunder durch den Pflug in die Höhe geschleudert worden (es hatte sich wohl zwischen einem Stein und der Schare eingeklemmt und war so unter Spannung geraten). Das Gefäß flog also wie von Geisterhand geschleudert auf die angrenzende Kuhweide und zwar direkt auf den Kopf einer Kuh. Der Kreithmayer vernahm das Muhen wohl, stoppte den Traktor und sah nach dem Teufelsding. Auf den ersten Blick war da nichts als Rost, Erde und Lehm. Doch als der Kreithmayer mit seinen rauen Fingern ein wenig daran rieb, erkannte er Buchstaben, deren Sinn er aber nicht zu enträtseln wusste. Da ihn das Gekritzel am ehesten an etwas Lateinisches erinnerte, beschloss er, sicherheitshalber den Pfarrer zu informieren. Der Vorgänger des aus Polen stammenden und doch recht milden Pfarrers Stanislaus war ein Jesuit namens Adolf Kirchberg, ein zu Zornesausbrüchen neigender, stiernackiger Priester. Es stellte sich heraus, dass es sich bei dem Teufelsding wohl um den 1743 aus der Kirche von Hofning verlorenen gegangenen Messbecher handelte. Als das bekannt wurde, forderte der Pfarrer von Hofning diesen umgehend von Pfarrer Kirchberg zurück. Der aber führte an, dass das Ding nun einmal auf dem Acker des Kreithmayer gefunden worden war, der zwar zwischen Hofning und Dingenskirchen lag, aber trotzdem eindeutig zum Gemeindegebiet von Dingenskirchen gehöre und deswegen nun rechtmäßig dort zu verbleiben habe.

«Mir doch wurscht, wem des Glump gehört», war alles, was der Kreithmayer dazu sagte.

Die Bürgermeister von Dingenskirchen und Hofning schalteten sich ein, doch scheiterte jeder Vermittlungsversuch der weltlichen Herrschaften am aufbrausenden Temperament des Jesuitenpfarrers. Am Ende hatten sich auch die Bürgermeister von Hofning und Dingenskirchen so zerstritten, dass sie die jeweiligen Ortsnamen am Ende des Ortsschilds strichen und mit dem jeweils darauf folgenden Ort ersetzten.

Als Pfarrer Stanislaus Anfang der achtziger Jahre sein Amt antrat, war die Zahl der Kirchgänger bereits enorm gesunken. Ein ehrgeiziger Landesentwicklungsplan der Regierung, der vorsah, aus all den kleinen alten Bauerndörfern einen veritablen Speckgürtel zu machen, sorgte für einen steten Zustrom nichtbayerischer, also fremder Familien. Durch den Zuzug protestantischer, muslimischer und nichtgläubiger Familien und einer Anpassung des Lehrplans an «dä Zeitgeist», wie Pfarrer Stanislaus es missbilligend nannte, war außerdem das Bedürfnis nach katholischem Religionsunterricht stark zurückgegangen. Kurzum – das Problem mit dem Messbecher erledigte sich von selbst, denn die Gemeinden wurden kurzerhand zusammengelegt und nun von Pfarrer Stanislaus und einem Aushilfsdiakon betreut. Der Messbecher stand seitdem wieder in der Kirche von Hofning, die er 1743 unter ungeklärten Umständen verlassen hatte. Der Streit war beigelegt. Trotzdem aber hielt es keiner der Gemeinderäte von Hofning für notwendig, ein neues Schild anfertigen zu lassen. Und in Dingenskirchen hieß es: Solange die in Hofning nicht ihr Schild austauschen, machen wir auch nix.

Die blaue Matte

Wie ein Meer lag sie vor uns: tief, weich und ozeanblau. Still sprach sie die Einladung an uns aus: Lasst euch hineinfallen, lasst euch treiben und kehrt in einen frühkindlichen Zustand zurück, in dem alles bei weitem aufregender gewesen ist als im unendlich langweiligen Jetzt. Wenn wir auf ihr lagen, blickten wir von einem fliegenden Teppich hinab auf das ganze ländliche Elend. Vor uns erstreckte sich der rote Basketballplatz. Er war von drei Seiten mit hohem Gitterzaun umgeben. Dahinter, lediglich durch ein Aluminiumstangen-Konstrukt getrennt, begannen die Weiten des Fußballplatzes, der kein Ende zu nehmen schien. Denn an den Dingenskirchener Fußballplatz schlossen sich die Felder und Äcker der Landwirte an, und so wechselten sich das Grün der Wiesen und Maisfelder mit dem Braun der Äcker ab, bis irgendwo Bimskofen begann. Dingenskirchen endete dort, wo auch der Fußballplatz endete. Dahinter war das Land mit all seiner Urtümlichkeit, seinem Mais und seiner Ödnis und der ganzen Kuhscheiße.

Eine Landstraße schlängelte sich durch die Äcker und Felder, und die einzige Möglichkeit, auf ihr nach Bimskofen zu gelangen, war zu trampen. (Man konnte auch mit dem Bus fahren, der, wie der Bürgermeister so euphorisch betonte, sechs Mal am Tag nach Hofning fuhr, aber nur drei Mal nach Bimskofen.) Ab und zu knatterte ein Eicher-Traktor über den Asphalt, um dann in einen Feldweg abzubiegen und Gülle auf den Feldern zu verteilen. Ab und zu trainierte die E-,D-,C-,B- oder A-Fußballjugend auf dem Fußballplatz, und dann schallten Sätze wie «Bierli, ziag ob!» (was so viel wie «Bierlwimmer, schieß jetzt!» bedeutet) oder «Schiaß den Saudepp weg vom Platz!» bis zu uns hinüber auf die Hochsprungmatte. Bei der C- und B-Jugend musste man vorsichtig sein. Seit zwei Jahren trainierten die Jungs aus Bimskofen und Dingenskirchen in einer Mannschaft, und einige unter ihnen waren recht grobe Gesellen, die männlichen Personen, die nicht im Fußballverein waren, völliges Unverständnis entgegenbrachten und außerdem zu cholerischen Anfällen neigten. Wenn sie rannten, schossen und schwitzten, und wir fläzten, gammelten und rauchten, dann waren wir gemeinsam Zoobesucher und Zootiere in vertauschbaren Rollen. Da aber Schmidi hin und wieder mit ihnen trainierte und man sich zum Teil noch aus der Grundschulzeit kannte, war eine zwar nicht spannungsfreie, aber alles in allem friedliche Koexistenz prinzipiell möglich. (Mit der Mofa-Gang verhielt es sich anders. Die Mofa-Gang trat durch und durch aggressiv auf. Doch dazu später mehr.)

Links davon war die Sportgaststätte, in welcher der sehr dicke Wirt Dieter Pizza backte und Weißbier ausschenkte. Meist war das Küchenfenster gekippt, und es roch nach fettem Käse.

Kurzum – die blaue Hochsprungmatte war ein guter Platz, um seine Jugend zu verbringen, zumal sie sich auf dem Sportplatz befand, der wiederum ein natürliches Zentrum einer jeden Dorfjugend bildet.

Dingenskirchen, das sei an dieser Stelle noch einmal betont, ist ein Vorort. Der gewöhnliche Vorort einer größeren Stadt entbehrt halbwegs romantischer Plätze wie einer Brücke, eines

Ufers oder eines Bergs, wie es sie in Kleinstädten geben mag. Verliebte Jugendliche, die sich zum ersten Mal unter einer Brücke im Widerschein des Mondes küssen, malerische Halbstarke, die am Ufer eines Flusses über ihre Träume sprechen, gute Freunde, die gemeinsam einen Berg besteigen – all das gibt es im Vorort nicht. Solche romantischen Bilder verziehen sich schnell, wenn der Bauer odelt, also Scheiße auf seinem Feld verteilt.

Die Realität des Vororts sieht so aus: Reihenhaus, Rasen und weite Wege. Für jede Strecke braucht man eine Ewigkeit, weil alles so weit auseinanderliegt. Der Gang zur Post: nicht unter 20 Minuten. Zum Supermarkt am Ende des Ortes: zu Fuß eine halbe Stunde. Zur Bushaltestelle braucht man eine Viertelstunde. Der Vorort ist für Autofahrer erfunden worden. Unter alldem hat die immobile Bevölkerungskohorte der 12- bis 18-Jährigen am meisten zu leiden.

Tatsächlich lebten im Vorort schon Menschen, bevor es Bebauungspläne gab. Dingenskirchen zum Beispiel soll schon im Jahr 756 von einer bajuwarischen Horde besiedelt gewesen sein. Ihr Häuptling hieß Ethelbert. Ursprünglich hieß Dingenskirchen «Ethelbertingas», was so viel wie «bei den Leuten des Ethelbert» bedeutet. Aber das war den Bewohnern natürlich viel zu kompliziert. Im 11. Jahrhundert errichteten sie eine hölzerne Kirche – noch vor Bimskofen und Hofning, darauf legen die Dingenskirchner Wert. Nach und nach wurde aus Ethelbertingas Dingaskirchen und schließlich Dingenskirchen. Jahrhundertelang bestanden Dörfer wie Dingenskirchen aus ein paar alten Bauernhäusern. Doch dann boomte Bayern, und es kamen die Bebauungspläne. Die Bebauungspläne sahen vor, diese kleinen Ortschaften innerhalb kürzester Zeit auf ein Vielfaches ihrer Größe anwachsen zu lassen. Dazu gab der Staat Teile der Äcker der einheimischen Bauern als «Bauland» frei. In den Siebzigern und Achtzigern also strömten aus allen Teilen der Bundesrepublik junge, gebildete und gutverdienende Menschen dorthin. Sie zahlten den einheimischen Bauern viel Geld für ihre Äcker und errichteten darauf ein Reihenhaus oder eine Doppelhaushälfte. Die Bauern betrachteten die «Saupreisn» und «Zuagroasdn» zwar mit Skepsis und Dünkel, nahmen deren Geld aber gerne an. Weil das alles sehr schnell gehen musste, hatte man keine Zeit, sich um Feinheiten zu kümmern. Man gab eben ein Stück Land zur Bebauung frei und markierte ein anderes Stück als «Gewerbegebiet». So entstanden im einen Teil des Vororts Reihenhäuser, im anderen siedelten sich eine kleine Düngemittelfabrik und ein Fachgeschäft für Nagetierhaltung an. Deutschland vermischte sich. Berliner und Bayern, Protestanten und Katholiken, Grüne und CSUler, Bauern und Bauingenieure lebten zusammen friedlich im prosperierenden Speckgürtel und zogen Kinder groß.

Das traditionelle Zentrum des Vororts war die Kirche geblieben. Die aber ist kein Ort, an dem man besonders gut «abhängen» könnte. Es bleibt übrig – und damit hatte ja auch der Bürgermeister recht gehabt – ein Platz, an dem man körperlichen Freizeitaktivitäten nachgehen kann und an dem man Gleichaltrige trifft, die Ähnliches vorhaben, und an dem man vor Erwachsenen weitgehend ungestört ist: der Sportplatz. Und im Zentrum des Dingenskirchener Sportplatzes lag die blaue Hochsprungmatte.

Anfangs trafen wir uns noch dort, um Basketball und seltener Fußball zu spielen. Doch das Interesse am Sport erlahmte mit den ersten Zigaretten schnell. Schon bald kamen wir nach der Schule nur noch zur Hochsprungmatte, um herumzuliegen und uns in unserer Langeweile zu suhlen. Die Skateboards lagen auf dem Boden, und unsere Eastpak-Rucksäcke waren manchmal voller Bier, aber immer gefüllt mit Eistee-Tetrapaks. Fink hatte außerdem die Angewohnheit, Gummibärchen mit sich herumzuschleppen, sodass sich besonders im Sommer Schmidi, ich oder Fink versehentlich in einen geschmolzenen Gelatinefleck legten, der dann unsere Hosen mit der Matte verband.

Warum die Matte hier war, wussten wir nicht. Wir konnten uns an kein Grundschulsportfest erinnern, an dem es jemals Hochsprung oder gar Stabhochsprung gegeben hätte. Aber die Hochsprungmatte war da, Sommer für Sommer sprach sie ihre stumme Einladung an uns aus.

Nachmittag für Nachmittag lagen wir rücklings auf der blauen Matte, starrten in den weiß-blauen Himmel über uns und rauchten Marlboro-Medium-Zigaretten (und manchmal, wenn der Gritschneder Marcel, der damals noch kein Punk war, vorbeikam, auch Benson&Hedges – was niemand verstand, denn Benson&Hedges waren weder coole noch uncoole Zigaretten, da hätte man gleich L&M oder Dunhill rauchen können). Und eines Nachmittags sagte Schmidi: «Am Wochenende werde ich die Ranger-Prüfung machen.»

Fink und ich hörten in diesem Moment zum ersten Mal von der Ranger-Prüfung. Ranger-Prüfung – das klang nach Bullen bändigen, Bären schießen und Bowie-Messer. Nach Crocodile Dundee, Super-Wrestlern und Männlichkeit, nach einem echten Initiationsritus. Vielleicht war die Ranger-Prüfung sogar so etwas wie eine Vorstufe zum Führerschein und damit eine veritable Möglichkeit, auch ohne fahrbaren Untersatz eine Freundin abzukriegen! Ranger-Prüfung, das hörte sich nach etwas an. Fink und ich bewegten uns in eine senkrechte Position, was angesichts des weichen Untergrunds der Hochsprungmatte nicht so leicht war.

«Was ist die Ranger-Prüfung?», fragte ich.

Schmidi lag noch immer rücklings auf der Matte und hatte einen Fuß über sein Knie geschlagen. Er war nicht sehr groß, aber kräftig gebaut und zwei Jahre älter als Fink und ich. Sein Cap verdeckte seine Augen vollständig.

«Ihr kennt nicht die Ranger-Prüfung?», fragte er. «Das zeigt wieder einmal, wie wenig ihr von gar nichts versteht.»

Fink und ich schwiegen. Schmidi hatte bestimmt wieder einmal recht.

Nach einigen Sekunden der Stille entschloss sich Schmidi schließlich dazu, uns zu erklären, was es damit auf sich hatte. Bei einer Ranger-Prüfung setzt sich derjenige, der Ranger werden will, an einem heißen Sommertag mit Mütze, Stiefeln und Bomberjacke in die pralle Sonne und trinkt einen Kasten Bier. Er darf während dieser Zeit keines seiner Kleidungsstücke ausziehen und muss bis spätestens Mitternacht den Kasten Bier ausgetrunken haben.

«An ganzen Kasten Bier?», fragte Fink.

«Ja», sagte Schmidi.

«Und dann?», fragte Fink.

«Dann bist du Ranger», sagte Schmidi.

«Gibt es ein Abzeichen oder so etwas?», fragte Fink.

«Nicht, dass ich wüsste. Aber den meisten Rangern merkt man es irgendwie an», antwortete Schmidi.

«Wie denn das? Wie kann man des denn jemandem o'merken?», fragte Fink.

«Ranger sind eben cooler.» Er machte eine Pause. «Kannst du eigentlich nicht mal aufhören, bairisch zu reden? Du hörst dich an wie ein Bauer.»

Fink war peinlich berührt. Er murmelte: «I ko hoid ned anders.»

«Was?», schrie Schmidi.

«Ich-kann-halt-nicht an-ders!»

Fink und mir, seinen Assistenten, hatte Schmidi aufgetragen, einen Kasten Augustiner beim alten Wimmerl zu besorgen. Der alte Wimmerl führte den einzigen Getränkemarkt in Dingenskirchen und fragte im Gegensatz zu den Kassiererinnen im Supermarkt auch 15-Jährige nicht nach ihrem Ausweis. Er begrüßte uns an diesem Morgen mit einem langgezogenen «Grüüüüüüüüüüüüüüüß Gottdieherren!». Der Herr Wimmerl war bereits Ende 60, aber dafür noch sehr rüstig. Seine Sätze waren wie Wasserbomben: Sie flogen lange, um dann abrupt aufzuplatschen: «Waaaaaaaaaaaas hättenwirdenngern? Eiiiiiiiiiiiiinen Kastenaugustiner, jaaaaaawolldieherrn!» An einem Samstagvormittag im Juni trugen wir einen Kasten Bier zum Sportplatz.

Schmidi saß mit einer Wollmütze auf dem Kopf, einem Schal um den Hals und einer schwarzen Bomberjacke auf der blauen Hochsprungmatte. Es war 10 Uhr vormittags, und die Sonne brannte bereits, als er die erste Flasche Augustiner mit seinem Feuerzeug öffnete. Der Kronkorken flog in hohem Bogen über die Matte hinweg und landete im Gras. Fink und ich hatten uns um Schmidi herumgesetzt und betrachteten ihn, als seien wir gerade Zeugen eines faszinierenden bahnbrechenden Experiments. Schmidi setzte an, trank ein Drittel der Flasche leer und ließ daraufhin ein breites, selbstverliebtes «Ahhhhh» folgen. Niemand, den wir kannten, hatte jemals zuvor schon am Vormittag Bier getrunken, und niemand, den wir kannten, hatte jemals einen ganzen Kasten Bier getrunken. Fink und ich sahen Schmidi mit großen Augen an, als ob gleich etwas ganz Außergewöhnliches mit ihm passieren könnte: Würde er grün anlaufen? Kotzen? Cooler werden? Explodieren?

Um 11 Uhr hatte Schmidi sein drittes Bier ausgetrunken. Noch immer stöhnte er nach jedem Schluck ein langgezogenes «Ahhh» von sich. Fink und ich blickten auf den Kasten, in dem immer noch 17 Flaschen Bier waren. Wir hätten gerne eines, zwei oder vielleicht auch drei davon getrunken, aber Schmidi sagte, das sei absolut nicht möglich. Nur wer einen ganzen Kasten alleine trinke, dürfe sich Ranger nennen.

«Nächstes Jahr seid ihr vielleicht auch schon alt genug für die Prüfung», sagte Schmidi. Aber Fink und mir erschien ein Kasten Bier zu trinken ungefähr so realistisch, wie einen Autoreifen zu verspeisen. Ein Ding der Unmöglichkeit und weil Schmidi gerade dabei war, diese gewaltige Aufgabe zu meistern, wuchs der Respekt, den wir ihm ohnehin für seine zwei Jahre Altersvorsprung entgegenbrachten, ins Unermessliche. Alle Peinlichkeiten und aufdringlichen Sex-Geschichten, die Schmidi an einem Nachmittag auf der Hochsprungmatte so von sich gab, waren verziehen. Wir würden bald einen echten Ranger in unseren Reihen haben, dessen Glanz und Ruhm auf uns abfärben würde. Schmidis Sache wurde zu unserer.

Schmidi krochen dicke Schweißperlen unter der schwarzen Wollmütze hervor und rollten seine Stirn hinab. Seine Backen färbten sich rot.

«Vielleicht solltest du die Wollmütze absetzen», sagte Fink. «Wir erzählen es auch keinem.»

«Nullinger», sagte Schmidi und öffnete die vierte Flasche. «Das ist gegen die Regeln.»

«Aber wo stehen denn diese Regeln überhaupt?», fragte ich.

«Die werden mündlich überliefert.»

Ohne Überleitung begann Schmidi nun wieder, die Geschichte vom Bimskofener Weißbier- und Colafest zu erzählen, wo er angeblich auf einem Acker Sex mit der Reitinger Silvia hatte. Fink und ich kannten die Geschichte, Schmidi erzählte sie immer, wenn er Alkohol getrunken hatte oder wenn sich das Gespräch um Mädchen drehte. Die Reitinger Silvia, meinte Schmidi, sei eigentlich nicht übel, auch wenn sie ein wenig mollig sei und mit dem Bierlwimmer Tom aus der Mofa-Gang zusammen gewesen war. Das alles sei ganz einfach gewesen, meinte Schmidi, weil er ihr an der Bar vom Schützenverein insgesamt sieben Kleine Feiglinge spendierte hatte, woraufhin alles ganz von allein passiert sei. Die Reitinger Silvia habe ihm dann auch erzählt, dass der Bierlwimmer Tom im Bett eine ziemliche Niete sei und sie eigentlich nur mit ihm zusammen gewesen sei, weil der Bierlwimmer Tom ein Mofa habe. Jedenfalls hätte er sie dann nach dem sechsten Feigling einfach geknutscht und …

In diesem Moment zischte ein Fußball an Finks Kopf vorbei und landete nur knapp neben Schmidi auf der Matte.

«Was soll die Scheiße?», brüllte Schmidi mit hochrotem, vor Schweiß glänzendem Kopf.

«'tschuldigung.»

Vor ihm stand ein Achtjähriger, der seinem Ball hinterher gelaufen war.

«Pass doch auf, du kleiner Motherfucker!», schrie Schmidi.

«Is scho' okee», meinte Fink, zog den Kleinen beiseite und gab ihm seinen Ball wieder.

«Ich glaube, er ist zu warm angezogen für die Jahreszeit. Er schwitzt sehr», sagte dieser vorsichtig zu Fink.

«Halt's Maul!», schrie Schmidi und warf eine leere Bierflasche in hohem Bogen hinter sich.

«Er macht die Ranger-Prüfung», erklärte Fink dem Kleinen.

«Was ist das?», fragte er.

«Na, die Prüfung zum Ranger. Dafür bist du eh zu jung.»

Der Kleine lief mit seinem Ball auf den Fußballplatz, dort wo seine Freunde auf ihn warteten. Sie tuschelten etwas und kurz darauf blickte eine Gruppe Acht-, Neun- und Zehnjähriger in sicherer Entfernung auf Schmidi, der schwitzend und trinkend auf der blauen Matte saß.

Eine Stunde später trug Schmidi uns auf, ihm eine Pizza Salami beim dicken Dieter zu bestellen, weil er jetzt auch mal eine Unterlage bräuchte. Nachdem wir ihm die Pizza gebracht hatten und er die vor Käsefett triefenden Achtel in sich hineingestopft hatte, besserte sich sein Zustand geringfügig. Neben ihm auf der Matte lag nun der Pizzakarton, eine Schachtel Marlboro Medium und eine kleine Bierlache, denn beim siebten Bier war ihm eine gar nicht so geringe Menge aus dem Mundwinkel herausgelaufen. Seine Laune verschlechterte sich.

Vor dem Maschendrahtzaun radelte der Gritschneder Marcel auf seinem viel zu kleinen Fahrrad vorbei. Als er uns sah, hielt er an und kramte eine Benson&Hedges aus einer goldfarbenen Schachtel hervor.

«Hey, Gritschneder», schrie Schmidi ihm zur Begrüßung durch den Zaun.

«Was ist denn mit dem los?», fragte der Gritschneder und deutete auf Schmidi.

«Er macht die Ranger-Prüfung», antwortete ich.

«Die was?»

«Ranger-Prüfung», plärrte Schmidi von der Matte.

«Und warum trägt er bei dem Wetter Mütze und Schal?»

«Des macht man so bei einer Ranger-Prüfung», erklärte Fink.

Der Gritschneder Marcel steckte sich die Benson zwischen die Lippen und zündete sie mit einem Zippo-Feuerzeug an. Mit einer betont lässigen Handbewegung ließ er es in seiner Hosentasche verschwinden. Es sah trotzdem schlaksig und unecht aus, weil der Gritschneder dünn wie ein Aal war.

Er nahm einige Züge, und jedes Mal, wenn er ausatmete, verformte er seinen Mund ruckartig zu einem Fischmaul. So sollten Ringe entstehen, aber das klappte nicht. Dann stieg Gritschneder Marcel wieder auf sein viel zu kleines Rad und fuhr davon. «Passt mal auf, dass er nicht umkippt», sagte er noch.

Gegen 17 Uhr lallte Schmidi nur noch unverständliches Zeug. Manches davon klang nach «Leitinga Silvi» und «Acker» anderes nach «Scheißkaff». Die Luft in einem Drei-Meter-Umkreis um ihn herum roch scharf-süßlich nach Schweiß, Bier und Magensäure. Einige Minuten später war er eingeschlafen.

In dem Kasten waren noch immer sieben Flaschen Bier, als eine Gruppe Fußballer aus der B-Jugend auftauchte.

«Schaugst euch den o!», sagte der erste Fußballer.

«Saudicht ist der», sagte der zweite Fußballer.

«Und schiach wia der Gaskrieg», sagte der erste Fußballer.

«Der muas bestimmt glei speim», sagte der dritte Fußballer.

«Mit dem is nix mehr los», sagte der dritte Fußballer. «Des is doch der Schmidt.»

«Hm», brummten der erste und der zweite Fußballer.

«He, Schmidt!» Er rüttelte an Schmidi herum, doch der rührte sich nicht.

«He», meinte der erste Fußballer nun an Fink und mich

gewandt. «He! Was macht der Schmidt da? Warum schaut der aus, als wenn's Winter wäre?»

«Er macht die Ranger-Prüfung», antworteten wir.

«So ein Schmarrn», sagte der erste. «Die gibt's doch gar nimmer.»

«Die haben's doch schon vor drei Jahren abg'schafft.»

Dann sahen sie die sieben im Kasten verbliebenen Bierflaschen. Sie öffneten jeder eine Flasche, prosteten dem schlafenden Schmidi zu und gingen dann in die Umkleidekabine des Sportlerheims.

Fink und ich wagten nicht zu protestieren, auch erschien es uns irgendwie in Schmidis Sinne, keinen Einspruch gegen den Diebstahl zu erheben. Als es dämmerte, weckten wir Schmidi auf und lieferten ihn als verschwitztes, stinkendes Bündel in Bomberjacke zu Hause ab. Wir bestätigten Schmidi und jedem, der es wissen wollte, dass Schmidi seit diesem Tag im Juni ein Ranger war.

Der Regen spülte in den darauffolgenden Tagen den rot-beigen Kotzfleck von der blauen Hochsprungmatte.

Warten auf Luki

Es knatterte, puffte, heulte auf, wurde wieder leise und fiel zurück in ein gleichmäßiges Geknatter. Es stank nach Benzin.

«Was ist jetzt mim Luki?», fragte einer.

«Hm», antwortete ein anderer.

«Er hat doch gesagt, dass er kommt», sagte der Erste wieder.

«Komm, jetzt fahren wir halt.»

«Geht nicht. Wir können nicht fahren.»

«Warum?»

«Weil der Luki vielleicht noch kommt.»

Ich erkannte die Stimme vom Gerlinger Sepp, dem Exfreund von der Reitinger Silvia, mit der Schmidi auf dem Weißbier- und Colafest ... Der andere war Bierlwimmer Tom. Der Bierlwimmer Tom sah trotz seiner fettigen, schulterlangen Haare nicht schlecht aus. Er war groß und schlank, hatte blonde Locken und hellblaue Augen. Der Gerlinger Sepp dagegen war seit frühester Kindheit mit Leberkässemmeln gemästet worden, sodass sein Körper nun schon mit 16 Jahren an eine Kugel erinnerte. Zudem war er sehr klein, nicht größer als 1,60 Meter. Diese fehlende Drohkulisse versuchte er auszugleichen, indem er sich angewöhnt hatte, Augen und Stirn stets zusammenzukneifen, in der Hoffnung, dass ihn diese Mimik besonders fies und verwegen erscheinen ließ. Beide hatten enganliegende schwarze Jeans und ebenfalls schwarze T-Shirts an, auf denen in grellen Farben, vielen Totenköpfen und Flammen der Name einer Band geschrieben stand. Darüber trugen sie Jeans-Westen, auf denen Sticker aufgenäht waren, auf denen wiederum Schriftzüge von irgendwelchen Band-Namen standen. Der Gerlinger Sepp hatte außerdem ein Bandana zusammengerollt und es um seinen Kopf gebunden. Schmidi hatte den Bierlwimmer Tom und den Gerlinger Sepp einmal als Dick und Doof bezeichnet.

Wieder heulte der Motor auf und steigerte sich zu einem orgiastischen Tremolo, das schließlich in einer schwarzen Rußwolke endete, die ruckartig aus dem Auspuff herausschoss.

«Wann hat der Luki gesagt, dass er kommt?», fragte der Gerlinger Sepp.

«Jetzt, hat er gesagt», sagte der Bierlwimmer Tom.

«Aber jetzt ist doch schon längst jetzt, schon seit einer Viertelstunde warten wir», nölte der Gerlinger Sepp.

«Wenn der Luki sagt, dass er kommt, dann kommt er auch.»

Es war ein warmer, aber wolkenverhangener Donnerstagnachmittag, über den sich die Langeweile gelegt hatte. Der Bierlwimmer Tom und der Gerlinger Sepp saßen in einiger Entfernung von mir auf ihren aufgemotzten Mofas. Sie warteten auf Luki, und ich wartete auf Fink. Wir waren zum Skaten verabredet, sie zum Mofafahren. Außer uns war niemand hier, keiner spielte Basketball, Fußball oder hing rum. Es hatte geregnet, auf der Hochsprungmatte hatte sich das Wasser mit Schmidis Kotze vermischt, und die immer noch schwüle Luft schien alles um uns herum zu verschlucken. So wartete ich auf Fink nicht wie sonst im hinteren Teil des Sportplatzes, wo auch die Hochsprungmatte lag, sondern vorne auf einer hölzernen Bank, von der aus man einen Blick auf die Weite des Fußballplatzes hatte. Neben mir stand ein 1,5-Liter-Tetrapak Pfirsicheistee. Die Bank befand sich allerdings in der Nähe des Parkplatzes von Dieters Pizzeria. Dieser Teil des Sportplatzes war das Revier der Mofa-Gang, und so wartete ich in Hörweite vom Bierlwimmer Tom und vom Gerlinger Sepp. Sie sahen mich nicht, aber ich konnte sie hören.

Der Bierlwimmer Tom, der Gerlinger Sepp und die anderen Mofa-Gang-Mitglieder verbrachten einen Großteil ihrer Freizeit damit, an ihren Mofas herumzuschrauben, um sie schneller, lauter und umweltunfreundlicher zu machen. Ein Mofa konnte man ab 14 haben, eine Achtziger, also ein Motorrad mit 80 Kubikzentimeter, erst ab 16. Die meisten Mofa-Gang-Mitglieder aber hatten mit den Jahren ihre aufgemotzten Mofas so lieben gelernt, dass sie ihre Fortbewegungsmittel bis zum 18. Geburtstag behielten, um dann auf einen Golf GTI umzusatteln.

Die Mofa-Gang-Mitglieder, kurz MoGaMis, waren allesamt Metaller. Wer kein Metaller war, musste ein Rapper sein. So lautete damals das ungeschriebene Gesetz, um Freund und Feind auseinanderzuhalten. Metaller hörten Alice Cooper, Metallica, Slayer, Manowar, Guns'n'Roses und Bon Jovi. Rapper hörten Public Enemy, Ice-T, Cypress Hill, Tupac und Vanilla Ice. Metaller trugen schwarze Bomberjacken und Jeans, die so eng waren, dass man sich um ihre Reproduktionsfähigkeiten Sorgen machen musste. Rapper trugen Baseball-Caps, weite Hosen und Turnschuhe, die so breit waren, dass sie sie verloren, sobald sie zu rennen begannen. Metaller hatten lange, oft fettige Haare, Rapper an den Seiten ausrasierte Köpfe. Metaller fuhren auf Mofas, Rapper auf Skateboards. Dies war das große Schisma der neunziger Jahre. Jeder musste sich positionieren, und die einmal getroffene Entscheidung war nur schwer wieder rückgängig zu machen, führte sie doch zum Abbruch der sozialen Beziehungen zu einer Gruppe.

Natürlich gab es Grenzüberschreitungen, sanfte Übergänge und Zwischentöne. In Hofning sah man hin und wieder einen Metaller mit fettigen Locken auf einem Skateboard durch das Dorf rollen. Schmidi, selbst Rapper, besaß Kassetten von Manowar, und er sagte mit nicht überhörbarem Stolz auf sein unkonventionelles Rollenverständnis, dass er sich diese manchmal gerne anhöre. Der Gritschneder Marcel, der sich selbst Bombe nannte, war der einzige Punk in Dingenskirchen, was ihn sowohl für Metaller wie Rapper suspekt machte. Mit zunehmendem Alter wurden die beiden Gruppen immer unwichtiger, es gab dann auch Goths, Skater, Gangster, Straight-Edge-Anhänger, Oi-Skins, Raver, Popper und Hippies, bis sich die Kategorien schließlich im Individualisierungsprozess des Erwachsenwerdens ganz auflösten. Aber Ausnahmen bestätigten die Regel, und die große Grundfrage, auf der alles beruhte, lautete eben:

Bist du Rapper oder Metaller?

«Der Luki ist immer no ned da», sagte der Gerlinger Sepp.

Der Motor seines Mofas heulte auf wie das hektische Gebell eines kleinen Hundes.

«Was?», fragte der Bierlwimmer Tom.

«Der Luki ist immer noch nicht da!», schrie der Gerlinger Sepp.

«Ja, stimmt», sagte der Bierlwimmer Tom und nahm seine Hand vom Gaspedal.

«Fahren wir halt.»

«Wir können nicht!»

«Warum nicht?»

«Weil wir auf den Luki warten», sagte der Bierlwimmer Tom.

«Ach ja.»

Ich lugte vorsichtig um die Ecke, um mich zu vergewissern, dass dort wirklich nur die beiden waren und nicht noch mehr Mofa-Gang-Mitglieder. Gerlis enge Hose schien zu kneifen. Er stand auf, zog die Jeans im Schrittbereich einmal nach unten, dann am Hosenbund nach oben und setzte sich wieder auf sein Mofa.

«Was ist, wenn er gar nicht kommt?»

«Wenn er mir aber doch gesagt hat, dass er kommt! Auf den Luki ist Verlass, der macht, was er sagt», sagte der Bierlwimmer Tom.

«Jetzt warten wir aber schon ganz schön lang», sagte der Gerlinger Sepp wieder.

«Ja mei.»

Ich trug keine Uhr, aber es musste mindestens schon eine Viertelstunde vergangen sein, seitdem ich auf der hölzernen Bank saß und auf Fink wartete. Mir war nicht wohl bei der Sache, und die wenigen Minuten, die ich auf der Bank saß und auf die endlose, grüne Weite des Fußballfeldes und der sich anschließenden Äcker und Felder starrte, erschienen mir elend lang. Ich ärgerte mich über Fink, weil der immer noch nicht hier war. Der Bierlwimmer Tom und der Gerlinger Sepp waren Metaller, Metaller mochten keine Rapper, ich war in ihrem Teil des Sportplatzes, sie waren zu zweit und ich alleine. Die Lage konnte jeden Moment eskalieren. Ich trank den Pfirsicheistee.

«He Sepp!», sagte der Bierlwimmer Tom, während die Motoren ratterten.

«Was?», schrie der Gerlinger Sepp und spielte mit dem Gaspedal.

«He Sepp!»

«Ja! Was ist?»

«Mach doch mal den Motor aus!», schrie der Bierlwimmer Tom zurück.

«Keinen Bock!»

«Der Luki …»

«Was ist mit dem Luki?», schrie der Gerlinger Sepp. «Kommt er nicht?»

«Der Luki», schrie der Bierlwimmer Tom, «der …» Er hielt einen Moment inne. «Mach halt den Motor aus, Herrgottsakrament!»

Der Gerlinger Sepp schaltete tatsächlich den Motor aus.

«Der Luki», sagte der Bierlwimmer Tom jetzt wieder, «der Luki bringt die Live-Version von ‹Poison› mit.»

«Ach so is des!», sagte der Gerlinger Sepp und startete den Motor seines Mofas wieder.

«Er müsst jeden Moment kommen!»

Ich war mir nicht sicher, ob die Ankunft Lukis meine Lage entspannen oder verschärfen würde. Vielleicht würden sich die drei dann ausschließlich auf Alice Coopers Live-Version von «Poison» konzentrieren, andererseits stand es dann drei zu eins, und der Luki war im Dorf dafür bekannt, schnell Watschen auszuteilen. Von mindestens drei Schlägereien hatte mir Schmidi erzählt, an denen der Luki beteiligt gewesen war. Davon abgesehen, dass ich mich noch nie geprügelt hatte und überhaupt nicht wusste, wie man das macht, eine richtige Schlägerei, wäre ich mit dem dicken Leberkäs-Gerlinger Sepp wahrscheinlich irgendwie fertiggeworden. Vielleicht sogar auch mit dem Bierlwimmer Tom, der war nämlich trotz seiner Größe sehr schmächtig. Gegen den Luki aber, so viel war mir klar, hätte ich nicht den Hauch einer Chance. Der Luki hatte sich schon mal mit dem Psycho-Özcan geprügelt, und mit dem Psycho-Özcan war überhaupt nicht zu spaßen, der war schon 17 und immer schlecht gelaunt. Vor lauter Nervosität tippelte ich mit dem Fuß und dachte nur: Fink, wann kommt endlich Fink? Ich trank den süßen Pfirsicheistee und drückte die Ränder des Tetrapaks ein. Doch Fink kam nicht, stattdessen heulte abermals der Zweitaktmotor eines Mofas wie ein zorniger Yorkshire-Terrier in die Höhe. Das Motorengeräusch verebbte wieder in einem metallischen Schnurren. Ich trank aus und zerdrückte den Tetrapak.

«Bierli», sagte der Gerlinger Sepp.

«Ja.»

«Wenn der Luki gar nicht mehr kommt? Wenn ihm was passiert ist, oder wenn er's vergessen hat?»

«Er kommt», sagte der Bierlwimmer Tom mit einer Spur Zorn in der Stimme. «Wenn der Luki sagt, dass er kommt, dann kommt er auch.»

Es vergingen weitere fünf Minuten.

«Bierli, fahren wir halt. Wir warten doch schon ewig.»

«Auf keinen Fall können wir fahren, Sepp. Was ist, wenn der Luki kommt, und wir sind nicht mehr da?»

«Wär blöd.»

«Außerdem hat der Luki doch den Schlüssel», sagte der Bierlwimmer Tom.

«Der Luki hat den Schlüssel zum Tropicana?»

«Na klar hat der Luki den Schlüssel, was denkst du denn?»

«Des ist geil, des is fetzengeil.»

Das «Tropicana» befand sich im Keller der Sportgaststätte neben den Umkleidekabinen der Fußballmannschaft. Es handelte sich dabei um einen quadratischen Raum mit schwarzen Wänden, in einer Ecke stand ein kleines Kabuff mit zwei CD-Playern, welches als DJ-Pult diente. An den Wänden hingen halbzerfetzte Poster von Axl Rose, dem Guns-N'-Roses-Sänger, von Slayer und von anderen Metal-Bands, die ich nicht kannte. Die meiste Zeit war der Club geschlossen, aber alle zwei Monate etwa veranstalteten die Mofa-Gang oder eine der Fußballmannschaften eine Party, die allerdings um 23 Uhr endete, weil der Wirt zu dieser Uhrzeit auch seine Sportgaststätte schloss und er keine Lust hatte, länger zu bleiben, um auf besoffene Halbstarke aufzupassen. Schmidi hatte mich einmal auf eine dieser Feiern mitgenommen, als der C-Jugend der Aufstieg in die Kreisliga geglückt war. Es war zu einer Schlägerei zwischen zwei Fußballern gekommen, weil sich der DJ weigerte, zum elften Mal «You Give Love a Bad Name» von Bon Jovi zu spielen, einer der Fußballer es aber unbedingt ein elftes Mal hören wollte. «Des Lied», schrie der Fußballer, nachdem er fünf Weißbier getrunken hatte, «des Lied bringt die Gefühle – die Gefühle, ja? – die Gefühle für die Sandy, also meine Exfreundin, auf den Punkt.» Schließlich kotzte er in die Ecke, nachdem er gewettet hatte, einen Pappbecher Jack Daniels auf ex trinken zu können. Anschließend beschlossen die zuständigen Trainer und der Wirt der Sportgaststätte, das «Tropicana» bis auf weiteres zu schließen. Da es aber in ganz Dingenskirchen keinen vergleichbaren Veranstaltungsort für Jugendliche gab, drängte der Bürgermeister, den Club bald wieder zu öffnen. Warum ausgerechnet die Mofa-Gang das Vorrecht auf den Raum besaß, wusste ich nicht. Das «Tropicana» war schon immer in Händen der Mofa-Gang gewesen. Es blieb uns nichts anderes übrig, das zu akzeptieren, und wir hatten immerhin die Hochsprungmatte und den Fahrradschuppen der Grundschule.

Wenn nun also der Luki den Schlüssel zum «Tropicana» dabeihat, dachte ich, würden die drei unverzüglich hinuntergehen, um sich Alice Coopers Live-Version von «Poison» anzuhören. Die Kellertreppe lag ebenfalls um die Ecke, und so würden mich weder der Luki noch der Bierlwimmer Tom und der Gerlinger Sepp bemerken. In der Zwischenzeit würde Fink bestimmt auftauchen, und wir könnten in Richtung Fahrradgarage verschwinden.

Für eine Zeitlang war es ruhig, nur die getunten Mofamotoren schepperten durch die Spätnachmittagsluft. Fink war immer noch nicht da und der Luki ebenfalls nicht. Dann spürte ich etwas: Es drängte und ließ mich unruhig auf der Holzbank hin und her rutschen. Es wurde zu einem ernsten Problem. Ich blickte auf den Tetrapak neben mir. Ich kniff, drückte, verkrampfte. Wieder heulten die Motoren auf, und dort um die Ecke war der Eingang zur Sportgaststätte und zum Klo. Ich und 1,5 Liter Pfirsicheistee standen vorsichtig auf. Ich sah nach links – der gesamte Bereich war von der Sportgaststätte aus einsehbar, und wenn mich der cholerische Wirt erwischte, konnte das zu einem Sportplatzverbot führen, das er hin und wieder gegen Jugendliche verhängte, die sich seiner Meinung nach danebenbenahmen. Rechts von mir saßen die beiden auf ihren Mofas und warteten gelangweilt. Ich hielt es nicht mehr aus. Rechts zwischen Sportplatz und den Mofa-Gang-Mitgliedern entdeckte ich eine kleine Lücke. Dahinter befand sich der Parkplatz, auf dem ein alter BMW-Kombi und ein VW Passat standen. Im richtigen Moment würde es mir gelingen, durch den kleinen Korridor hindurchzuschlüpfen, um dorthin zu gelangen. Wieder fuhren die Motoren knatternd in die Höhe. Ich lugte um die Ecke und sah, wie sich der Gerlinger Sepp eine Zigarette anzündete. Ich ging los, nicht zu schnell, um nicht unnötig Aufmerksamkeit zu erregen, aber zügig, und blickte dabei betont nicht in die Richtung, aus der das Motorengeräusch kam. Es waren etwa 20 Meter, dann hatte ich mein Ziel erreicht. Ich knöpfte meine Hose auf und urinierte an den Autoreifen des VW Passats. Auf dem Rückweg zur Holzbank sahen mich der Bierlwimmer Tom und der Gerlinger Sepp.

«Schau mal», sagte der Bierlwimmer Tom.

«Des ist doch a Rapper», sagte der Gerlinger Sepp.

«So ein Depp.»

«Wenn der Luki den sieht, gibt's Ärger», sagte der Gerlinger Sepp. «Der Luki ist allergisch auf Rapper.»

«He Rapper!», rief der Bierlwimmer Tom, während der Gerlinger Sepp wieder am Gaspedal seines Mofas herumspielte und den Motor aufheulen ließ.

Ich reagierte nicht, sondern ging zur Holzbank zurück, wo der zerknüllte Tetrapak lag.

«He Rapper!», schrie der Bierlwimmer Tom wieder.

Ich antwortete nicht, in der Hoffnung, sie würden vielleicht das Interesse an mir verlieren.

«He Rapper, komm mal her!», schrie der dicke Leberkässemmel-Gerlinger Sepp.

Ich stand langsam auf und ging vorsichtig um die Ecke. Die beiden zu ignorieren, erschien mir nicht mehr sinnvoll.

Der Bierlwimmer Tom grinste, und der Gerlinger Sepp kniff seine dicken Augen zusammen, um noch fieser auszusehen.

«Ja?», fragte ich.

«Du bist doch a Rapper», sagte der Gerlinger Sepp und fixierte mich mit seinen kleinen Schlitzaugen.

«Nicht direkt», sagte ich. «Ich bin eigentlich mehr gar nichts von beiden, also ich lege mich da ungern fest. Ein Freund von mir hört auch Manowar zum Beispiel.»

«Wie ein Metaller schaugst du aber ned aus», sagte der Bierlwimmer Tom. «Eher wia a Hosenscheißer!» Daraufhin prustete der Gerlinger Sepp los.

«Wie ein Hosenscheißer! Wie ein Hosenscheißer!»

«Warum?», fragte ich.

«Weil du dir in die Hosen g'schissen hast!»

Der Gerlinger Sepp konnte nicht mehr vor Lachen. «In die Hosen geschissen», wiederholte er wieder die Worte vom Bierlwimmer Tom.

«Hab ich nicht», sagte ich.

«Freilich hast», sagte der Bierlwimmer Tom. «Sonst läuft man doch nicht mit solchen Hosen rum!» Er deutete auf meine Baggy-Pants, und der Gerlinger Sepp schrie laut: «So ein Depp, der Rapper!»

«Dafür werdet ihr impotent», murmelte ich.

«Was?», schrie der Bierlwimmer Tom. «Was hat der Rapper gesagt?»

In diesem Moment kam ein schnauzbärtiger Weißbiertrinker vom Parkplatz um die Ecke. Er blickte zuerst in meine Richtung und dann auf die Mofas vom Bierlwimmer Tom und vom Gerlinger Sepp. Für einen kurzen Moment war es ruhig. Dann verschwand der Schnauzbartträger in der Sportgaststätte.

«Sag's nochmal, Rapper, was du eben gesagt hast», schrie der Bierlwimmer Tom wieder, und der Gerlinger Sepp sagte: «Ja, genau, sag's nochmal!» Und wieder fuhr der Motor von Gerlinger Sepps Mofa in die Höhe, und diesmal schien er gar nicht mehr aufhören zu wollen. Immer wieder rollte er das Gaspedal in seine Richtung, immer wieder schwoll das Geknatter zu einem ohrenbetäubenden Lärm an, und immer wieder stieß das Mofa schwarze Rußwolken hervor. Es knatterte, dampfte, stank und stampfte, und in die kurzen Phasen des Leiserwerdens hinein schepperte das infernalische Lachen des Gerlinger Sepps.

«Sag's nochmal!», schrie der Bierlwimmer Tom.

Bis Dieter, der Wirt, vor ihnen stand.

Dieter war ein Berg von einem Mensch, gewaltig, bestimmt zwei Meter groß, und die Ausmaße seines Bauches machten dem vom Helmut Kohl Konkurrenz. Seine Hände, mit denen er den Pizzateig knetete, waren Pranken wie von einem Bären. Ich hatte in meinem Leben noch nie zuvor so große Hände gesehen. Seine Finger waren dick wie Weißwürste, seine Handflächen so groß wie mein Gesicht. Jetzt stand er vor dem Bierlwimmer Tom und dem Gerlinger Sepp. Ängstlich sahen die beiden zu ihm hinauf. Es roch nach Käsefett.

«Motor aus!», sagte Dieter, und die Mofas verstummten.

«Vor meiner Gaststätte läuft kein Mofamotor. Ein Mofa hat hier aus zu sein zu haben!» Die letzten Wörter schrie Dieter, und ein Spucketropfen landete im Gesicht vom Gerlinger Sepp.

«Schon recht, Dieter», sagte der Bierlwimmer Tom geknickt.

«Haben wir gerade vergessen, Dieter», sagte der Gerlinger Sepp.

«Und jetzt abhauen!», befahl Dieter und deutete auf die Straße.

«Ja, Dieter», sagte der Bierlwimmer Tom.

«Ist gut, Dieter», der Gerlinger Sepp.

«Sind schon weg, Dieter.»

Sie starteten ihre Mofas ein letztes Mal, wendeten umständlich und fuhren schließlich davon, bis das Knattern ihrer Mofas vom Ort verschluckt wurde.

Dieter ging zum Parkplatz, umrundete einmal den alten VW Passat und blieb dann am linken Vorderrad stehen. Er sah hinunter und wieder hinauf und ging zurück. Er schnüffelte.

Für einen Moment verschwamm alles: der Fußballplatz, die

Felder, die hölzerne Bank, die Sportgaststätte und das «Tropicana». Ich hatte Mühe, das Gleichgewicht zu halten. Dieters Hand traf mich wie ein Erdbeben. «Saubub», sagte er und verschwand in seiner Pizzeria.

We will rock Pfarrheimparty

Es war Freitagnachmittag, und die Party sollte laut Schmidi um 18 Uhr beginnen. «Wir nehmen den 18.04-Uhr-Bus, dann kommen wir etwas später auf die Feier. Das ist cooler», hatte Schmidi gesagt.

«Aber ist des ned zu spät?», hatte Fink eingewendet.

«Blödsinn, alle Coolen kommen später auf eine Party, nur die Idioten sind pünktlich da.»

Jetzt war es etwa halb sechs, und Fink und ich saßen bereits an der Bushaltestelle. Nur zur Sicherheit, um den Bus nicht zu verpassen.

Fink ging wieder zu dem orangenen Kasten, in dem ein vergilbter Fetzen Busfahrplan hing.

«18.04 Uhr», vergewisserte er sich. «Der Bus geht um 18.04 Uhr. Wie spät ist es jetzt?»

Ich hatte keine Uhr, Fink konnte das nicht vergessen haben, denn er fragte mich bereits zum dritten Mal nach der Uhrzeit. Ich zuckte mit den Schultern.

«Haben die Kirchglocken schon geläutet?», fragte er.

«Ja», sagte ich. «Gerade eben, zwei Mal.»

«Bist du sicher, dass es zwei Schläge gewesen sind? Ned vielleicht vier? Weil, wenn es nämlich vier gewesen wären, dann müsste der Bus jeden Moment kemma.»

«Zwei», antwortete ich.

«Wäre blöd, wenn wir den Bus verpassen», sagte er.

Fink hatte sich ein Tuch um den Kopf gebunden und die Enden über seiner Stirn zusammengeknotet. Er hatte lange geübt, um das Tuch so zu binden, wie der Rapper Tupac es trug. Dazu hatte er ein viel zu langes ärmelloses Basketball-T-Shirt, Adidas-Turnschuhe und eine weite Hose gewählt. «Ghetto-Style», nannte Fink sein Outfit. Ich trug eine weite schwarze Hose und ein T-Shirt, das mir bis an die Oberschenkel reichte. Um die Hüften hatte ich einen Kapuzenpulli gebunden.

Ein alter Eicher-Traktor knatterte die Hauptstraße entlang. Die dicken Reifen hinterließen Reste von Erde und zermalmtem Gras auf dem Asphalt. Die Kirchglocken läuteten, still und aufmerksam zählten wir ihre Schläge. Es waren drei.

«Viertel vor sechs», sagte Fink. «Dann is der Bus no' ned da g'wesen.»

«Die Party ist um zwölf aus, oder?», fragte ich. «Ich muss um zwölf zu Hause sein.»

«I a», sagte Fink. «Wir nehmen den 12-Uhr-Bus, des passt scho'.»

Ich stand auf, stellte mich neben Fink, und beide sahen wir in die Richtung, aus der der Bus kommen sollte. Da war ein Mädchen. Ich erkannte sie, als sie auf der Höhe der Metzgerei Gastl war.

Still beobachteten wir, wie diese weibliche Person sich langsam in der Abendsonne der Bushaltestelle näherte. «Das ist doch die Ingrid», sagte ich.

Sie und der Eicher-Traktor, das waren die einzigen Punkte, die sich bewegten: Der Eicher-Traktor wurde kleiner und leiser, Ingrid größer und lauter.

«Hi», sagte sie und setzte sich in das kleine hölzerne Wartehäuschen. Die blonden Locken glänzten nass. Ihre Lippen waren grellrot geschminkt, die Augen schwarz umrandet und im Gesicht hatte sie Make-up aufgetragen, das an den Rändern ihrer Backen und am unteren Hals abblätterte. Sie trug hohe Plateauschuhe, mit denen sie Fink und mich um einige Zentimeter überragte. Fink, ich und Ingrid waren zusammen in die Grundschule gegangen. Das Letzte, was ich von ihr wusste, war, dass sie sich für Pferde interessierte, aber das war vor einem Jahr gewesen, als ich sie zufällig auf dem Sportplatz getroffen hatte, während sie ihrem kleinen Bruder bei einem Fußballspiel zusah.

Fink und ich sagten ebenfalls «Hi» und starrten weiter die Hauptstraße entlang.

«Weißt du, wie spät es ist?», fragte Fink.

Sie sah auf ihre kleine Uhr und sagte mit spitzer Stimme: «Fünf vor sechs.»

«Mhm», antworteten wir und schwiegen wieder.

Wo blieb nur Schmidi? Ich zog mein Baseball-Cap tiefer ins Gesicht und kniff die Augen zusammen, um schärfer zu sehen. Aber dahinten, dort, wo die Kirche aus dem 15. Jahrhundert mit dem Zwiebelturm stand, war nichts.

«Fahrt ihr etwa auch auf die Party?», fragte Ingrid plötzlich. Erstaunt drehten wir uns um.

«Ja», antworteten wir. «Du auch?»

«Ja klar», antwortete Ingrid. «Ich gehe seit Monaten auf jede Pfarrheimparty.»

Ich wollte «wir auch» sagen, aber dann fiel mir ein, dass das ja nicht stimmte und Ingrid das ja wissen müsse, wenn sie selbst auf jede Pfarrheimparty ging.

«Meinen Freund treffe ich da», sagte sie.

«Deinen Freund?», fragte Fink. «Du hast einen Freund? Ich meine, ja klar hast du an Freund. Aber wer ist des?»

«Der Özcan», sagte sie und zündete sich eine dieser viel zu lang geratenen Marlboro 100 an.

«Damit spart man Geld. Die kosten auch fünf Mark, aber die Zigaretten sind viel länger.»

Özcan also. Özcan war einer aus dieser Clique, die am Bahnhof rumhing, Türken, Jugos, Albaner. Özcan klang auch irgendwie erwachsen, viel männlicher als «Schmidi» oder «Gerlinger Sepp».

«Der Özcan», sagte ich.

«Kennst du den Özcan auch?», fragte Ingrid.

«Klar, kenn ich», sagte ich.

«Woher denn?», fragte sie.

«Kenn ich eben. Kenn ich über Schmidi», sagte ich.

«Ach, der Schmidi», sagte Ingrid. «Der Özcan sagt, dass der Schmidi ein Mongo ist.»

«Der Özcan kennt den Schmidi doch gar ned!», rief Fink entrüstet. Ohne Schmidi, das wussten Fink und ich sehr gut, wären wir nie auf diese Pfarrheimparty gegangen. Ohne Schmidi hätten wir uns weder getraut, noch hätten wir gewusst, wie man das überhaupt macht, auf eine Party gehen.

In diesem Moment erkannte ich auf der Höhe der Kirche die breite Fensterfront des herannahenden Busses.

«Er kommt!», rief ich. «Der Bus kommt!»

«Wo ist Schmidi?», rief Fink aufgeregt.

Der Bus näherte sich, auf der Höhe der Metzgerei Gastl konnte ich den alten Busfahrer Gerlitz erkennen, der auch die Schulbusse nach Hofning fuhr. Busfahrer Gerlitz war vor drei Jahren aus dem Osten gekommen, und seitdem fuhr er durch die oberbayerische Landschaft. Manchmal, wenn die Fünft- und Sechstklässler beim Einsteigen wieder zu sehr drängelten und sich ihre quadratischen Scout-Schulranzen ineinander verkeilten und die älteren, die coolen Schüler genervt stöhnten, dann brummte der alte Gerlitz ein bisschen und sagte etwas wie: «Immer mit der Ruhe, Kinder», was natürlich überhaupt nichts dazu beitrug, um die verkeilten Schulranzen voneinander zu lösen.

In diesem Moment bog Schmidi um die Ecke. Er trug eine dicke Baseball-Jacke mit weißen Ärmeln, für die es in dieser Jahreszeit – es war Mitte Juni – eigentlich viel zu warm war. Darunter hatte er nichts an außer einem Feinrippunterhemd. Als er den Bus sah, rannte er los. Der alte Gerlitz hielt, öffnete die zischenden Türen des fast leeren Busses, und Fink stemmte sich sofort gegen die hintere Eingangstür, um den Bus aufzuhalten. Der alte Gerlitz fluchte irgendwas, das nach: «Jetzt aber mal hinne, Freundchen» klang, aber konnte nicht anders, als zu warten, bis Schmidi keuchend den Bus erreicht hatte. Wir setzten uns auf die hinterste Bank, Ingrid auf den vordersten Platz.

Der Bus bog am Ortsende von Dingenskirchen rechts auf die Landstraße nach Hofning ab. Links stand die Sonne orange leuchtend über den grünen Maisfeldern, warm fielen ihre Strahlen auf die braungemusterten Bezüge der Sitze. An manchen Stellen der Lehne waren Kokelspuren zu sehen. Die entstanden, wenn man die Flamme eines Feuerzeugs an die gekräuselten Härchen des Sitzes hielt. Ergebnisse kleiner Sabotage-Aktionen, die entweder im Mitternachtsbus oder im Schulbus zu Mahnmalen der Langeweile wurden. Die Verschlussklappen der kleinen Mülleimer an der Rückseite der Lehnen fehlten allesamt, und die Sitzfläche neben mir war aufgeschlitzt.

Ingrid hatte mir in der zweiten Klasse einen sehr feuchten Kuss auf die Backe verpasst. Wir waren sieben oder acht, sie saß eine Reihe vor mir, und als sie sich umdrehte, steckte ich ihr einen kleinen, gefalteten karierten Zettel zu. Auf dem stand in krakeliger Schreibschrift «Ich liebe dich». Ingrid bohrte in der Nase, als sie das Papier entfaltete und den Satz las. In diesem Moment fuhr unsere Klassenlehrerin Frau Holder dazwischen und konfiszierte das Beweisstück unserer heimlichen Liebschaft. Am nächsten Elternabend zeigte sie den Zettel meinen Eltern, die das natürlich unglaublich niedlich fanden, während ich, darauf angesprochen, wünschte, nie geboren worden zu sein. Ingrids Popel klebte noch immer auf dem Stück Papier.

Der Bus fuhr über die Autobahnbrücke. Die Straße führte links an einem Fischweiher und rechts an einem Feldweg vorbei, an dessen Ende sich der Hof des Kreithmayer befand. Schön anzusehen war das schon: diese Landschaft, die Bäume und der ganze Kram. Die zahlreichen Grüntöne, so viele, dass man gar nicht anfangen braucht, sie zu zählen, das Braun der Äcker, das Blau des Himmels und all die Schattierungen, die entstehen, wenn die Abendsonne auf das Land fällt – auf erwachsene Menschen hat das ja eine beruhigende Wirkung. Ab und zu entdeckt man auch ein Tier, einen Feldhasen oder einen Fasan. Die sind natürlich nach zwei Sekunden sofort wieder abgehauen, so einen Hasen kann man nie anfassen oder streicheln. Aber trotzdem, in solchen Momenten merkt man: Ist nicht alles tot da draußen, da leben wirklich Tiere. So ein erdiges Gefühl, das hat man nicht in der Stadt, wo alles voller Beton ist. Wenn man die Natur von weitem so anschaut und mit dem Bus daran vorüberfährt, sieht das alles ziemlich gut aus. Und die Bauern, die kann man verstehen, wie sie Tag für Tag mit und in diesem Land arbeiten und hungrig nach Hause kommen und einen Schweinsbraten essen und danach zwei oder drei Bier trinken, mit dem Gefühl, es sich wirklich verdient zu haben. Aber wenn man drinsteckt, wenn einen die Mücken zerstechen, die Ameisen in die Ritzen kriechen, man bis zum Knöchel in Erde versinkt, wenn es zu nass, zu trocken, zu dunkel, zu kalt oder zu heiß ist, und um einen herum nur Leute sind, die einen nicht verstehen, was bringt einem das dann alles? Was brachten uns die Kühe, die Maisfelder und das Abendrot, wenn uns unglaublich langweilig war?

«Krasse Titten hat die Ingrid gekriegt», sagte Schmidi.

«Die is jetzt mit dem Özcan zam», sagte Fink.

«Ach …», sagte Schmidi, als habe das rein gar nichts zu bedeuten. «Der Özcan … ach, was soll's, der Özcan … es gibt genug Mädchen auf jeder Party. Ich meine, nicht alle sind so, aber ich weiß schon, wovon ich rede. Ich sag's euch.»

«Aber wir ham koa Auto ned, deswegen bringt des ois nix», jammerte Fink.

Fink hatte vollkommen recht: Ohne Führerschein und ohne Auto waren die Aussichten, eine Freundin abzukriegen, erschreckend gering. Auf dem Land gilt nur der etwas, der mobil ist. Jedes halbwegs gutaussehende Landmädchen war so klug, sich mit Eintreten der Geschlechtsreife nach einem Freund mit Auto umzusehen. Im Nachhinein konnte man das den Mädchen gar nicht übelnehmen; sie versuchten ja nur, das Beste aus ihrer Lage zu machen. Aber aus Sicht 14- bis 17-jähriger Jungs war die Lage wirklich desaströs. Logischerweise führte diese Präferenz der Mädchen zu Paarungen mit sehr großen Altersunterschieden: Die 15-jährige Vroni aus Hofning war mit dem 19-jährigen Andi aus Dingenskirchen zusammen, der Hubi, schon 20, aber zweimal sitzengeblieben und deswegen noch immer in der elften Klasse, war der Freund der 14-jährigen Heillinger Sabine, und der Utzschneider aus Dingenskirchen fragte seine Kumpels bei jedem Besäufnis, ob er sich strafbar mache, wenn er jetzt doch mal was mit der Babsi anfange. Die sei zwar erst 13, aber doch recht weit für ihr Alter. Außerdem stelle ihm die doch nach, das merke er ganz genau daran, wie die ihn immer anschaue.

Der Bus bog nach rechts ab und fuhr zum Rathaus von Hofning, wo wir ausstiegen: Ingrid vorne, wir hinten.

«Ingrid», rief Fink, «wir gehen jetzt da lang.»

Ingrid wehrte ab, sie müsse noch eine Freundin treffen, woraufhin Schmidi meinte, er habe das Gefühl, dass Ingrid sich für was Besseres halte, seitdem sie mit diesem Özcan zusammen ist. Eigentlich sähe sie doch ziemlich billig aus.

Wir gingen an der Kirche vorbei, am chinesischen Restaurant, das immer leer war, und am Café Meindl, wo Leute Weißbier und Kaffee mit Sprühsahne tranken. Schmidi rauchte im Gehen und hielt die Zigarette mit Daumen, Zeige- und Mittelfinger, was, wie ich fand, eine ziemlich coole Art war, eine Zigarette zu halten.

Ich war aufgeregt. Aber als wir das Grundstück des katholischen Pfarrheims betraten, war dort niemand.

«Sind ein bisschen früh dran», sagte Schmidi und schnippte die Zigarette in den Sandkasten neben der Tischtennisplatte. Wir setzten uns auf die Bank unter dem großen Baum vor der Eingangstür. Nichts geschah.

«Ist die Party sicher heid?», fragte Fink.

«Klar ist sie heute», sagte Schmidi. «Wann denn sonst?»

«Morgen vielleicht?»

«Du hast keine Ahnung», sagte Schmidi. «Da sieht man wieder einmal, dass du überhaupt keine Ahnung hast. Denn wenn du eine Ahnung hättest, dann wüsstest du, dass Pfarrheimpartys immer freitags und nie samstags sind!»

Fink schwieg betreten, und Schmidi hatte sicherlich recht,

aber trotzdem fühlte sich die Sache komisch an. Die Tür zum Pfarrheim stand zwar immerhin offen, trotzdem rührte sich da nichts – keine Musik, keine Menschen, keine Getränke. Dafür kam Pfarrer Stanislaus.

Pfarrer Stanislaus hatte eine Tonsur, die nicht das Resultat einer bewussten Entscheidung zur Askese war, sondern eine Laune der Natur, die den Haarwuchs auf seiner Kopfoberseite abgebrochen hatte. Dafür standen seine grauen Haare an den Seiten umso zahlreicher und kräftiger in alle Richtungen ab. Er sah aus wie ein zerrupfter Hahn. Pfarrer Stanislaus war nicht nur das geistliche Oberhaupt der Gemeinden von Hofning und Dingenskirchen, sondern auch katholischer Religionslehrer an der Grund-, Haupt- und Realschule von Hofning und Dingenskirchen. Er war noch vor der Wende aus Polen nach Bayern gekommen und sprach mit einem eigenartigen polnischen Akzent, der mit Bairisch versetzt war.

«Ach, der Michaäl», sagte er, als er Schmidi unter seinem Baseball-Cap erkannte.

«Mike», sagte Schmidi. «Ich heiße jetzt Mike.»

«Ich freua mi, dass ehr gekomme seid, um die Angebot unsärär Gemeinde wahrzunähmä», sagte er und grinste. Wir sahen betreten auf den Boden. Pfarrer Stanislaus war kein böser Mensch, er verteilte so gut wie nie Verweise und vergab keine Noten, die schlechter als eine «3» waren. Er war nur der Letzte, den wir in diesem Moment sehen wollten.

«Nun, müsset euch noch a bissärl geduldä», sagte er. «Dä Party beginnet ärst um 19.30 Uhr. Und, Meikä», er zwinkerte tatsächlich mit dem linken Auge, «ned so viel rauchä. Istä schlächt für de Gesuunheit.»

Dann ging Pfarrer Stanislaus wieder, siegessicher in dem Glauben, sich doch ganz prächtig mit den Jugendlichen des

Landkreises zu verstehen, «einen guten Draht zu ihnen zu haben» und in einem gewissen Grade sogar einer von ihnen zu sein, weil er sich ein Stück Jugendlichkeit bewahrt hatte. Das Schlimme war, dass das alles gar nicht so falsch war.

Die Party begann tatsächlich um 19.30 Uhr.

Drei Stunden später saßen wir noch immer auf derselben Stelle. Vor uns stand eine Gruppe Skater, einen kannte ich vom Sehen, aber nicht gut genug, um ihn anzusprechen. Weiter hinten standen die Mädchen aus der Realschule in einem Kreis und rauchten. Ab und zu scherte eine Zweiergruppe aus dieser Formation aus, lief nach drinnen und kam eine Viertelstunde später verschwitzt wieder heraus, um sich sofort wieder in den Kreis zu stellen. Die Türken und Jugos vom Bahnhof standen breitbeinig vor der Eingangstür und musterten jeden, der dort in den dampfenden Keller hinunterging.

Eines der Mädchen aus dem Kreis schrie: «Du Schwein, du bist das größte Arschloch, das ich je gesehen habe!» Einer der Jungs lachte, er stand bei den Bahnhofstürken, aber ich kannte ihn nicht. Das Mädchen, das geschrien hatte, weinte jetzt und verließ mit einem anderen Mädchen die Party, während ein drittes Mädchen noch versuchte, die beiden zurückzuhalten.

«Krass», sagte Fink und prüfte mit der Hand, ob sein Tupac-Kopftuch noch richtig saß. «Gehma obi? Auf den Dancefloor?»

Schmidi schüttelte den Kopf. «Schlechte Musik», sagte er. «Lohnt sich nicht.»

Also rauchten wir noch eine Zigarette und beobachteten die Leute. Ein Typ mit schwarzem Mantel und einem Pentagramm-Anhänger wurde beim Reingehen von einem der Türken angerempelt. Seine Kumpels lachten, jemand sagte etwas auf Türkisch, und die Kumpels lachten noch lauter. Der Kerl mit schwarzem Mantel verschwand im Keller. Irgendwann kam ein großer, schwarzhaariger Junge mit zwei goldenen Ohrringen heraus. Er begrüßte die Bahnhofstürken mit Handschlag und zündete sich eine Zigarette an. Er rauchte auf dieselbe Art wie Schmidi, den Filter zwischen Daumen, Zeige- und Mittelfinger haltend. Neben ihm stand Ingrid, mit ihren langen Marlboro-100-Zigaretten, ebenfalls rauchend, und tippelte von einem Fuß auf den anderen. Wir blickten alle drei auf die kleine rauchende Gruppe: Özcans schwarze, verschwitzte Haare hingen ihm ins Gesicht, er überragte Ingrid um einen Kopf. Sie sah zu ihm auf, dann wieder zu der übrigen Gruppe. Sie zog die Schultern nach oben und rieb sich den Oberarm. Özcan sagte etwas zu einem ebenfalls sehr großen Türken. Der lachte und klopfte Özcan auf die Schulter. Ingrid lächelte, obwohl sie nichts verstanden hatte.

«Gehen wir», sagte Schmidi.

«Jetzt?», fragte Fink.

«Natürlich jetzt! Wann sonst?», antwortete Schmidi.

Schmidi stand auf, wir folgten ihm. Die Gruppe am Eingang beachtete ihn nicht. Ingrid nickte mir wortlos zu, als ich an ihr vorbeiging. Die Luft wurde feuchter, es dampfte, roch nach Schweiß und Zigarettenrauch. Auf der Treppe war es eng. Ich spürte glitschige Oberarme. Schmidi fluchte und ließ seine Jacke über die Schultern fallen.

«Des ist doch koa Rap!», sagte Fink vor mir. «Des ist doch Metal!»

«Ist doch jetzt auch egal», schrie Schmidi.

«Ich tanze nicht zu Metal. Ich bin Rapper!», sagte Fink. «Da mach ich mich doch lächerlich!»

Links von der Treppe führte eine Tür in den vor Schweiß und Nebelmaschine dampfenden Raum. Drinnen knieten bestimmt mehr als 30 Leute kreisförmig auf den Boden. Sie klopften zweimal mit flachen Händen auf den Boden und klatschten beim dritten Mal in die Hände und schrien alle im Chor «We will we will rock you!».

Lieber wäre ich in der Ecke gestanden und hätte mit Fink mit dem Kopf zum Takt genickt. Aber das lief hier nicht. Alle im Partykeller des Pfarrheimes knieten auf den Boden und klatschten in die Hände. Schmidi suchte sich eine hintere Ecke des Raumes und fing an mitzumachen, es konnte also nicht ganz falsch sein, auch wenn es sich streng genommen bei Queen um so etwas wie Metal handelte. Rap war es definitiv nicht. Ich spürte eine ganze Menge feuchten Dreck an meinen Händen. Auf dem schwarzen Oberteil meines Vordermannes leuchteten kleine, weiße Punkte. Schmidi grinste mich an, und seine Zähne strahlten in dem Schwarzlicht weißer als in einer Zahnpastawerbung. Ich klopfte auf den Boden, klatschte in die Hände und sagte leise: «We will rock you.» Alles stampfte, einmal, zweimal, dreimal – beim nächsten Mal schrie ich «We will we will rock you». Meine Hand berührte den glitschigen Boden. Es tat weh. Da war etwas. Etwas schlug auf meine Hand. Eine andere Hand. Der Gerlinger Sepp mit seinen fettigen Haaren grinste mich an. Seine Zähne leuchteten wie die eines Massenmörders. Ich klatschte auf den Boden, und wieder war da die Hand des Metallers auf meiner.

«Scheiß-Rapper», sagte der Gerlinger Sepp. Er kniff die Augen zusammen und versuchte, so fies wie möglich zu schauen. Zwischen seinen Zähnen hing ein Stück Leberkäse.

«Schmidi, da ist der Gerlinger Sepp!», rief ich.

Schmidi hörte mich nicht, er machte einfach weiter.

Wir rannten in die Nacht. Wir rannten, so schnell es unsere mit Dampf, Rauch und Parfüm verklebten Lungen zuließen. Zweimal verlor ich meine Etnies-Schuhe, die zu lose gebunden waren, fiel zurück und rannte noch schneller, um wieder aufzuschließen. Fink stolperte, schlug sich ein Knie auf, ich half ihm hoch. Schmidi warf seine Zigarette weg, weil er im Laufen nicht rauchen konnte. Er sah auf die Uhr und fluchte. Und dann sahen wir seine Lichter und hinter den Lichtern den alten Gerlitz. Schmidi schrie «Gerlitz, halt an!», winkte, dann «Gerlitz, du Motherfucker» und zeigte ihm den Stinkefinger. Der 12-Uhr-Bus, der letzte, war weg. Schmidi trat gegen eine Laterne. Traf man die Laterne an der richtigen Stelle, etwa auf Kniehöhe, dort, wo man die Fugen eines rechteckigen Kastens erkennen konnte, flackerte das Licht und ging schließlich ganz aus. Aber Schmidi traf nicht die richtige Stelle. Er schrie, fluchte, schimpfte und rauchte dann noch eine. Fink und ich würden Ärger kriegen, wenn wir nicht innerhalb der nächsten halben Stunde daheim wären. Eine halbe Stunde, das ließ sich gerade noch so mit einer guten Ausrede vertreten. Vielleicht würde Schmidi sogar auch Ärger kriegen, aber das sagte er uns nicht.

«Schmidi», sagte ich vorsichtig, «wir müssen nach Hause.»

«Geh halt, Motherfucker!», schrie er, und dann fluchte er wieder in die Nacht hinein.

Wir gingen tatsächlich. Fink lief mit ausgestrecktem Arm und nach oben zeigenden Daumen die Hauptstraße Hofnings entlang. Doch es kam kein Auto, nicht die ersten 100 Meter und später auch nicht.

«Ist gutes Muskeltraining», sagte Fink, als Schmidi meinte, er solle doch endlich «den motherfucking Arm nicht mehr ausstrecken», da ohnehin kein Auto käme.

«Wie ist die Ingrid eigentlich nach Hause gekommen?», fragte ich.

Fink zuckte mit den Schultern. «Vom Papa abg'holt.»

Ich musste an einen schwarzen BMW denken, in dem es nach Leder, Papierarbeit und ein wenig Männerschweiß roch. Die Armaturen leuchteten dezent in der Nacht. Wie sie einstieg, etwas genervt ihrem Vater einen Kuss auf die Wange gibt, Özcan zum Abschied winkt, und ihr Vater, der sie beschützen will, leicht die Stirn runzelt beim Anblick von Özcans zurückgegelten Haarsträhnen und den goldenen Ohrringen. Wie ihr Vater sie nach Hause bringt in das große, gut riechende Haus mit einem treudoofen Golden Retriever ...

«Ich wette, sie fickt mit dem Özcan», sagte Schmidi. «Oder gleich mit der ganzen Gang, diesen Motherfuckers.»

Wir hörten einen Motor rauschen. Ich drehte mich um, Fink streckte seinen Arm wieder aus. Scheinwerfer kamen näher. Schmidi warf seine Zigarette ins Gras. Ich konnte das Gesicht des Fahrers sehen. Fink winkte, Schmidi rief «Halt an!». Das Auto wurde langsamer. Ein älterer Mann sah uns an. Er schüttelte den Kopf und gab Gas. Schmidi fluchte und murmelte «Motherfucker». Dann bogen wir ab. Hofning endete hier, die Landstraße nach Dingenskirchen begann. Das Land ward finster.

Wir gingen nebeneinander auf der Straße, schwiegen, fluchten und schwiegen wieder. 20 Minuten waren vergangen, meine Füße taten weh, und noch immer war nicht einmal die Autobahn in Sicht. Grillen zirpten, hin und wieder raschelte etwas am Straßenrand. Doch die Nacht war warm, so warm, dass ich sogar zu schwitzen begann und meinen Kapuzenpulli auszog. Wir kamen an der Mühle vorbei und ein wenig später an dem

Fischweiher. Die Luft wurde kühler und feuchter. Ich schlug mir mit der flachen Hand in den Nacken, um eine Mücke zu töten. Es war zu spät, der Stich juckte bereits.

«Damals auf dem Weißbier- und Negerfest», sagte Schmidi, «war auch so eine Nacht wie heute, und die Reitinger Silvia war spitz wie Nachbars Lumpi, ich sag's euch …»

Ich drehte mich um, in der Hoffnung, zwei Scheinwerfer dort am Rande der Finsternis zu entdecken. Doch da war nichts.

«Und dann habe ich ihr noch einen Feigling spendiert», sagte Schmidi. «Ich habe genau gewusst, was ich mit ihr machen muss.»

Ein Vogel gurrte. Vielleicht eine Eule, dachte ich, und dann, dass Eulen eigentlich coole Vögel sind, die Art von Tieren, die man gerne sieht, weil sie eigentlich nur aus Kopf und Flügeln bestehen.

Tiere waren ja Geschöpfe jenseits von Coolness-Kategorien. Zudem handelt es sich bei einer Eule doch um ein heimisches Tier. Eine Eule, das war schließlich kein Nashorn oder ein Pandabär. Eine Eule war kein Tier, bei dem man ausflippt, wenn man es gurren hört oder was immer so ein Vogel auch für Geräusche von sich gibt.

Die Eule gurrte, und neben der Eule waren da noch Grillen, die zirpten, unsere Schuhe, die auf dem Asphalt schlurften, und Schmidi, der erzählte, wie er die Reitinger Silvia klargemacht hatte.

«Wie die mich dann angegrinst hat, da war eigentlich schon alles klar, die Sache war geritzt. Ich habe das sofort erkannt. Darin besteht die Kunst – zu wissen, was Frauen wollen.»

Noch vor zwei Jahren – Fink und ich waren 13 – waren wir eines Nachmittags zu dem Fischweiher gefahren und hatten mit einem Bindfaden und einem auf einem Haken aufgespießten Regenwurm versucht, eine Forelle zu fangen. In dem Weiher waren so viele Fische, dass das Wasser sofort aufwühlte, als der Regenwurm im Wasser verschwand. Beim dritten Versuch klappte es: Wir hatte eine ellenlange Forelle an der Angel, zogen sie heraus, warfen sie ins Gras. Dort zappelte sie einige Minuten, dann kickten wir sie mit dem Fuß zurück ins Wasser. Und jetzt lag der blöde Weiher da wie ein dumpfes, feuchtes, kaltes Loch ... Meine Hände klebten von dem Boden im Pfarrheim.

«Wir nehmen eine Abkürzung», sagte Fink und ging auf die gegenüberliegende Straßenseite. Ein Feldweg kreuzte die Landstraße im 90-Grad-Winkel und lief parallel zur Autobahn.

«Es kommt eh kein Auto mehr.»

Ich drehte mich nochmals um und hielt Ausschau nach zwei kleinen Lichtern. Doch da war nichts. Wir gingen geradewegs in das Herz der Finsternis hinein. Ich musste nochmals an den BMW von Ingrids Vater denken, in dem es warm und sauber war, und zog meinen Kapuzenpulli wieder an. Es wurde nämlich gerade kalt.

«Die wollte natürlich gleich eine Beziehung haben», sagte Schmidi. «Aber da habe ich gesagt, nee, so schnell geht das bei mir nicht. Ich sag's euch, so sind die drauf!»

«Hier müsst eigentlich a Weg sei», sagte Fink und deutete ins Nichts. Ich konnte kaum seinen Finger erkennen. «Bei der letzten Radtour mit meinem Vater war da noch ein Weg.»

«Wann war das?», fragte ich.

«Vor ... lass mal überlegen. Mein Vater ist vor vier Jahren aus'zogn, des muss vor sechs Jahren gewesen sein.»

«Vor sechs Jahren?», fragte ich.

«Geh, hier verändert sich doch nichts.»

Gegen zwei Uhr kam ich daheim an. Ich entfernte ein Dutzend Kletten, zwei Nacktschnecken, unzählige Löwenzahnsamen und etwas undefinierbares Schleimiges von meiner Hose und legte mich schlafen.

Der Mann aus den Achtzigern

Jürgen, Jüüüüürgen!», rief eine Stimme, als ich den Bus betrat. Der Mann vor mir, der gerade als Einziger dem alten Gerlitz seinen Fahrausweis zeigen wollte und dabei seinen Geldbeutel hatte fallen lassen, grunzte.

«Heee, Jürgen!», grölte die Stimme von den letzten Plätzen des Busses. «Geil, der Jürgen ist da!»

Der Mann vor mir stöhnte wieder.

«Jürgen, du alte Drecksau, komm her, komm hier hinter, Jürgen!»

Der Mann murmelte: «Ja, komme schon, ich komm schon», und trappelte schwankend zu der letzten Sitzreihe. Von hinten sah ich seine beige Blouson-Jacke, auf der sich Dreckspritzer abzeichneten. Seine Haare hingen ihm in leicht gewellten Strähnen auf die Schultern herab. Er war klein, er wankte, er stank.

«Jürgen!», schrie der Typ am Ende des Busses, und Jürgen folgte.

«Jüüüüüürgen, komm her!»

«Ja, nun ist gut», murmelte der Mann.

«Mach mir mal ein bisschen Platz da», sagte er, als er die hintere Sitzreihe erreicht hatte.

«Kein Platz, Jürgen, kein Platz, setz dich mal schön hier vor mich hin, da kann ich dich besser nerven.»

Jürgen gehorchte abermals, wenn auch murrend. Ich setzte

mich zwei Plätze davor und beobachtete ihn. Er war klein, sein Kopf unverhältnismäßig groß. Seine blond-braunen Haare waren nach hinten gekämmt, und Geheimratsecken schlugen tiefe Schneisen in Richtung Hinterkopf. Der Mann namens Jürgen hatte einen Schnauzbart, das war komisch genug, aber unter einem weit aufgeknöpften Hawaii-Hemd mit Riesenkragen lugten Brusthaare und ein Goldkettchen hervor. Alle bizarren Geschmacksverirrungen der achtziger Jahre schienen in dieser Person konserviert zu sein.

«Na, Jürgen?», fragte der Typ hinter ihm. «Wieder mal auf Tour gewesen, was?»

Jürgen murrte, brummte und mümmelte.

«Wieder mal bei der Gerti gewesen, Jürgen?»

Jürgen antwortete nicht.

«Jürgen!», schrie der Typ hinter ihm und klopfte ihm unsanft auf die Schulter. «Jürgen?»

«Hm?», fragte Jürgen.

«Warste wieder bei der Gerti?»

«Gerti. Ja. Bei der Gerti.»

«Und wieder mal schön vollgetankt, was?»

Jürgens Körper bewegte sich einer Schlange gleich von unten nach oben, erst krümmte sich sein Bauch zusammen, streckte sich wieder, sein Brust schwoll an – dabei kam ein Goldkettchen zum Vorschein –, sein Kopf sackte nach vorne, dann ruckartig nach hinten, und schließlich rülpste er.

«Alles klar, Jürgen, alles klar.»

Der Typ lachte und lachte und hörte nicht mehr auf zu lachen, klopfte sich dabei auf die Oberschenkel und warf sich gegen die Lehne des alten 877-Busses. Ich konnte nicht anders, als dieses faszinierende Schauspiel zu beobachten. Der Mann namens Jürgen war alt, mindestens 20 Jahre älter als der

Typ hinter ihm. Der lachte immer noch und verzog sein eher klein geratenes Gesicht zu einer Hundefratze. Er hatte lange schwarze Haare, die an den Seiten ausrasiert waren. Zwischen seinen Nasenlöchern baumelte ein Ring, wie sie Stiere in Asterix-Comics haben. Er trug Springerstiefel und eine Lederjacke, auf der mit weißem Edding ein großes Anarchy-A geschrieben stand.

«Du bist doch der Gritschneder Marcel», sagte Fink. «Ich kenn dich vom Fußball.»

Der Punk wehrte ab, er hieße zwar mit bürgerlichen Namen Gritschneder und auch Marcel, er sei aber vor acht Monaten zum Punk geworden, und seitdem würde er nur noch auf den Namen «Bombe» hören.

«Der Jürgen», sagte der Gritschneder Marcel aka Bombe nun an mich gewandt, «hat wegen mir seinen Führerschein verloren. Jetzt muss er immer mit dem Nachtbus fahren, die arme Sau!»

Seine Nummer bestand aus so vielen Ziffern wie die Telefonnummer meines zweitbesten Freundes in der Grundschule Dingenskirchen – drei Ziffern, die ausgesprochen eine magische Wirkung entfalten konnten: «877.» Achtsiebensieben: Die Silben glitten zügig und geschmeidig von der Zunge. Achtsiebensieben: Das klang nach Unendlichkeit und Doppelglück.

877 war ein Fenster zur Welt, denn der Bus ermöglichte kurze Ausflüge dorthin, wo wir das Leben vermuteten. Dass er dabei stets die Grenze vom Heute ins Morgen überschritt, mag zu philosophischen Betrachtungen hinsichtlich seines transzendentalen Charakters einladen. Auf einer profanen Ebene tat der 877er nichts anderes, als uns von – zeitlich begrenzten – Ausflügen in die Welt dorthin zurückzubringen, wo wir schliefen, aßen, lebten – in den Vorort. Der 877er war der letzte und

der erste Bus, der Dingenskirchen mit der Außenwelt verband – vor und nach ihm klafften stundenlange Lücken der Nacht – nur überwindbar durch Trampen oder lange Fußmärsche. Die Überfahrt von der einen Welt in die andere dauerte 17 Minuten und bis auf wenige Ausnahmen war der 877er stets pünktlich.

Er begann seine Fahrt um 23.58 Uhr am Bahnhof von Hofning, wo Eltern in ihren warmen Autos auf ihre Kinder warteten, junge Türken und Albaner herumhingen und Ärger suchten und Alkoholiker ihren letzten Schnaps tranken. Vier Minuten später hielt er am Rathaus, weitere zwei Minuten danach erreichte er den Ortsrand von Hofning, um von dort aus auf die Straße nach Dingenskirchen einzubiegen. Er hielt kurz nach der Autobahnbrücke an einem Weiler namens «Althilberding», doch außer dem Kreithmayer Schorsch, dessen Vaters Hof dort irgendwo lag, stieg hier nie jemand aus, geschweige denn ein. Er fuhr weiter durch die Dunkelheit, vorbei an mannshohen Maisfeldern im Sommer und braun-weißen Äckern im Winter, bis er schließlich um 00.12 Uhr den Ortsrand von Dingenskirchen erreichte. Von dort aus waren es noch drei Minuten zum Rathaus, wo die Dingenskirchener ausstiegen und die Bimskofener alleine ließen. Bis Bimskofen waren es noch einmal 15 Minuten.

Die von elterlicher Seite verhängte Sperrstunde orientierte sich nicht an einer bestimmten Uhrzeit. Es hieß: «12-Uhr-Bus.» Sie sagten: «Mit dem 12-Uhr-Bus bist du daheim.» Unser Leben wäre ein anderes gewesen, hätte es den 877 nicht gegeben. Dieser Bus war eine dünne Lebensader, die uns mit dem Blutkreislauf der Stadt verband. Lebensjahre, ganze Biographien, wären anders verlaufen ohne diesen Bus: Einerseits wäre die Verbindung zur Stadt (über den S-Bahnhof Hofning) ohne den 877er nachts abgerissen. Die 14- bis 18-jährige Bevölkerung wäre vollends abhängig vom elterlichen Wohlwollen gewesen, nächtliche Fahrservices bereitzustellen. Doch die ehernen Gesetze des elterlichen Biorhythmus' ließen nur wenig Empathie für die nächtlichen Umtriebe ihrer 16-jährigen Kinder aufkommen. Ohne den 877er wären die Jahre zwischen dem 15. Lebensjahr und dem Erwerb des Führerscheins vermutlich noch quälender gewesen. Vermutlich hätten wir in noch tieferer Unwissenheit vor uns hingedämmert, abgeschnitten von den für die Jugend so bedeutsamen Kenntnissen popkultureller Erzeugnisse. Vermutlich hätten wir «Cypress Hill» für eine Zitronensorte gehalten und eine «Bong» für einen infantilen Gegenstand aus der Sendung «Teletubbies». Wahrscheinlich hätten wir uns letztendlich doch dem in unseren Augen dumpfen Treiben der Landjugend zwischen Fußballplatz und Vollrausch hingegeben. Kurzum: Ohne den 877er hätten wir uns wohl mit unserem Schicksal begnügt und alle Träume von einem cooleren Leben in der Stadt beerdigt.

Doch – und das muss an dieser Stelle auch mal gefragt werden – macht Freiheit glücklicher? Machen Möglichkeiten glücklicher? Genauer gesagt: Macht die Kenntnis von Freiheit glücklicher, wenn man unfrei ist? Ist nicht die Familie in einem Entwicklungsland, nehmen wir zum Beispiel Bangladesch oder sonst irgendwo in Asien, die fröhlich jeden Abend in einer dunklen Bambushütte am Brahmaputra sitzt und keine Ahnung hat, was ein Fernseher ist, glücklicher als diejenige, die zwar keinen besitzt, aber deren Nachbar wohl jeden Abend vor der Glotze sitzt? Regt nicht erst die Kenntnis von einer anderen Welt die Vorstellungskraft zu Höhenflügen an, und entsteht aus diesem Idealbild nicht die Begierde, deren Nichterfüllung wiederum unglücklich macht?

Der 877 war ein Fenster zur Stadt – aber auch nicht mehr. Wir konnten die halbe Nacht in Hofning verbringen. Wir konnten sogar in die Stadt nach München fahren – theoretisch. Denn spätestens um 23.30 Uhr mussten wir am Ostbahnhof stehen und die letzte S-Bahn Richtung Hofning nehmen, um den 877er um 23.58 Uhr zu erwischen. (Das elterliche Donnerwetter, welches bei Verpassen des Busses und einem darauf folgenden zerknirschten Anruf über unseren Köpfen niedergegangen wäre, war nicht zu unterschätzen.) Theoretisch blieb nur die Möglichkeit, im Morgengrauen mit der ersten S-Bahn nach Hofning zu fahren, um anschließend den 6.30-Uhr-Bus nach Dingenskirchen zu nehmen. Doch ließ dies die elterliche Sperrstunde nicht zu. Unsere Ausflüge blieben also stets kurze Besichtigungstouren der Orte, an denen wir das Leben vermuteten. Sie machten uns noch neugieriger und noch versessener auf alles, was sich dort abspielte. Und sie machten uns noch unglücklicher, wurde uns doch bewusst, dass uns all das bis zur Vollendung unseres 18. Lebensjahres verwehrt bleiben würde.

Was also wäre aus uns ohne den 877er geworden? Antwort: Wahrscheinlich hätten wir eine anständige Landjugend erlebt wie Generationen vor uns. Wir hätten Fußball gespielt, Bier getrunken, Geschlechtsverkehr im Heu gehabt und uns im Wald verirrt. Wir hätten nicht immer wieder versucht, ein Leben zu leben, das nicht passte, und an dem wir deswegen immer wieder aufs Lächerlichste scheitern mussten. Jahre später dann, längst zu bekennenden Stadtbewohnern geworden, hätten wir diese Zeit glorifiziert und uns in Filmen von Marcus Rosenmüller wiedererkannt. In denen geht es ja trotz all der Widrigkeiten in Form von Kirche und Kuhmist doch sehr romantisch zu. Das Land, die Natur mit ihrer beruhigenden, ausgleichenden Wirkung, hätte uns für das bisschen Aufregung mehr als entschädigt. Es wäre beschaulich gewesen wie in einer Kleinstadt, in der jeder früh seine Rolle zugewiesen bekommt und sie, abgesehen von kleinen Auflehnungen, doch gerne spielt. Wir hätten gelebt, geliebt, getrunken und Mofas frisiert. Doch hätten wir nicht beständig unser Schicksal in Frage gestellt?

So aber beförderte uns der 877er Wochenende für Wochenende zwischen den Welten hin und her und war dabei selbst eine Zwischenwelt, aus der es keinen Ausweg gab. Wer einmal mit ihm gefahren war, der war verdorben, der konnte nicht mehr in das beschauliche Leben der Landjugend zurück. Der gehörte nun zu den Verdammten der Vororte und konnte nicht mehr anders, als sich von nun an gegen sein Schicksal aufzulehnen.

Die Insassen von 877 waren ein Sammelsurium an Verrückten, Außenseitern, Obercoolen und Volldeppen, die zusammen ein explosives Gemisch ergaben. Bei nahezu jeder Fahrt traf man einen Bekannten oder lernte einen neuen Leidensgenossen kennen. Der Nachtbus schweißte uns zu einer Gemeinschaft zusammen. Jeder, der in ihm saß, wusste vom anderen: Das ist einer von uns. Irgendjemand klaute immer den roten Nothammer, der neben den Fensterscheiben befestigt war. Und irgendjemand musste sich immer im Bus eine Zigarette anzünden.

Darunter zu leiden hatte der alte Gerlitz und seine Kollegen, die Nacht für Nacht den 877er von Hofning nach Bimskofen fuhren.

Die braunroten Sitze des Busses vibrierten, als der alte Gerlitz den Motor startete. Zischend schlossen sich die Doppeltüren, und dann verließ der 877er den Bahnhof von Hofning. Am Rathaus stieg Vreni ein. Sie wohnte wie Bombe in Bimskofen, vier Kilometer hinter Dingenskirchen. Wir kannten uns aus der Schule. Vreni war Metallerin. «Death Metal», betonte sie, «nicht normaler Metal, am liebsten norwegischer Death Metal.» Sie trug enge Metaller-Jeans und schwarze T-Shirts, auf denen Band-Namen wie «Cannibal Corpse», «Sick of it all» und «Napalm Death» standen. Sie wirkte zwar burschikos, aber das machte sie inmitten der dauergewellten und fingernagellackierten, buffalotragenden Ingrid-Fraktion sympathisch.

Schon als der Bus die Tankstelle am Rande von Hofning passierte, war der Mann namens Jürgen eingeschlafen.

«Ist ein netter Kerl, der Jürgen», sagte Vreni. Bombe schlug dem Schlafenden abermals auf die Schulter, woraufhin dieser kurz die Augen aufriss und sofort wieder einschlief.

«Aber eine arme Sau», flüsterte Vreni. «Keine Familie, kein Job und kein Führerschein.» Beim Wort «Führerschein» begann Bombe wieder zu kichern. «Er wohnt allein in einer Hütte im Wald.»

«Jetzt pass auf», sagte Bombe, «ich erzähl dir die Geschichte, wie er seinen Führerschein verloren hat.»

Der alte Gerlitz bog in die dunkle Landstraße nach Dingenskirchen ein, und Vreni verdrehte die Augen.

«Der Jürgen saß bei der Gerti, da, wo er immer zum Saufen hingeht. Hatte gerade seinen Job verloren, als irgendwas, Möbelpacker oder was weiß ich. Er trinkt drei, vielleicht vier Bier, war noch nicht besoffen, aber wusste noch: War ein bisschen zu viel, nicht gut, wenn mich die Polizei aufhält. Er steigt in sein Auto und will nach Dingenskirchen zurückfahren. Er denkt sich: Lieber nicht die Landstraße nehmen, am Ende komm ich noch in eine Polizeikontrolle. Besser über den Feldweg fahren. Also fährt der Jürgen los über den kleinen Feldweg durchs Moos Richtung Dingenskirchen. Plötzlich aber verpeilt er das mit dem Lenken, weil er ständig was verpeilt …», er begann wieder zu kichern, «… kommt vom Weg ab und setzt den Wagen in den Acker. Was also sollte er machen? Zu Fuß über die Felder ist es ihm zu weit, also geht er zurück zur Gerti und ruft dort die alte Pudel an, die mit dem Taxiunternehmen. Die alte Pudel kommt auch und fährt den Jürgen nach Dingenskirchen. Auf der Fahrt erzählt der Jürgen ihr die ganze Geschichte und heult sich bei ihr aus. Als sie in Dingenskirchen sind, steigt Jürgen aus und denkt sich: Alles Scheiße, Frau weg, Job weg, und jetzt auch noch das Auto Schrott. Er macht sich eine Flasche Schnaps auf und trinkt sie alleine aus. Eine Stunde später klingelt es an seiner Tür. Wer steht vor ihm? Zwei Bullen! Die Pudel, die alte Drecksau, dachte sich, der Jürgen hat besoffen einen Unfall gebaut, und deswegen hat sie die Bullen angerufen, die Nazisau. Die Bullen fragen ihn, ob es sein kann, dass er heute Nacht einen Unfall hatte, weil er betrunken gefahren ist. Der Jürgen sagt: Nein, auf keinen Fall! Aber die Bullen glauben ihm natürlich nicht, weil der Jürgen nur lallt und total voll ist. Sie lassen ihn blasen, und er hat 2,5 Promille. Die Bullen wollen seinen Führerschein sehen, aber Jürgen lallt: ‹Sorry, den Führerschein habe ich gerade nicht, muss ich im Auto gelassen haben.› Jetzt werden die Bullen richtig sauer, können aber gerade nichts machen, weil der Jürgen wirklich dicht ist. Sie sagen ihm, er soll morgen auf die Wache kommen – mit seinem Führerschein.»

Bombe hielt einen Moment inne. Ich sah auf den schlafenden Jürgen, der jetzt schnarchte. Vreni kicherte.

«Am nächsten Tag dann, denkt er sich, geht er vorher nochmals an den Hofninger Weiher, um sich auf seinen Auftritt bei der Bullerei vorzubereiten. Steht rum und schaut aufs Wasser. Ein Kumpel von mir meint: He, das ist der Jürgen, den kenne ich von der Gerti. Lass den Jürgen mal ins Wasser schmeißen. Also, schleichen wir uns hinten an ihn ran und schmeißen ihn samt Klamotten ins Wasser. Er schreit noch rum, von wegen:

Ich muss zur Polizei. Und wir sagen: Jürgen, reg dich ab. Deswegen geht man doch nicht zur Polizei. Aber er behauptet, er hat seinen Führerschein im Wasser verloren. Er ist dann erst gar nicht mehr hin zur Polizei, weil er sich dachte: Bringt eh nichts mehr. Die Bullen sind dann am Tag darauf wieder zu ihm nach Hause gefahren und haben ihm natürlich kein Wort von der Geschichte geglaubt. Der Führerschein war dann erst mal weg. Geil, oder? Deswegen fährt der Jürgen jetzt immer mit dem 877er, wenn er bei der Gerti war.»

«Und weißt du, wo Jürgen jetzt wohnt?», fuhr Bombe fort. «Seine Wohnung in Dingenskirchen musste er aufgeben – zu teuer. Jetzt haust er in einer Hütte im Wald zwischen Bimskofen und Dingenskirchen.»

In mir regte sich etwas Mitleid für Jürgen, der da in seinem Sitz schlief und schnarchte und stank, doch es genügte bei weitem nicht, Bombe deswegen unsympathisch zu finden.

«Er ist ein netter Kerl», sagte Vreni. «Wirklich harmlos. Früher hat er uns oft Bier mitgebracht, wenn die uns im Supermarkt keines verkaufen wollten.»

Der 877 bremste, um am Dingenskirchener Rathaus zu halten. Bombe rüttelte jetzt an Jürgens Schulter.

«Du musst den Jürgen nach Hause bringen. Der muss hier raus.»

«Ich?», fragte ich.

«Klar, der muss mit dem Fahrrad weiter in den Wald. Setz ihn einfach an der Tür ab. Später, wenn er ausgenüchtert ist, fährt er weiter. Macht der oft so.»

Bombe bewegte seinen Mund so nahe wie möglich an Jürgens Ohr heran, um es gerade nicht mit seinen Lippen zu berühren. Dann brüllte er:

«Jüüüüürgen!»

Jürgen bewegte sich. Der Bus hielt am Rathaus, die Türen öffneten sich.

«Gerlitz, wart mal eine Sekunde, der Jürgen muss noch raus!»

Der alte Gerlitz wartete tatsächlich, und Vreni rüttelte an Jürgen herum und brüllte weiter auf ihn ein. Jürgen knurrte, öffnete schließlich die Augen und blickte verwirrt umher.

«Jürgen», sagte Vreni, «wir sind jetzt in Dingenskirchen. Du musst aussteigen!»

Sie nahm Jürgens Arm und legte ihn mir über die Schulter, als sei ich ein Zivi.

«Setz ihn da drüben ab», sie zeigte auf das Haus gegenüber vom Rathaus. «Da irgendwo hat er sein Fahrrad. Der findet das schon, der ist das gewohnt, ehrlich.»

Ich humpelte also mit Jürgen hinaus auf die leere Hauptstraße von Dingenskirchen. Der alte Gerlitz schloss die Türen vom 877er und fuhr weiter nach Bimskofen. Ich setzte das Bündel namens Jürgen auf die Stufen der Eingangstür und ging nach Hause.

Als die Matte abhob

Operation Saturn-Hase kann in einer Stunde starten. Es ist alles vorbereitet. Es gilt der vereinbarte Treffpunkt.»

«Was für ein Hase?»

«Die Operation, über die wir seit Tagen sprechen, du Motherfucker!»

«Hat diese Operation Dingsbums-Hase etwas mit …?»

«Sag's nicht! Verstehst du, sag's nicht! Auf keinen Fall am Telefon! Die hören doch alles ab!»

«Wer denn?», fragte ich.

«Na, die natürlich. Wer, meinst du, hört sonst Telefone ab?»

«Heißt das, wir kiffen?»

«Telefonstreich! Telefonstreich! Ich habe keine Ahnung, wer mich hier anruft. Ich will nichts kaufen, okay? Auf Wiederhören. Auf Wiederhören!»

Schmidi hatte aufgelegt.

Ich schaltete den Fernseher an. Es hatte monatelange Überzeugungsarbeit in Form von Quengeleien, inständigen Bitten und verzweifeltem Gezeter meinerseits benötigt, damit meine Eltern endlich eine Satellitenschüssel auf dem Dach anbringen ließen. Die nämlich hingen dem Traum von einem fernsehfreien Leben an. Sie hielten das für besser, weil «Fernsehen eh nur verblöde». Ich vermutete, dass es ähnlich verklärte Rückzugsmotive gewesen waren, weshalb sie überhaupt Anfang der Achtziger ein

Haus in Dingenskirchen gebaut hatten. Eine Pubertät auf dem Land ohne MTV war in den Neunzigern ja fast so schlimm wie heute eine Jugend ohne Internet. Ohne MTV keine Musikvideos, ohne Musikvideos kein Mitspracherecht auf dem Pausenhof, ohne Mitspracherecht soziale Isolierung, Vereinsamung, Tod. Wenn man ein oder zwei Stunden MTV sah, erwischte man mit ein bisschen Glück ein gutes Video. Da kann man nun einwenden, Aufwand und Ertrag stünden nicht in einem angemessenen Verhältnis, aber was blieb einem schon anderes übrig? Die Alternative zum Warten war – gar keine. Es lief Scooter.

Es roch nach frischgemähtem Gras, als ich in den Kolping-Weg einbog. Im Sommer roch es immer nach Gras, und immer war von irgendwo das Geräusch eines Rasenmähers zu hören. Ich klingelte und hoffte, es möge nicht Finks Mutter sein, die die Tür öffnete. Finks Mutter war eine etwas rundliche, kleine Person, die, wann immer einer von Finks Freunden klingelte, Kekse und Limonade anbot und einem eine Konversation über schulische Leistungen aufzwang. Aber Finks Mutter war nicht daheim, stattdessen stand ein keuchender, verschwitzter Typ mit einem Tupac-Kopftuch vor mir. In der linken Hand hielt er eine Fünf-Kilo-Hantel mit lila Plastiküberzug.

«Was soll das?», fragte ich.

«I brauch mehr Muskeln.»

«Kannst du dir was anziehen? Wir müssen zum Sportplatz.»

«Müssen?»

Im Hausflur roch es nach Lavendel-Waschmittel und irgendwas mit Zimt.

«Ich glaube, wir kiffen heute», sagte ich.

«Frank!», rief eine kristallene Stimme von oben. «Frank, bitte kimm a moi kurz zu mir aufe.»

Finks Oma erinnerte mich wieder daran, dass Fink wirklich einen blöden Namen hatte: Frank Fink, das klang ja fast wie «Fritz Ficker».

«Verdammt, Oma!», sagte er. «Wos is?»

«Ich find die Fernbedienung ned!», klirrte die Stimme durch das Lavendel-Zimt-Haus.

Fink drückte mir die verschwitzte Fünf-Kilo-Hantel in die Hand und lief nach oben. Dort vermischte sich der gläserne Sopran mit einer quäkenden, gerade dem Stimmbruch entwachsenen Männerstimme: «Oma, da!» – «Ach!» – «Ja, wo's halt immer liegt.» – «Ja mei. Aber das letzte Mal ...» – «Na, Oma, die liegt immer da.» – «Geh, Schmarrn.»

Treppengetrappel. Fink stand in einem weißen Feinrippunterhemd vor mir. Ich legte die Hantel auf den Boden und wischte mir die Hand an meiner Hose ab.

«Kiffen. Wirklich? Wahnsinn!»

«Wo ist eigentlich deine Mutter? Die ist doch sonst immer daheim.»

«Hat einen Job jetzt bei Aldi in Hofning. Endlich, zum Glück.»

Fink sprach nie viel über seine Eltern; über seinen Vater gar nicht und über seine Mutter nur als unendlich nervendes Wesen. Seine Eltern hatten sich getrennt, als er in der zweiten Klasse war. Es war nicht so, dass es in Dingenskirchen keine Scheidungen und alleinerziehenden Mütter gegeben hätte. Postmoderne Beziehungsmodelle hatten auch in den Vororten Münchens Einzug gehalten, aber im Gegensatz zur Stadt waren sie weit entfernt davon, als normal zu gelten. Der Vorort gehörte der Zweikindfamilie, dem Reihenhaus mit Kombi in der Garage, dem Golden Retriever und dem automatischen Eierkocher. Wer da nicht mitmachen wollte, sollte, bitte schön, lieber in die Stadt ziehen. Leider war das nicht immer so einfach, zumal bei den Finks noch eine Oma im Dachgeschoss hauste, die man nicht so mir nichts dir nichts verpflanzen konnte. Zwar waren manche der Damen, die noch vor zwei Jahren beim Metzger Gastl über die «arme Frau Fink» mit einer Mischung aus Anteilnahme und dem Überlegenheitsgefühl der Überlebenden gesprochen hatten, heute selbst von ihrem Mann wegen dessen Sekretärin verlassen worden. Doch die kleinen Löcher, die die Realität mit der Zeit riss, genügten bei weitem nicht, das Traumgewebe der perfekten Familie, die auf einer sonnigen Terrasse mit Jacobs-Kaffee und einem Glas Nutella frühstückt und alle vier Jahre ein Kreuz bei der CSU macht, zu zerstören. Diejenigen, deren Bilder im Laufe der Jahre zu Bruch gegangen waren, wurden bemitleidet und gemieden wie die Träger einer ansteckenden Krankheit. Und litten darunter umso mehr.

Fink also fühlte sich als achtjähriges Kind stigmatisiert. Den Ärger darüber ließ er abwechselnd seine Mutter oder seine Französisch-Lehrerin spüren. Einmal hatte ich erlebt, wie er seine Mutter angeschrien hatte, weil sie, ohne zu klopfen, sein Zimmer betreten hatte, um Kekse und Limonade zu bringen. Die Mutter hatte das Tablett abgestellt und war rückwärts aus dem Zimmer geschlichen. Fink hatte die Tür knallend zugeschlagen.

Wir fuhren den Kolping-Weg Richtung Kirche entlang. Zweimal musste ich anhalten, weil sich ein Kieselstein in den Rollen meines Skateboards verfing. Meistens konnte man den Sturz irgendwie abfangen, indem man schnell absprang und zwei, drei Schritte nach vorne stolperte, wenn sich das Board querstellte. Diese miesen, kleinen Kieselsteine machten das Skateboard-Fahren zu einem entwürdigenden Unterfangen. Immer wenn man gerade mit einer passablen Geschwindigkeit die Straße hinunterrollte, sabotierte ein Stein oder ein Stück Dreck, das von einem Eicher-Traktor herabgefallen war, unser mühsam erarbeitetes Selbstbild. Ich träumte von kilometerlangen ebenen Betonflächen einer Großstadt, auf denen nichts unsere Fahrt bremsen konnte.

Wir fuhren vorbei an gepflegten Vorgärten, deren Größe durch einen Bebauungsplan vorgeschrieben war und in denen sich Gartenzwerge unter Thujahecken versteckten, und an den Garagen, in denen ab 18 Uhr die BMWs der Väter parkten, wenn sie aus ihren Büroräumen in der Stadt aufs Land zurückgekehrt waren. Ein Schäferhund begann zu bellen, als wir an seinem Revier vorbeifuhren. Ein heiser klingender Dackel von weiter weg stimmte ein. Die Glocken des Kirchturms läuteten. Wir bogen in den Pausenhof der Grundschule ein. In dem Vogelkäfig zwitscherten jetzt ein paar Wellensittiche und kackten von einem großen Ast auf den Boden. Der Sportplatz war ruhig, nur aus dem gekippten Küchenfenster drangen ein paar Klirrgeräusche und der Geruch von altem Fett.

Schmidi saß im Schneidersitz auf der blauen Hochsprungmatte, sein schwarzes Cap tief im Gesicht.

«Nie wieder!», sagte er, als wir uns setzten. «Sprich nie wieder am Telefon über Drogen. Die Bullen hören das alles ab. Die haben einen Großcomputer an das Telefonnetz angeschlossen. Der schaltet sich immer ein, wenn bestimmte Schlüsselwörter fallen. Die zeichnen dann alles auf, und dann ficken sie dich.»

«Die Schweine», sagte Fink. «Für die san wir doch Bürger zweiter Klasse!»

«Und jetzt?», fragte ich.

Schmidi kramte aus seiner Hosentasche einen kleinen braunen Brocken hervor. Er war nicht größer als der Fingernagel meines kleinen Fingers. Er hielt ihn zwischen Daumen- und Zeigefinger in die Nachmittagssonne, als handele es sich um einen besonders wertvollen Edelstein.

«Das hier wird uns komplett verstrahlen!»

Er ließ das kleine braune Stück wieder in seiner Hand verschwinden und breitete ein Stück Papier vor ihm aus.

«Wie ist das eigentlich?», fragte Fink. «Wie ist das, wenn man verstrahlt ist?»

«Dir wird heiß und kalt zugleich», sagte Schmidi. «Du fühlst dich unglaublich leicht, als könntest du fliegen. Dann aber wieder ganz schwer, so als würde dein Körper 1000 Kilo wiegen. Du siehst die Farben anders, und alles ist intensiver. Dir ist ein bisschen schwindlig, aber das ist geil, und dann ist wieder alles, als hätte dich jemand in Watte eingepackt. Du hast megakrasse Gedanken, du fliegst zum All, dort unterhältst du dich mit Marsmenschen und später auch mit Gott. Dann fliegst du in das Innere der Erde, und plötzlich steht der Teufel vor dir, und der sagt dir, um was es wirklich geht in der Welt, wer die eigentliche Macht hat, nämlich die Freimaurer. Dann wird alles sehr, sehr komisch, du lachst dich kaputt, nur weil eine Fliege an der Wand sitzt. Du kannst nicht mehr aufhören zu lachen. Du lachst und lachst und lachst, bis du platzt. Und am Ende kriegst du die Munchies.»

«Was sind die Munchies?»

«Du kriegst richtig Hunger, du willst unbedingt was essen. Egal was. Alles schmeckt plötzlich unglaublich geil. Du isst eine Pizza und denkst: Das ist das allerbeste Essen auf der Welt, so etwas Gutes hab ich noch nie zuvor gegessen. Du willst immer mehr und mehr und am Ende noch einen Spezi trinken. Der Spezi ist eigentlich das Allergeilste am Kiffen.»

«Wow», sagte Fink und rückte sich das Tupac-Tuch auf seinem Kopf zurück. «Spezi …»

«Ja, Spezi. Aber eigentlich kann man das alles gar nicht erklären. Man kann das wirklich nicht beschreiben, wenn man es nicht erlebt hat.»

Das, was Schmidi sagte, ergab irgendwie Sinn: Wenn etwas wirklich besonders war, wirklich neuartig und vollkommen anders, dann konnte man es nicht richtig beschreiben. Weil, wenn man es mit einfachen Worten beschreiben konnte, dann wäre es ja nicht neu. So wie Sex, den konnte Schmidi ja auch nicht richtig beschreiben, und wenn man jemandem, der noch nie Sex gehabt hatte wie Fink und ich, erklären könnte, wie es ist, dann wäre es ja nur noch halb so interessant.

«Ich habe einen Kumpel in München», sagte Schmidi. «Da kiffen alle.»

«Tupac kifft auch», sagte Fink. «In L. A. South Central kiffen auch alle! Alle.»

«Cypress Hill auch», sagte ich.

Schmidi stöhnte genervt.

«In Dingenskirchen kifft niemand. Deswegen erzählt es nicht rum.»

Er röstete eine Zigarette, indem er immer wieder die Flamme eines Feuerzeugs hin und her bewegte, bis das Papier bräunlich verfärbt war. Er bröselte den Tabak auf das vor ihm liegende Papier. Dann nahm er den kleinen braunen Klumpen und hielt ihn in die Flamme. Nach ein paar Sekunden fuhr er mit dem Daumen darüber und löste kleine Flocken davon ab, die er mit dem Tabak vermengte. Das wiederholte er einige Male, bis der Klumpen auf die Hälfte geschrumpft war. Schmidi vermengte den Tabak mit den kleinen braunen Krümeln, knetete etwas darin herum und rieb die Menge zwischen seinen Fingern. Dann legte er alles auf ein langes Zigarettenpapier der Marke «OCB» und versuchte, daraus einen Joint zu drehen. Er rollte, fluchte, drückte und rollte weiter und hielt das ganze Ding dann an seine Lippen, um mit der Zunge über den Klebestreifen zu fahren. Heraus kam eine ziemlich verkrüppelt aussehende Lulle, die mich an den Finger von E. T. erinnerte, als dieser nach Hause telefonieren wollte.

«Das passt schon, ich lass das jetzt mal so», sagte Schmidi, als er sein Werk betrachtete. Er drehte die überstehenden Enden des E. T.-Fingers zusammen, sodass das Bastelwerk nun aussah wie eine krumme Schultüte in Miniaturform.

«Mach schon», sagte Fink. «Sonst kommt noch jemand von der Mofa-Gang. Wenn die das sehen, flippen sie aus.»

Schmidi brannte das zusammengedrehte Papier ab und zog an der Tüte wie an einer Zigarre. Den dritten Zug schließlich atmete er ein, hielt den Rauch lange in der Lunge und blies dann eine gigantische Rauchwolke heraus. Er zog drei Mal, dann reichte er das Ding weiter an Fink, der eine Faust formte und sich das Ding zwischen Zeige- und Mittelfinger steckte.

«Idiot», sagte Schmidi, «halt das Ding normal wie eine Zigarette!»

«Ich hab gedacht, des macht man so.»

«Nein, so machen es nur noch Hippies. Heute hält man das wie eine Zigarette.»

Fink zog das Ding also wieder aus seiner Faust heraus, um es wie eine normale Zigarette zu halten. Dabei fiel ihm der Joint jedoch fast aus der Hand, was Schmidi wieder einmal zur Weißglut brachte, und er leise in sich hineinfluchte. Fink zog, reichte das Ding weiter an mich, schloss dann die Augen und ließ sich rücklings auf die Hochsprungmatte fallen.

Ich zog und zog, bildete mir ein, ein bisschen grün im Gesicht zu werden, atmete aus und musste husten. Ich hustete und hustete und zog abermals. Ich wartete, merkte nichts, dann merkte ich ein bisschen: ein leichter Schwindel. War es anders? Es musste anders sein. Schmidi hatte es gesagt. Ein Spatz zwitscherte in dem Haselnussstrauch hinter mir. War das E.T.? War das die Stimme des Außerirdischen? War er gekommen, um mich zu holen? Wo war sein Finger? Ich hielt ihn in der Hand! Ich zog am glühenden Finger E.T.s! Ich hatte den Finger eines Außerirdischen im Mund! Was würde bloß passieren? Ich und die Galaxie, der kleine Außerirdische und ich, wir gingen eine kosmische Verbindung ein, wurden eins. Wir, Schmidi, Fink und ich, wir waren Außerirdische! Natürlich keine richtigen Außerirdischen, aber wir steckten doch in derselben Situation: Gefangen in einer fremden Welt, in der wir gar nicht zu Hause waren, in der wir aufgrund von Umständen, die nicht in unserer Macht lagen, gelandet waren. Nun steckten wir fest, konnten nicht mehr heraus, waren verdammt, unser Leben auf einer blauen Hochsprungmatte zu fristen. Und war die krumme Lulle nicht unser Finger, mit der wir dem Publikum deuteten, dass wir nach Hause wollten, nach Hause, wo immer das auch war? Waren wir und E.T. nicht die letzten Verlorenen dieser Welt? Chancenlos, vergessen, unendliche Weiten entfernt von der Welt, in die wir gehörten? Jetzt wurden wir abgeholt und nach Hause gebracht. Das war alles so unglaublich abgefahren.

«Gib den Joint weiter, du Motherfucker!», sagte Schmidi. Ich lag jetzt auch wie Fink auf der Matte und hatte die Arme ausgestreckt. Den Joint in meiner Hand hatte ich vorübergehend vergessen.

Irgendwann ließ sich Schmidi auch rücklings auf die Matte fallen. Da lagen wir nun, unter uns war das blaue Meer und über uns der blaue Himmel. Wir waren zwischen Luft und Wasser gebettet und flogen durch Zeit und Raum. Die Hochsprungmatte hob langsam vom Boden ab, stieg über den Haselnussstrauch hinauf, und nur noch der Käse-Schinken-Fett-Geruch aus Dieters Pizzeria hielt uns noch davon ab, in ferne Galaxien zu entschweben. Mit unserer fliegenden Hochsprungmatte wurden wir unerreichbar für den Bürgermeister mit seiner braun-gelben Cordnase, die Eicher-Traktoren voller Scheiße und für die Mofa-Gang mit ihren fettigen Vokuhila-Frisuren. Wir entschwebten.

Wir sahen von oben auf die gepflügten Äcker, die mannshohen Maisfelder und die kleinen Wälder hinab. Die Landschaft, die unendlich weite, flurbereinigte Landschaft wurde zu einem geometrischen Muster, das sich ein großer, verspielter Gott ausgedacht hatte, weil es ihm irgendwie witzig und schön vorkam, ein paar Linien durch die oberbayerische Welt zu ziehen. Da unten krabbelte ein alter Eicher-Traktor wie ein kleiner Käfer die Feldwege entlang. Kleiner Eicher-Traktor, krabbel ruhig vor dich hin.

Schmidi holte etwas aus seinem Rucksack heraus. Es sah aus wie ein Satellitentelefon oder wie ein Radargerät, auf jeden Fall ein Gegenstand, mit dem man Verbindungen herstellen konnte. Es war schwarz, Knöpfe darauf und kleine Räder zum Verstellen. Etwas Silbernes glänzte. Es war eine Antenne! Eine Antenne, um Kontakt aufzunehmen! Wir waren dabei, in Kontakt zu treten. Schmidi machte irgendwas, das ich nicht verstand. Scheinbar war er der Einzige, der den Empfänger bedienen konnte. Schmidi war unser Verbindungsmann. Er öffnete das gigantische Telefon, legte etwas hinein und verschloss es wieder. Er drückte einen Knopf. Etwas drehte sich, es knackste, da drinnen war jemand. Eine Stimme quäkte durch den Äther.

Eine Stimme, die klang, als hätte jemand einen wirklich schlimmen Schnupfen. Sie quäkte wie ein Papagei und klang doch wie ein Ferkel. Dazu kam ein Beat, und dazu kamen wiederum Pfeifen oder Trompeten. Das klang verrückt. Die Stimme sagte etwas, das sich nach «Brain» und «Membrain» und «Insane» anhörte. Und klar: Der Typ, der da rappte, hatte etwas mit seiner «Membrain». Mit der stimmte etwas nicht, wohl weil er so dermaßen erkältet war.

Die Matte flog jetzt höher, verließ die oberbayerische Schotterebene und raste gen Westen über Frankreich, das Meer hinüber nach New York und von dort aus nach Süden in ein Ghetto. Die Sonne brannte, an den Straßen lungerten Schwarze mit weiten Hosen und Kopftüchern, wie Fink eines trug, herum. Ja, der muskulöse Typ mit Feinrippunterhemd dort unten – das war Tupac! Er winkte uns zu. In seinem Mundwinkel hing ein Joint, in der Hand hatte er ein Maschinengewehr. Männer in schwarzen Lederjacken kamen auf Motorrädern, sie hatten lange Bärte und trugen Sonnenbrillen. Es waren Hells Angels. Sie griffen Tupac an! Sie feuerten mit Schrotflinten auf Tupac. Der feuerte mit seinem Maschinengewehr in Richtung der Rocker und zog, während er schoss, an seinem Joint. Die Hells Angels warfen eine Handgranate zurück, die vor einem McDonald's explodierte. Chicken McNuggets und Big-Mäc-Teile flogen durch die Luft. Es roch nach altem Fritteusenfett, die Hip-Hop-Beats wummerten weiter und dann …

… dann sagte Fink:

«I spür irgendwie nix.»

Schmidi drehte den Kassettenrecorder leiser. Er fragte: «Was?»

«Ich glaube, ich spüre nichts.»

Ich drehte mich um und sah auf das gekippte Küchenfenster

von Dieters Pizzeria. Es roch immer noch nach Käse. Die blaue Hochsprungmatte lag wieder auf dem Boden. Hinter der Sportgaststätte hörte ich jemanden «Servus, Luki» schreien. Es war die Stimme vom Gerlinger Sepp. «Die Live-Version von Poison, die is wirklich der Hammer. Wo du des Zeug immer herkriegst!»

Fink richtete sich das Tuch auf seinem Kopf zurecht.

«Tut mir leid, aber i spür nix. Vielleicht bin ich immun dagegen. Aber i merk wirklich nix. Gar nix.»

«Das bildest du dir ein», sagte ich. Ich sah auf die grüne Wiese, aber dort war wie immer nichts. Jetzt, wo Fink es sagte, war tatsächlich nicht so viel anders. Eigentlich war gar nichts anders: Die Sonne brannte auf meinem Gesicht, an den Füßen schwitzte ich, aber an den Füßen schwitzte ich immer, und ein kühler Wind fuhr über meine Haut. Das machte die Sache aber auch nicht besser. Ich wollte abwarten, was Schmidi meinte, er war schließlich der Experte.

«Du spürst wirklich nichts, Fink?», fragte er.

«Verdammt.» Auf seinem Gesicht bildeten sich rote Flecken, die sich langsam über die ganzen Backen ausbreiteten.

«Spürst du etwa auch nichts?», fragte ich.

Schmidi antwortete nicht. Ich war zumindest froh darüber, kein Wort über die Sache mit E. T. und Tupac verloren zu haben.

«Sollen wir noch mehr rauchen? Vielleicht war es zu wenig?»

«Verdammte Scheiße! Jürgen!»

«Jürgen? Wer ist Jürgen?»

«Spürst du jetzt etwas, oder nicht?», fragte ich, um mir Gewissheit in dieser E. T.-Tupac-Sache zu verschaffen.

«Ich glaube, jemand hat jetzt hier ein verdammtes Problem!»

«Wer?»

«Jürgen, natürlich!», schrie Schmidi. Er sprang jetzt auf und stampfte mit einem Fuß auf den roten Tartanboden. «Jürgen, weil er mich verarscht hat!»

«Du spürst oiso a nix?», fragte Fink. «Dann bin ich ned immun! Ich hab scho Angst g'habt, dass des an mir liegt.»

«Jürgen, dieser alte Motherfucker!» Schmidi schlug mit der Faust auf die Hochsprungmatte, die so entstandene Mulde passte sich gemächlich wieder der Restoberfläche an.

«Jürgen hat mich verarscht. Ich fasse es nicht.»

«Wer ist Jürgen?», fragte ich.

«Von dem ich das gekauft habe.»

«Zum Glück», sagte Fink. «Ich hab echt Angst gehabt, dass ich einfach so nix spür. Des wär doch saublöd g'wesen.»

Schmidi ließ sich wieder rücklings auf die Hochsprungmatte fallen. Sein Gesicht war mittlerweile zu einem roten Ball angeschwollen.

«Luki», schrie der Gerlinger Sepp. «Luki, die AC/DC ist der Wahnsinn! Pfundsgeil!»

«Schmidi», fragte ich, «wie alt ist dieser Jürgen?»

«Uralt, der ist richtig alt», antwortete er. Er klang resigniert.

«Hat er eine Vokuhila-Frisur und einen Schnauzbart?»

«Hm.»

«Hat er keinen Führschein mehr und keinen Job und trägt er einen beigen Achtziger-Jahre-Anorak?»

«Ja.»

«Dann kenn ich ihn! Der Typ verkauft Drogen?»

Ich erzählte ihm, wie ich den Gritschneder Marcel, der sich jetzt Bombe nannte, Vreni und Jürgen im Nachtbus getroffen hatte.

«Er wohnt im Wald in einem alten Haus. Ist so eine Art Hippie-WG mit Bob-Marley-Postern an der Wand. Ziemlich runtergekommen das Ganze. Der Bauer Kreithmayer hat ihnen die

Hütte für achtzig Mark im Monat überlassen, und jetzt bauen sie in seinem Wald Gras an. Damit finanziert sich der alte Jürgen seinen Rausch bei der Gerti.»

«Können wir dahin?»

«Nur mit einem Auto», sagte Schmidi. «Mit dem Fahrrad brauchst du ewig.»

Schmidi wälzte sich auf der Matte hin und her, als sei er aus einem Traum gerissen worden und weigere sich nun, den Tag zu beginnen.

«Noch neun Monate, noch neun Monate, und ich habe endlich den Führerschein. Dann wird alles anders werden.»

Endstation Özcan

Der Bahnhof von Hofning war ein finstrer Ort. Jenseits der Gleise ragten für diesen Ort viel zu große Hochhäuser in den Himmel. Abwechslung in die grauen Reihen brachten: ein Supermarkt (Aldi), der Spielsalon «Playboy», ein Sonnenstudio namens «Sun 4 You» und ein Fitnessstudio. In den Wohnungen lebten seit den siebziger Jahren türkische, albanische, serbische und kroatische Familien und andere Personen, die man politisch korrekt «sozial schwach» bezeichnen würde. Die deutschen Väter waren Alkoholiker, die der Ausländer oft von Männlichkeitsvorstellungen geprägt, die in den Bergen Anatoliens das Überleben sichern konnten. In Hofning führten sie eher zu Problemen. Ihre Söhne begeisterten sich für Kampfsport und Anabolika und hingen in kleinen Gruppen am Bahnhof herum. Die Kinder der Akademikerfamilien, die aufs Gymnasium gingen und in einem Haushalt mit Hund und zwei Autos lebten, hielten sich nie länger als unbedingt notwendig am Bahnhof auf.

In Hofning trennten die Gleise der S-Bahn diese zwei Welten voneinander. Jenseits der Gleise sah es aus wie in «Wir Kinder von Bahnhof Zoo». Diesseits begannen die endlosen Kohorten der Reihenhäuser und Doppelhaushälften. In ihren Vorgärten standen Gartenzwerge, in ihren Garagen BMW-Kombis. In ihnen lebten Menschen, deren Verdienst höher war als 50 000 D-Mark im Jahr. Die Leben diesseits und jenseits der Gleise liefen parallel, und hätten all die Özcans, Serkans und Emirs nicht ausgerechnet eine strategische Schlüsselstellung des 15 000-Einwohner-Ortes besetzt, wären wir ihnen wahrscheinlich kaum begegnet. Vor der Unterführung hing eine Türken-Gang herum, rauchte Zigaretten, schrie laut Sätze auf Türkisch und wartete darauf, Punks und Skater zu verprügeln. Für die Bahnhofs-Gang waren verschiedene Namen in Umlauf, von denen keiner von der Gang selbst gewählt war. Man nannte sie «Die Schwörer», weil auf jeden ihrer Sätze die Affirmation «Ich schwör, Oida» folgte, «Lans», weil beinahe ebenso oft der türkische Fluch «Siktir lan!» fiel, was so viel wie «Verpiss dich» hieß, oder einfach nur die «Gangster», was Fink mit seiner Tupac-Verehrung verwirrte. Schließlich bewunderte Fink alles, was aus den USA kam und mit Gangstertum und Hip-Hop zu tun hatte. Die Leute vom Bahnhof kamen dem im ganzen Landkreis zwar am nächsten, aber die mochte Fink nun wiederum nicht. Es verwirrte ihn jedes Mal, wenn er am Bahnhof von Hofning stand.

Die einzige Überlebensstrategie war, Blicke zu vermeiden und immer genügend Zigaretten bei sich zu tragen, um sich vorübergehend Frieden zu erkaufen. Die Gang hatte sich ihrerseits Konversationsstrategien angeeignet, um eben doch eine Auseinandersetzung zu provozieren. Die häufigste Eskalationsstrategie begann mit folgender Frage an das «Opfer»:

«Hast du meine Freundin angeschaut?»

«Hm?»

«Ob du meine Freundin angeschaut hast?»

An diesem Punkt verbot sich bereits die Antwort «Ja», da ein Ja unweigerlich als Ausspannversuch gewertet wurde und damit körperliche Schläge rechtfertigte.

Das Opfer also antwortete: «Nein.»

«Sie hat aber gesagt, dass du sie angeschaut hast.»

«Nein, habe ich nicht. Sicher nicht.»

«Willst du sagen, meine Freundin sieht nicht gut aus, oder willst du sagen, meine Freundin lügt?»

Hier führte die Antwort Ja zu einer körperlichen Auseinandersetzung, da ein Ja die Attraktivität des Objekts anzweifelte beziehungsweise sie der Lüge bezichtigte, was einer schweren Beleidigung entsprach.

«Nein, nein, sie sieht sehr gut aus», beteuerte das Opfer.

«Also hast du sie doch angeschaut, ich schwör!»

«Nein!»

«Warum lügst du mich an?»

«Ich ...»

Jetzt hatte sich das Opfer schon in einen Widerspruch verstrickt, und es gelang ihm nur mit großem diplomatischem Gespür, sich wieder herauszuwinden.

Die zweite Eskalationsstrategie der Gang war zwar weniger mit körperlichen Schmerzen verbunden, traf das Opfer aber an anderer Stelle nicht weniger empfindlich.

«Hey, hast du Zigarette?»

Das Opfer gab nun entweder aus aufrichtiger Freundlichkeit oder aus Angst dem Fragenden eine Zigarette. Daraufhin näherten sich zwei weitere Gang-Mitglieder dem Opfer und forderten in noch halbwegs höflichem Ton ebenfalls eine Zigarette. Drei Zigaretten an Freunde zu verteilen, war prinzipiell noch nicht entwürdigend. Drei Kippen – das war ein bisschen viel auf einmal, aber das Opfer konnte das noch als freundlichen Akt seinerseits vor sich vertreten.

«Gib mir noch zwei Zigaretten», forderte das erste Gang-Mitglied wieder, während es die seine noch nicht einmal halb aufgeraucht hatte.

Spätestens jetzt wurde auch naiveren Zeitgenossen klar,

dass die weitere Ausgabe von Zigaretten nicht das Fundament für eine neue Freundschaft legte, sondern dass er auf dem besten Weg war, sich in einen kostenlosen Zigarettenautomaten zu verwandeln. Eine Weigerung zu diesem Zeitpunkt befreite das Opfer aber ebenfalls nicht aus seiner misslichen Lage.

Eine Watschn (Ohrfeige) landete im Gesicht des Opfers. Das Klügste war nun, die Flucht zu ergreifen – auch wenn die befreundeten Gang-Mitglieder johlten und sich über die Feigheit des Skaters/Punks/Gymnasiasten lustig machten. Rannte man schnell, konnte man es bis zum Rathaus, der letzten Station des 877er in Hofning schaffen. Ein Schubsen oder gar Zurückschlagen des Opfers hingegen lieferte den Aggressoren den Vorwand für eine richtige Schlägerei, die angesichts der bereits erwähnten Begeisterung der Jungs für Kampfsportarten und Anabolika selten siegreich endete.

Angefiest wurden überhaupt nur Personen, die in ein bestimmtes Raster fielen: Unauffällig gekleidete Jugendliche, Streber, Studenten, Erwachsene und Frauen konnten sich ungestört am Bahnhof von Hofning bewegen. Die Anfeindungen hörten schlagartig auf, sobald man über 20 war. Man fiel dann durch das Raster und wurde für die Schwörer so gut wie unsichtbar. In unserem Alter aber waren wir die perfekten Opfer.

Fink und ich gingen zur Tankstelle, kauften Bier und Süßigkeiten und gingen zurück zum Bahnhof, in der Hoffnung, dass noch etwas passieren würde: Uns war nicht klar, wie dieses Etwas auszusehen habe. Aber es geschah ohnehin nichts, so war das meistens. Immerhin erzählte Fink, dass er mit seiner Mutter gar nicht gut klarkäme und das Jugendamt nun etwas unternehmen werde.

Ein kühler Oktoberwind fegte über den Asphalt. Wir waren

durchgefroren, als wir am Bahnhof ankamen, um auf den 877er zu warten. Im quadratischen Wartesaal wärmten sich zwei Alkoholiker auf, die den Tag über am Kiosk Bier und billigen Schnaps getrunken hatten. Es roch nach Urin und kaltem Rauch. Wir saßen auf den beheizten, steinernen Bänken, um auf den Bus zu warten, rauchten letzte Zigaretten mit Bombe, der den Abend im Infoladen der Antifa München verbracht hatte und nun nach Hause nach Bimskofen in eine Doppelhaushälfte fuhr. Bombe hatte sich damit abgefunden, das Hassobjekt der Gangster zu sein. Grüne Haare, Sicherheitsnadeln im Ohr und Springerstiefel schockten Mitte der Neunziger längst keine Bürger mehr. Punks waren in der Mitte der Gesellschaft angekommen, nur ab und zu schüttelte eine Oma im Lodenjanker bei Bombes Anblick noch den Kopf und murmelte etwas, das nach «Mei, der Buah» klang. Bei der Bahnhofs-Gang aber rief jede Form von modischem Understatement noch Ablehnung hervor, die sich oft in Aggression äußerte. Für die Gang, deren Hosen und T-Shirts zwar weit, doch stets gebügelt und sauber, deren Haare sauber geschnitten und gegelt waren, und die Schmuck in Form von goldenen Ketten und Ringen trugen, waren zerrissene Hosen, lange, ungepflegte Haare, schmutzige und verschlissene Kleidungsstücke, wie sie die meisten Gymnasiasten trugen, Schlüsselreize, die den Feind markierten.

Fink bat Bombe um eine Zigarette, und dieser drückte ihm eine Packung Drehtabak und Blättchen in die Hand. Ich schielte auf die halb ausgetrunkene Flasche Korn, die neben dem schnarchenden Penner stand. Fink schüttelte den Kopf.

«Würde ich ned machen. Der hat bestimmt irgenda Krankheit oder so was.»

Fink mühte sich ab, aus dem, was Bombe ihm gegeben hatte, etwas zu drehen, was einer Zigarette ähnelte.

«Kannst du keine normalen Kippen rauchen?»

Der Gritschneder Marcel aka Bombe verneinte: «Ist zu teuer. Außerdem ist in den anderen viel mehr Chemie drin.»

«Ach ja?»

Bombe setzte sich auf den Boden.

«Warum setzt du dich auf den Boden?», fragte Fink. «Ist doch koid.»

«Was?»

«Es ist doch kalt.»

«Ist besser», sagte Bombe, «wenn man der Erde näher ist.»

«Du bist ned der Erde näher», sagte Fink und leckte den Klebestreifen des Blättchens ab. «Du bist dem Dreck näher, und dann kriegst du eine Blasenentzündung oder so was.»

Bombe wehrte ab, setzte sich in den Schneidersitz und lehnte sich an die mit Sprüchen wie «Jonas, ich will nur dich!» oder «Michele ist eine Schlampe. Jeder kann sie ficken 08338/3888» beschmiert war.

«Gib mal Feuer», sagte Fink und steckte sich eine krumme Lulle in den Mund. Bombe durchsuchte seine Taschen.

«Hab ich nicht. Frag halt draußen bei der Gang.»

«Würde ich nicht machen», sagte Vreni. «Özi ist draußen.»

Vreni hatte einen vier Jahre älteren Bruder, der ebenfalls Metaller war. Er wohnte mittlerweile in München und spielte Death Metal in einer Band, die «Dead August» hieß. Der Name sollte die Verehrung der vier Bandmitglieder für die Biermarke «Augustiner» zum Ausdruck bringen. Die Musik klang, als trommele jemand auf einem Eimer und erwürge nebenbei einen Ochsen. Durch ihn besaß sie ein ungeheuer großes Wissen über alles und jeden im Landkreis. Wann immer die Gespräche auf eine bestimmte Person kamen, wusste Vreni eine Geschichte über denjenigen zu erzählen.

«Der Özcan von der Ingrid?», fragte Fink.

«Genau der. Vor jeder Schlägerei zieht er sich schwarze Lederhandschuhe an. Das ist seine Marke. Alle wissen: Wenn der Psycho-Özcan die Handschuhe anzieht, geht es richtig los. Es ist das Zeichen, dass er gleich austickt.»

«Siktir lan, Siktir lan», äffte Bombe die tiefen, betont männlichen Stimmen der Gangster nach.

«Einmal», fuhr Vreni fort, «ist er mit einem blauen Auge nach Hause gekommen, das er sich bei einer Schlägerei geholt hatte. Wisst ihr, was sein Vater gemacht hat? Er hat ihm eine reingehauen und ihn angeschrien: Das nächste Mal machst du den Typ fertig!»

Draußen hörten wir eine S-Bahn einrauschen. Schritte hallten durch die Unterführung, Menschen setzten sich in die warmen Autos, die darauf warteten, sie nach Hause in die umliegenden Dörfer zu bringen.

«Jürgen!», schrie Bombe. «Mann, das ist der Jürgen.»

Er stand auf und öffnete die Glastür.

«Jürgen, verdammt, geil dich zu sehen.»

Wir standen auf und folgten Bombe nach draußen. Solange sich eine kritische Masse an Menschen in der Nähe befand, war die Lage relativ sicher. Bombe klopfte Jürgen auf die Schulter. Er drehte sich widerwillig um.

«Jürgen, wo warste?»

«Muss nach Hause», murmelte er.

«Klar, Jürgen, wir fahren alle nach Hause. Rein in den 877er und dann noch schön einen durchziehen daheim, was? Gib mal Feuer, Jürgen, mein Kumpel, der Fink, braucht Feuer.»

Jürgen zog ein Feuerzeug aus seiner Tasche und hielt es bereitwillig Fink vor die Nase.

«Kifft der?» Fink zeigte mit dem Finger auf Jürgen. Der machte eine abwehrende Handbewegung, sagte aber nichts.

«Jürgen, ob du kiffst, hat dich mein Freund gefragt!» Bombe rüttelte an Jürgens Unterarm. «Na klar, kifft der Jürgen. Sag's ihm halt, Jürgen! Erzähl ihm mal von deinen Pflanzen.»

Jürgen murrte, aber Bombe ließ nicht locker. «Jürgen hat eine schöne, kleine Plantage im Bimskofener Forst. Erzähl schon, Jürgen!»

«Jetzt schrei nich' so, muss doch jetzt auch nich' jeder hören, geht doch niemand was an», murmelte Jürgen. Die letzten Autos der Abhol-Eltern waren nach Hause gefahren. Es war still, nur der Herbstwind peitschte ein paar Kastanienblätter über die Hauptstraße.

«Stimmt des?», fragte Fink. «Der oide Kerl baut o?»

«Klar, der Jürgen lebt im Wald in seiner Hütte, und draußen ein paar Bäume weiter stehen seine Pflanzen. Gerade hat er abgeerntet. Stimmt's, Jürgen?»

Der strich die Wellen seiner Vokuhila-Frisur glatt.

«Stimmt schon, aber schrei nich' so, sonst weiß's doch gleich der ganze Bahnhof.»

«Und der verkauft a?», fragte Fink.

Bombe versicherte Fink, dass Jürgen sehr wohl auch verkaufe, klopfte Jürgen dabei immer wieder auf die Schulter, der weiter vor sich hin brummte. Er brauche immer ein bisschen Geld, man müsse ihm nur mal im Wald besuchen in seiner Hütte, versicherte Bombe, der es offenbar höchst amüsant fand, eine solche Bekanntschaft zu haben.

«Können wir jetzt zu ihm fahren?»

«Ich weiß nicht», sagte Bombe und dann zu Jürgen gewandt: «Jürgen, können wir zu dir?»

«Gib mir Zigarette», sagte Özcan. Für einen Moment war es

still. Niemand hatte in der ganzen Aufregung um Jürgen auf die Gang geachtet.

«Alter, gib mir Zigarette. Mach schon.»

Özcan sah Fink an.

Fink sagte, er habe keine Zigaretten, worauf Özcan sagte, er solle ihn nicht verarschen, denn er rauche ja gerade eine Zigarette. Fink deutete auf Bombe und versicherte Psycho-Özcan, er habe die Zigarette von dem Punk.

«Hey Punk, gib mir Zigarette», sagte Özcan, woraufhin Bombe hektisch in den Taschen seiner Lederjacke nach dem Beutel Tabak zu suchen begann. Als er ihn gefunden hatte, überreichte er ihn vorsichtig.

Özcan leerte den Beutel auf den Boden aus. «Sind Scheißpunkkippen, gib mir richtige Zigarette.»

«Habe ich nicht, ich rauche nur Drehtabak.»

«Ist mir egal.»

Özcan suchte nun ebenfalls etwas in der Tasche seiner Lederjacke – die im Gegensatz zu Bombes Exemplar sauber war, keine Risse hatte und nicht mit Ansteckern und Buttons verziert war. Jürgen wollte etwas sagen, aber Bombe bedeutete ihm, dass es jetzt besser sei, den Mund zu halten.

«Was ist jetzt mit Kippe?», fragte Özcan. Wir antworteten nicht, nur Jürgen sagte etwas, ich glaube, es war «Scheiße».

«Überhaupt mag ich Punks nicht. Hast du das gewusst, Punk?»

Bombe blieb gar nichts anderes übrig, als zu nicken.

Özcan zog einen schwarzen Handschuh aus seiner Tasche und begann, langsam seine linke Hand in das enge Stück Leder zu zwängen.

«Jetzt mach ich dich kaputt, Punker.»

Er zog den zweiten Handschuh aus seiner Jackentasche. Jürgen rülpste, was ich in diesem Augenblick für die allerunpassendste Reaktion hielt, Özcans Konzentration auf sein Opfer aber in keiner Weise zu stören schien.

«Özi», sagte eine Mädchenstimme, «Özi, reg dich wieder ab.»

Es war Ingrid.

«Lass die Typen in Ruhe. Wenn du nochmals Scheiße baust, stecken sie dich in den Knast, hat die Jugendrichterin gesagt.»

Ingrids Körper steckte in einer weißen Daunenjacke. Sie trug große runde Ohrringe, und sie sah irgendwie gut aus, aber auch billig. Sie fasste Özcan an der Schulter. Er fixierte Bombe wie ein Stier. Bombe war unterdessen in eine Schockstarre verfallen. Özcan schnaufte.

«Lass ihn, Özi, lass ihn in Ruhe, ist nur ein blöder Punk. Der ist das alles nicht wert. Sechs Wochen Jugendknast haben sie gesagt, wenn nochmal so was passiert. Ist nur ein Scheißdreckspunk.»

Langsam entspannte sich Özcans Oberkörper. Er ließ sich von Ingrid zurückziehen, setzte einen Schritt nach hinten, noch einen. Sie flüsterte ihm etwas ins Ohr. Özcan räusperte sich und spuckte Bombe auf die Jacke. Die beiden gingen zurück zu der Gruppe.

«Die hat dir gerade des Leben gerettet», sagte Fink zu Bombe.

Die Lichter des 877er erschienen am Ende der Straße. Noch fünf Minuten, und er würde uns nach Dingenskirchen bringen. Jürgen zündete sich eine Zigarette an. Bombe schrie, warum Jürgen ihm nicht mit einer Kippe ausgeholfen habe. Das hätte uns eine ganze Menge Ärger erspart. Jürgen meinte, man hätte ihn ja auch nicht gefragt, und überhaupt finde er es nicht gut, von Bombe so angeschrien zu werden. Bombe fing an, die von Psycho-Özcan auf den Boden geleerten Tabakkrümel aufzusammeln.

Wir stiegen in den 877er. Bombe riss einen Nothammer aus seiner Halterung und steckte ihn in seine Tasche. Er sammelte solche Dinge. Am Rathaus von Dingenskirchen stieg ich aus. Fink fuhr weiter zu Jürgen. Ich ging nach Hause.

Drei Mofas knatterten die Hauptstraße entlang. Sie sahen mich nicht.

Fink geht in den Wald

Schmidis Führerschein feierten wir an einem Dezembertag. Den ganzen Sommer und Herbst hatte Schmidi im Baumarkt in Hofning gearbeitet und so über die Monate 3000 Mark zusammengespart. Das war sein Beitrag für den Golf GTI, der jetzt in der Garage seiner Eltern stand, den Rest zahlten sie ihm dazu. Es war eigentlich viel zu kalt, um draußen zu sein. Zu dritt standen wir vor der Fahrradgarage des Grundschulpausenhofs und hielten Bierflaschen mit zitternder Hand. Fink hatte sein Tuch gegen eine Wollmütze getauscht. Ich warf alles Papier, das ich in meinen Hosen- und Jackentaschen fand, auf den Boden und zündete den Haufen an.

Als Schmidi an diesem Abend voll war, sprach er zum ersten Mal nicht mehr von der Reitinger Silvia und dem Acker, sondern von seinem Golf. Wenn er ihn hätte, sagte er, würde für ihn eine ganz neue Zeit anbrechen, eine Zeit der Freiheit. Ab jetzt wolle er sein Leben selbst in die Hand nehmen und versuchen, wirklich etwas zu erreichen. Mit dem Golf habe er endlich die Möglichkeiten, alles, von dem er träumte, in die Tat umzusetzen. «Die Mädchen werden ganz von alleine kommen», sagte er. «Ihr werdet schon sehen! Dann hat dieser Scheißdreck endlich ein Ende.» Fink sagte, er würde jetzt gerne was rauchen und dass Schmidi ihn ja bestimmt dann öfter zu Jürgen in den Wald fahren könne. Klar, sagte Schmidi, und dann versprach er, uns alle jederzeit ans Ende der Welt zu fahren. Er sprach vom «Out of

Nowhere», einer Großraumdiscothek am Rande Hofnings und vom «Airport», einem Club am Flughafen, der voller interessierter Stewardessen sei. Ein Haus weiter ging ein Fenster auf, und die Girmerin schrie mit schriller Stimme, dass wir Wandalen nun endlich verschwinden sollen, sonst hole sie augenblicklich die Polizei, woraufhin Schmidi zurückschrie, dass die Girmerin ihm jetzt gar nicht mehr könne, seit heute sei er nämlich ein freier, ein freier Mensch und sie und das ganze Dingenskirchen könne sich mal ins Knie ficken. Die Girmerin kreischte noch lauter zurück und schloss das Fenster. Ich trat das Feuer aus, und wir gingen in Richtung Geranienweg, wo Schmidis neuer Golf stand. Die Tannen der Vorgärten waren mit Lichterketten geschmückt, manche der Gartenzwerge waren nun kleine Weihnachtsmänner mit Säcken über ihren Schultern. Die Straßen waren leer und kalt, nur als wir am Sportplatz vorbeikamen, brannte Licht in Dieters Sportgaststätte. Es war der einzige Ort, an dem die Menschen von Dingenskirchen noch zusammenkamen. Die letzte Kneipe des Dorfes, «Bei Regi», hatte im Winter des vergangenen Jahres aufgeben müssen. Eine winzige Wirtin, die stets einen ledernen Minirock und ein Oberteil mit Leopardenmuster trug, hatte dort Helles und «Rüscherl» (eine Mischung aus Asbach Uralt und Cola) an Bauarbeiter und halbstarken Nachwuchs verkauft. Aber ein Gast, der acht Helle und zwei Rüscherl an einem Abend trank, machte gerade einmal 20 Mark Umsatz, dafür aber Ärger in Form von Pöbeleien, Schlägereien oder depressiven Zusammenbrüchen am Tresen. Im kleinen Vorgarten lagen Gartenstühle aus Plastik herum, das Schild, auf dem in schwungvollen Linien «Bei Regi» geschrieben war, hing schief über der Tür. «Bei Regi» war natürlich ein furchtbarer Ort gewesen, in dem man nur die Wahl zwischen Alkoholismus und Spielsucht hatte, der einem zeigte, wo man in 20 Jahren landete, wenn man sich nicht alle Mühe gab, aus Dingenskirchen herauszukommen.

Trotzdem wäre eine offene «Regi» immer noch besser als gar nichts gewesen. Jetzt gingen alle zur Gerti nach Hofning. Bei der «Gerti» aber sah es ganz genauso aus wie bei der «Regi». Nur die Gerti selbst, die war im Unterschied zur Regi, die nun übrigens stets bei der Gerti an der Bar saß, seitdem sie keine Bar mehr hatte, überhaupt nicht zierlich und klein, sondern dick, groß und rund. Sie trug ebenfalls Leopardenmuster. Wir aber streunten durch die kalten und leeren Straßen Dingenskirchens. Das bedeutete: Eine Temperatur knapp über dem Gefrierpunkt und abgesehen von zwei Straßenlaternen, von denen eine gerade von Fink getreten wurde, keine Beleuchtung. Alles in Dingenskirchen schloss entweder früh oder war erst gar nicht vorhanden. Schmidi zog drei kleine Wodka-Flaschen aus seiner Daunenjacke, Fink schrie die Straßenlaterne an, und ich kickte einen Stein über die Straße. Wir waren drei «Angry Young Men», und wir bogen in den Geranienweg ein. Die Häuser hier und in der Parallelstraße, dem Petunienweg, waren älter als die übrigen im Dorf, nicht mehr als 20 Jahre, doch leicht unterscheidbar: Anstatt mit Holz waren sie mit Schieferplatten verkleidet, deren Grün und Gelb längst verblichen war und deren Farben mich an den Bürgermeister denken ließen. Schmidi torkelte, er brauchte mehrere Versuche, um mit dem Schlüssel das Schloss des kleinen Eingangstores aus Gusseisen zu finden. Fink warf die leere Schnapsflasche auf den Geranienweg.

«Heb sie auf», sagte Schmidi.

«Warum?»

«Weil das morgen Ärger gibt, wenn Schnapsflaschen auf der Straße liegen, du Motherfucker. Eine Nachbarin läuft dann wieder zu meiner Mutter, und die will dann mit mir zur Drogenberatung gehen. Heb die Flasche einfach auf, okay?»

Fink hob die Flasche auf.

Schmidi öffnete so leise wie möglich das Garagentor und knipste das Licht an. Er strich über die Motorhaube seines neuen Autos. Er öffnete die Tür und setzte sich hinein. Fink nahm auf dem Beifahrersitz und ich hinten Platz. Es roch nach Plastik und einem Vanille-Duftbaum. Schmidi schaltete das Autoradio an. «Mit CD-Player!», sagte er noch, dann war die Musik so laut, dass man ihn nicht mehr verstehen konnte. Ich schloss die Augen und lehnte mich zurück. Wir hörten «Cypress Hill», Fink reichte mir einen Joint nach hinten, der Sommerwind fuhr über unsere Ellbogen unter unsere T-Shirts. Die grüne Landschaft flog an uns vorbei, die Felder, die Wälder, Wiesen. Wir überholten zwei Mofafahrer, lachten und fuhren weiter auf die Autobahn, Richtung Stadt, die Sonne am Friedensengel leuchtete rot, als wir die Prinzregentenstraße Richtung Isar hinunterfuhren. Die Luft flimmerte in der Hitze des Abends. Wir lernten Mädchen kennen, die in Schwabinger Altbauwohnungen mit großen, offenen Fenstern wohnten, und nicht, wie auf dem Land, Euro-Trash, sondern Hip-Hop hörten, meinetwegen auch Oasis. Wir tanzten barfuß auf knarzenden Dielenböden, rauchten französische Zigaretten und Gras, tranken Weißwein, liefen in die Zimmer ihrer Eltern, die Künstler waren oder Schriftsteller, jedenfalls keine Ingenieure oder Landwirte, schliefen auf Matratzen, die auf dem Boden lagen. Erfüllt fuhren wir weiter an einen der Seen im Süden der Stadt, sprangen hinein, und während unsere Körper sich noch aufwärmten, fuhren wir bereits wieder durch die laue Sommernacht irgendwohin, nur irgendwohin. Alles war gut, alles war gut, und wir waren Freunde.

Als ich die Augen wieder öffnete, fuhren wir rückwärts.

«Du kannst doch jetzt ned fahr'n», meinte Fink.

Die Musik war aus.

«Natürlich kann ich fahren», schrie Schmidi. «Ich habe den Führerschein, im Gegensatz zu dir, du Motherfucker.»

Er drehte die Musik wieder an. Ich wollte nicht nach hinten sehen, aber für eine Einfahrt von 15 Meter Länge, an deren Ende sich ein gusseisernes Tor befand, fuhren wir eindeutig zu schnell. Schmidi trat auf die Bremse. Er stieg aus, um das Tor zu öffnen.

«Steig halt aus, wenn du nicht mitfahren willst.»

Fink blieb sitzen. Das Auto landete mit einer schwungvollen Dreiviertel-Kreis-Bewegung auf dem Geranienweg. Schmidi legte eine seiner Manowar-CDs ein, drehte nochmals lauter und gab Gas. Der Golf GTI schoss über den nächtlichen Geranienweg, bremste, quietschte, bog in den Kirchenweg und dann in den Kolping-Weg, in dem Fink wohnte.

Schmidi hielt an. Sein Kopf nickte und ging bei einem Drum-Solo in ein Head-Banging über. Er öffnete das Fenster und zündete sich eine Marlboro Medium an. Als er fertig geraucht hatte, drehte Fink vorsichtig die Musik leiser.

«Wir miassn no was zum Kiffen kaufen, i hab nix mehr», sagte Fink.

«Ich kiffe nicht mehr. Keinen Bock mehr, ist was für Kinder. Das hört jetzt alles auf.»

Fink glaubte ihm nicht. Er schüttelte den Kopf.

«Des sagst du nur, weil'sd zu betrunken bist. Fahr'ma zum Jürgen!»

«Ist mein Ernst», sagte Schmidi. «Ist mein voller Ernst. Ich fass das Zeug nie wieder an.»

«Mei», stöhnte Fink. «Warum denn des jetzt auf einmal?»

«Einfach so. Weil sich jetzt etwas ändern muss.»

«Aber du hast doch schon den Führerschein», sagte Fink.

«Eben deswegen.»

Schmidi startete den Motor wieder. Er heulte auf und schoss den Kolping-Weg hinunter. Der Tacho zeigte 60 km/h an. Rollsplitt prasselte auf das Metall. Schmidi bog auf die Landstraße, die nach Hofning führte.

«Lass mi a moi fahr'n», sagte Fink. «Ich möcht des a amoi ausprobieren.»

Schmidi schüttelte nur den Kopf. Ich schlug vor, nach Hause zu fahren. Ich hatte Angst, und auch wenn das alles trostlos war, wollte ich nicht jetzt besoffen auf einer winterlichen Landstraße sterben. Das war eine wirklich deprimierende Vorstellung.

Schmidi fuhr weiter, bis wir auf der Autobahnbrücke angelangt waren. Die Polizei fuhr hier nachts Streife, besonders in dieser Gegend, wo es häufig zu Unfällen kam.

«Lass mich mal fahren», sagte Fink.

Schmidi schüttelte den Kopf.

«Mit 16 kann man nicht Auto fahren, jedenfalls nicht so einen Golf. So ein Auto, das ist wie eine Waffe, das muss man bedienen können. Außerdem bist du betrunken.»

«Du a!», sagte Fink.

«Aber ich habe einen Führerschein.»

«Dann fahr wenigstens zum Jürgen!»

«Auf keinen Fall. Ich kiffe nicht mehr, und deswegen gibt es überhaupt keinen Grund mehr, mit Jürgen, dem Assi, abzuhängen. Ich fahr jetzt nach Hause, und was ihr macht, ist mir scheißegal.»

Vielleicht wäre alles anders gelaufen, wenn Fink verletzt gewesen wäre. Vielleicht hätte sich seine Mutter mehr gesorgt als geärgert und wäre milde gestimmt gewesen. Doch Fink hatte abgesehen von dem blauen Nagel an seinem linken kleinen Finger – nichts. So war kein Mitleid oder Sorge in Finks Mutter, als sie sah, was passiert war. Fink musste gehen. Sie schmiss ihn raus.

«I geh zum Jürgen», sagte Fink, als ich ihn wiedersah. Es war Sonntagnachmittag, zwei Tage nach unserer Tour mit Schmidi. Fink hatte einen Seesack geschultert. «Ich habe ihn schon gefragt. Ich kann eine Weile bei ihm bleiben, muss ned mal Miete zahlen. Das Zimmer ist klein, aber ich brauche ned vui, dess passt schon. Er hat noch genug Gras vom letzten Jahr in der Tiefkühltruhe eingefroren, und im Frühjahr können wir im Wald anbauen. Ungefähr einen Kilometer weiter Richtung Bimskofen gibt es eine Stelle, die ist wirklich perfekt. Ich habe sie mir mit Jürgen schon einmal angeschaut. Von außen ist sie komplett zugewachsen, du siehst nix. Selbst, wenn du zwei Meter davorstehst – von außen ist des uneinsehbar. Jürgen hat g'meint, der Bauer, dem des gehört, kommt hier nie vorbei. Ich kann eine Menge Kohle so machen, also richtig vui. Außerdem hängen fast immer Leute rum bei Jürgen. Da is immer was los, ned so langweilig wie dahoam. Und die Oma nervt auch nimmer.»

Nachdem Schmidi Fink und mich nach Hause gefahren hatte, hatte Fink sich den Autoschlüssel seiner Mutter genommen, der wie immer auf einem kleinen Schrank hinter der Haustüre lag. Er hatte so leise wie möglich die Garage geöffnet und anschließend das Tor am Ende der Einfahrt. Fink hatte die Handbremse gelöst. Er wollte das Auto nach draußen auf den Kolping-Weg schieben, um es dort in einiger Entfernung des Hauses zu starten, damit weder Oma noch Mama etwas hörten. Das hatte nicht funktioniert. Fink konnte nicht gleichzeitig das Auto schieben und lenken. Anstatt durch das Tor zu gelangen, stoppte der Fiat an dem steinernen Pfosten, der Tor und Tür voneinander trennte. Fink lief nach vorne zur Fahrertür, schlug das Lenkrad nach rechts ein – was die falsche Richtung war – und schob das Auto in die Petunienhecke, der den Garten der Finks von dem der Stadlers trennte. Er fluchte, lief wieder zur Fahrertür, schlug das Lenkrad in die entgegengesetzte Richtung ein, schob diesmal von vorne, woraufhin das Auto abermals gegen den Pfosten rollte. Auch in seinem Zustand wurde Fink jetzt klar, dass das so nicht funktionieren konnte: Er setzte sich auf den Fahrersitz und startete den Motor, in der Hoffnung, dass seine Mutter und seine Oma tief schlafen würden. Er fand den Gang nicht sofort, der Motor heulte auf. Der Wagen machte einen Satz nach vorne. Fink fand den Rückwärtsgang, gab Gas und knallte mit Wucht zum dritten Mal gegen den Pfosten, der nun ein wenig schief aus dem Asphalt ragte. Fink schaltete in den ersten Gang, drückte das Gaspedal durch. Der Wagen schoss mit Geheul in Richtung Haustür. Es knallte, das Holz der Tür splitterte, Räder rieben sich am Fußabstreifer, Qualm stieg auf. Ein Gartenzwerg ging zu Bruch. Der Fiat steckte im Haus der Finks. Fink stieg aus und wusste: Das war alles gewaltig schiefgegangen. Sekunden später gingen im Haus die Lichter an, und Fink mit seiner weiten Hose, der Daunenjacke und der Wollmütze auf seinem Kopf blickte in die entsetzten Gesichter seiner Mutter und seiner Oma, die im Nachthemd im Hausflur standen.

«Des gibt's doch ned», hatte die Oma gesagt und sich schnell dreimal hintereinander bekreuzigt. Finks Mutter hatte zu weinen begonnen.

Am nächsten Tag war das Loch in der Haustür notdürftig mit einer Plastikplane geschlossen. Der zerbrochene Gartenzwerg war im Müll, und der Pfosten an der Einfahrt stand wieder gerade, wenn auch immer noch wacklig. Die Stadlers fragten Finks Mutter, wie das nur hätte passieren können und ob sie das mit der Hecke wieder reparieren würde. Die Stadlers erzählten es als Nächstes den Bachmeiern gegenüber und die wiederum den Bierlwimmers im Geranienweg. Der Bierlwimmer erzählte es am Samstag auf dem Stammtisch im Sportlerheim allen anderen. Am Montag wussten bereits alle in Dingenskirchen, die es wissen wollten, was passiert war. Beim Metzger sagte die Bierlwimmerin zur Reitmeierin, während sie auf 200 Gramm Gelbwurst wartete, dass ihr der Junge ja schon im Kindergarten irgendwie auffällig vorgekommen sei. Sie erinnere sich gut an die Geburtstagsfeier des kleinen Andreas, ihres Sohnes, als der Fink Frank die Lego-Burg zerstört habe. Einfach so aus purer Lust an der Zerstörung, wie ihr es damals vorgekommen war. Und jetzt könne man ja sehen, was aus ihm geworden sei. Die Bierlwimmerin pflichtete der Reitmeierin bei und bemitleidete Finks Mutter, die ja schon genug gestraft sei mit der Oma im Haus und ganz alleine ohne Mann. Dann stöhnten beide, sagten «Ja mei», was so viel bedeutete wie «Man kann es ja nicht ändern, so ist das Leben eben». Die Gelbwurst kam, und die Metzgerin fragte: Darf es noch etwas mehr sein? «Noch a bisserl was von dem Bierschinken», sagte die Bierlwimmerin.

Finks Mutter wusste sich nicht mehr zu helfen. Nachdem sie Fink im letzten halben Jahr mehrmals beim Kiffen in seinem Zimmer erwischt hatte, seine Bong konfisziert, ihm das Taschengeld gekürzt und ihm verboten hatte, unter der Woche länger als 23 Uhr weg zu sein, waren ihre Sanktionsmöglichkeiten ausgeschöpft. Ihr blieb nur noch der Rausschmiss.

«Wie willst du ohne Auto zu Jürgen kommen?», fragte ich Fink.

«Zu Fuß. Des geht scho. Dauert etwa a Stunde von hier. So lange is der Schulweg von meinem Papa früher gewesen.»

Das sollte witzig klingen.

«Das ist trotzdem am Arsch der Welt. Jürgen lebt mitten im Wald. Da sind Hasen, Füchse, Schweine, was weiß ich, was für Tiere! Auf jeden Fall bist du richtig draußen.»

«Natur ist ned so schlecht. Ich mag's ganz gern, wenn ich was geraucht habe und dann durch den Wald spaziere. Außerdem ist die Bude von Jürgen witzig.»

«Du musst in ein Dixie-Klo scheißen!»

«Im Sommer können wir ein Feuer machen oder grillen.»

«Du kannst nicht mehr skaten da draußen!»

«Sei mal ehrlich: Wir san immer verdammt miese Skater g'wesen. Wir üben und üben, aber wir kenna koane Tricks. Des ist natürlich a koa Wunder: Da heraußen ist niemand, von dem wir lernen könnten. Hier draußen kannst nur Mofafahren lernen. Wir rennen etwas hinterher, des wir doch nie kriegen können. Es wird nie so sein wie in der Stadt. Ich bin mir ned mal sicher, ob des da so viel besser ist. Kein Wald, keine Natur, nur Beton – ist doch auch scheiße. Wir sind nun mal hier draußen. Wir müssen das Beste draus machen.»

«Wie denn? Wir brauchen noch zwei Jahre, bis wir den Führerschein machen können.»

«Ist auch nur vorübergehend. In ein paar Wochen reden wir mit dem Jugendamt. Ich krieg dann eine eigene Wohnung. In Hofning zum Beispiel.»

Fink sah aus wie ein Vagabund, als er mit seinen Seesack über der Schulter losmarschierte. Es war knapp über null Grad draußen. Wenn er sich schnell bewegte, würde er nicht frieren. Fink war frei. Er ging in den Wald. Er hatte recht: Das war irgendwie echt. Aber es führte in die falsche Richtung.

Bob Marley im Bimskofener Forst

«Des ist fast wia im Ghetto», sagte Fink, als wir durch die Unterführung am Bahnhof gingen und auf das Gebiet jenseits der Gleise gelangten. Wir betraten das Revier der Gangster. Vor dem Supermarkt lud eine Frau Geranien in ihren Kofferraum. Danny wohnte zwei Blocks weiter in dem Haus mit dem Solarium.

«Das ist er. Doch jetzt erinnere ich mich. Er heißt Dannone mit Nachnamen.»

Vreni zeigte auf eines von ungefähr 40 Klingelschildern.

«Er heißt Danny Dannone? So heißt man doch nicht!»

«Warum nicht? Er ist Italiener oder so was. Vielleicht fanden die Eltern es witzig, ihn Daniele zu nennen. Außerdem heißt du doch auch Frank Fink, oder?»

«Aber das ist keine Joghurt-Marke!»

«Na und? Dafür heißt du wie ein Vogel. Manche Leute heißen wie Vögel, andere wie Joghurt-Marken, was ist schon dabei? Außerdem heißt er nicht ‹Danone›, sondern ‹Dannone› – das ist ein Unterschied in der Aussprache. Aber ich sag dir eines: Wenn du auch nur einen blöden Witz über seinen Namen machst, kannst du die ganze Sache vergessen. Alles, was irgendwie mit Joghurt zu tun hat, ist tabu.»

Vreni instruierte uns nochmals, kein Wort zu sprechen, wenn uns Danny nicht dazu aufforderte. Wir sollten möglichst cool wirken, aber auch nicht zu cool, also nicht aufgesetzt oder arrogant. Wir sollten den Anweisungen Dannys folgen und auf gar keinen Fall irgendwas umschmeißen. «Wenn jemand etwas umschmeißt in der Wohnung, rastet Danny aus. Am allerschlimmsten ist es, wenn jemand die Bong umschmeißt und die vom Tabak braune Brühe auf den Teppich fließt. Nicht, dass das nicht ständig passieren würde, aber wenn ein Neuling kommt und dann die Bong umschmeißt, rastet er aus.» Wenn die Bong dabei auch noch zu Bruch geht, sei der Ofen völlig aus. Dann könne sie für gar nichts mehr garantieren. Also auf gar keinen Fall etwas umschmeißen. Das aber sei gar nicht so leicht, weil die Wohnung ein klein wenig vermüllt sei. Außerdem, sagte Vreni, sollten wir auf keinen Fall etwas über seine Mutter sagen, aber das sei uns bestimmt eh schon klar wegen Italiener und so, die flippten immer aus, wenn es um ihre Mutter geht, und Danny auf gar keinen Fall um Zigaretten anschnorren, weil er Schnorrer auch überhaupt nicht leiden könne.

Vreni drückte auf die Klingel mit dem Namen «Dannone». Nichts rührte sich. Vreni drückte nochmals. Wir warteten. «Er ist da. Wir haben das ausgemacht», sagte sie. «Hat wahrscheinlich nur gerade keine Lust, von der Couch aufzustehen.»

Die Tür ging auf, und eine Frau mit Kopftuch und Trenchcoat kam heraus, ohne uns zu beachten. Vreni drückte ein drittes Mal. Eine Stimme krächzte durch die Sprechanlage.

«Was is?»

«Ich bin's, Danny, also wir. Vreni und die anderen beiden.»

Jemand fluchte.

«Ach, scheiße!»

Die Tür summte. Wir stiegen in den Lift. Es stank nach Urin, an den Wänden waren mit Edding Tags und türkische Wörter gemalt.

«Lass mich mit ihm reden, Fink, okay? Sag kein Wort, bevor ich dir ein Zeichen gegeben habe.»

Fink stöhnte.

Danny war bekannt. Jeder, der etwas mit Drogen zu tun hatte, hörte irgendwann den Namen Danny. Dass er wirklich Dannone mit Nachnamen hieß, wusste ich nicht, bis wir mit Vreni vor seiner Haustür standen. Auch wenn die Alliteration an eine Comic-Figur aus Entenhausen erinnerte, hatte der Name was: Das lässig Italienische kombiniert mit dem Anglizismus «ny» – das war zwar ein ausgefallener, aber immerhin ein richtiger Name, der nach etwas klang, der die Phantasie anregte und Projektionen ermöglichte – im Gegensatz zu «Schmidi» oder «Fink». Danny wohnte im sechsten Stock in einem der Mietskasernen jenseits der Gleise von Hofning. Er dealte: Gras, Pillen, manchmal Koks und angeblich auch Heroin. Meistens verkaufte er kleine Mengen an Freunde, aber – und auch das war wieder nur ein «angeblich» – war in größere Geschäfte involviert. In seiner Wohnung, hatte Vreni immer wieder ausführlich erzählt, hingen immer ein paar Leute ab, kifften und spielten Playstation. Die größte Attraktion war ein dialektsprechender Junge aus der Nähe von Wasserburg, den Danny in unregelmäßigen Abständen aus nichtigen Gründen verprügelte. Warum er trotzdem immer wieder zu Danny zurückkehrte, wusste niemand. Danny arbeitete als Justizvollzugsbeamter. Das hieß, hatte Vreni erklärt, er ließ Gefangene rein und raus, ging mit ihnen auf Hofgang und führte sie in den Besucherraum – solche Sachen eben. Vreni meinte, deswegen sei er sicher vor der Polizei, weil er sozusagen im Inneren des Apparats war, verdächtigte ihn niemand. Wir fanden das ziemlich ausgefuchst von Danny.

Im Hausflur mischte sich der Uringestank mit kaltem Zigarettenrauch. Der grüne Lack an den Haustüren splitterte, und im schwachen Licht zeichneten sich Flecken auf dem Teppich ab. Vreni klopfte an eine der Türen. Als sie aufging, stand ein schmächtiger Junge mit schulterlangen blonden Haaren im Türrahmen.

«Servus, wer seid's ihr?»

«Fink», sagte Fink, woraufhin Vreni sagte, er solle den Mund halten.

«Vreni», sagte Vreni. «Wir wollen zu Danny.»

«Ist mir scho' klar, dass ihr zum Danny wollt», sagte der Blonde. «Sonst wärt's ihr ja kaum hier, haha.» Er drehte sich um. «Danny, hier san zwei Buaschen und ein Mädel, die sagt, dass sie Vreni heißt.»

Jemand murrte.

«Kommt's rein», sagte der Blonde. Es klang gönnerhaft. Wir standen in einem Zimmer, nicht größer als 20 Quadratmeter. Links schloss sich eine Küchenzeile an, daneben ein Balkon, von dem ich gerne auf Hofning geschaut hätte, wenn Vreni uns nicht eingeschärft hätte, uns so respektvoll und unauffällig wie möglich zu verhalten. An der grüngestrichenen Wand stand ein Ecksofa. Drei Gestalten saßen gebückt vor einem Fliesentisch, auf dem drei Zigarettenschachteln, ein Tetrapak Eistee, eine Bierflasche, eine Schale mit Tabak- und Haschischkrümeln und eine Glasbong standen. In der Ecke stapelten sich Pizzakartons, aus denen alte Käsefäden heraushingen, ein vertrockneter Ficus benjamini stand neben einem Katzenklo. Alter Talg- und Schweißgeruch ergab mit der Süße des Haschischrauchs eine Mischung, die anfangs noch Brechreiz hervorrief, an die man sich aber nach wenigen Minuten gewöhnt hatte, schließlich fühlte man sich sogar wohl in dem faul-feuchten Mief.

Vreni begrüßte Danny, reichte ihm die Hand und deutete auf Fink und mich, worauf dieser nickte. Die anderen beiden reagierten auf unsere Anwesenheit überhaupt nicht, sie spielten weiter Playstation.

Danny hatte dieselbe Frisur wie der Gritschneder Marcel: Sein Kopf war an den Seiten ausrasiert, seine schwarzen Haare hinten zu einem Pferdeschwanz zusammengebunden. Er war dick, eine Fettschwarte schwappte unter dem weißen T-Shirt über seine Hose. Sein Gesicht war aufgedunsen, am Kinn leuchtete ein Eiterpickel. Schön war Danny nicht. Eher erinnerte er an ein borstiges, italienisches Wildschwein.

Vreni versuchte, etwas Lässiges zu sagen, es misslang, denn Danny murrte nur, als sei Vreni nichts als ein weiterer Lakai in seiner Wohnung, der um etwas Gras und etwas Coolness bettelte, und im Grunde war es ja auch nicht anders.

Fink zog den Beutel aus seiner Hosentasche. Vreni bedeutete ihm, dass er ihn wieder wegstecken sollte.

«Ich wui des hier verkaufen», sagte Fink.

«Ich soll das kaufen?»

Fink nickte, er hatte immerhin Dannys Aufmerksamkeit. Dieser sah ihn verwirrt an.

«An Leute wie dich *verkaufe* ich höchstens, aber nur, wenn ich lustig bin.»

«Ist aber ned lustig», sagte der Blonde, woraufhin Danny zu dem Blonden sagte, er solle das Maul halten. Er öffnete den Beutel und roch daran. Er nahm etwas davon, rupfte es in kleine Teile und vermischte es in der Schale auf dem Fliesentisch mit Tabak. Die Mischung stopfte er in den Topf der Glasbong, zog, inhalierte, blies eine gewaltige Menge Rauch raus und meinte mit belegter Stimme, dass das schon gar nicht übel sei.

«Ich zahl dir drei Mark pro Gramm.»

«Drei Mark», sagte Fink. «Drei Mark ist ganz schön wenig.»

«Mehr is des a ned wert!», sagte der Blonde. Danny sagte zu dem Blonden, dass ihn das einen Scheißdreck angehe und wenn er nicht endlich das Maul halte, «erlebst du ein Donnerwetter, vaffanculo».

«Fünf», sagte Fink, und als Danny vier sagte, schlug er ein. Eine Katze schlich durch die Balkontür herein. Sie sprang auf Dannys Schoß, der ihr einmal über den Rücken strich und das Tier zu dem Blonden weitergab. Der Blonde deutete mit dem Zeigefinger auf die Nase des Tieres, dann schrie er auf. Die Katze hatte ihn gekratzt und war auf das Katzenklo neben den Pizzakartons gerannt.

«Ruhe!», brüllte Danny den Blonden an. Der Blonde entschuldigte sich kleinlaut.

Danny erhob sich von der Couch, ging in die Küche und kam mit 400 Mark wieder zurück, die er Fink in die Hand drückte. Wir setzten uns auf die Couch, warfen etwas Gras in die Schale und rauchten. Vreni versuchte, ein Gespräch mit den anderen beiden zu beginnen, indem sie sie fragte, ob sie auch mal spielen könne. Keiner antwortete ihr. Wir saßen und schwiegen. Einmal klingelte das Telefon. Bevor Danny den Hörer abhob, herrschte er den Blonden an, er solle ihm jetzt sofort eine seiner «Galluschis» geben. Der Blonde reichte ihm eine blaue Gauloises, die Danny anzündete und den Rauch in den Hörer blies. Er brummte, legte auf, sagte «so ein Arschloch» und ließ sich wieder auf die Couch fallen.

«Wer?», fragte der Blonde. «Welches Arschloch?»

«Es geht dich nix an», brüllte Danny. «Ich kann dich nicht mehr sehen! Ich halte dich nicht mehr aus!»

Nach einer halben Stunde sagte Vreni, dass wir «dann mal wieder gehen würden». Danny nickte. Wir standen auf, gaben

Danny die Hand, einer der beiden Playstation-Spieler blickte tatsächlich auf und murmelte etwas. Der Blonde beugte sich über den vermüllten Fliesentisch, weil er Vreni einen Kuss auf die Backe geben wollte. Vreni erschrak, wich zurück, der Blonde verlor das Gleichgewicht, versuchte sich abzustützen, und dann begann Danny zu brüllen, als hätte ihm jemand gerade den kleinen Finger abgehackt. Das Bongwasser schwappte über den Fliesentisch, was sogar die drei Playstation-Spieler dazu veranlasste, sich wie aufgeschreckte Eidechsen zu rühren. Wir gingen. Noch im Lift hörten wir Dannys Gebrüll.

Schweigend trotteten wir, die Hände in den Hosentaschen, in Richtung Bahnhof. Immer wieder holte Fink das Bündel Geldscheine aus seiner Hosentasche hervor und sagte, dass das jetzt «Real Gangstershit» sei und eigentlich gar nicht mehr so viel anders als das «Ghetto in L. A. oder New York». Wenn das jetzt alles so weitergehe, und Fink war sich sicher, dass alles so weitergehen würde, hätte er bald genug, um richtig in das Business einzusteigen. Spätestens im Juli könne er nämlich die gesamte Ernte einfahren, und das seien mindestens fünf Kilo, also zu einem normalen Preis gerechnet: 20 000 Mark, von dem er Jürgen natürlich ein bisschen was abgeben müsse, aber keinesfalls die Hälfte, eher ein Viertel oder ein Fünftel. Jürgen wolle ja gar nicht so gern verkaufen. Vreni riet Fink, auf jeden Fall ein Cabrio zu kaufen, sobald er den Führerschein habe. Aber Fink sagte, er denke da eher an einen Jeep oder so etwas – ein Auto, mit dem man auch im Bimskofener Forst gut zurechtkomme.

Über Finks Matratze hing eine Axt. Die Bettwäsche mit dem «Bayern München»-Aufdruck sah aus, als sei sie zum letzten Mal vor Finks Auszug gewaschen worden. Fink setzte sich mit Klamotten und Schuhen auf die Matratze, nachdem er aus Bayern-München-Decke und Bayern-München-Kissen einen Knäuel gemacht hatte, an den er sich anlehnen konnte. Ich saß auf einem kleinen Gartenstuhl aus Plastik, der offensichtlich für Kinder gedacht war. An der Wand hing eine Jamaika-Flagge, von deren Mitte Bob Marley auf uns herabschaute. Fink meinte, Bob Marley müsse man einfach cool finden, ob man nun auf Reggae stehe oder nicht. An Bob Marley führe überhaupt kein Weg vorbei, schon mal wegen der ganzen Kifferei, aber auch wegen «No Woman, No Cry», denn egal, ob man nun auf Reggae stehe oder nicht, dieses Lied sei einfach Wahnsinn, da stecke so unglaublich viel drin. Und dann sagte Fink auch, dass er die Flagge von Jürgen bekommen habe, als Einzugsgeschenk. Jürgens Zimmer lag neben dem Finks, aber näher an der Wohnküche und dem Kachelofen, was ein großer Vorteil war. Ich sah hinein, ohne den Raum zu betreten. Es sah sauberer als in Finks Zimmer. Jürgen hatte einen Kleiderschrank und sogar einen kleinen Schreibtisch. Auf seinem Bett lag ein Stapel Porno-Hefte.

Wie kalt es in der Hütte sein konnte, wenn gerade keine Party war und nicht ein Dutzend Menschen mit ihren Körpern mitheizten, wusste man, wenn man aufs Klo ging, das gleich am Eingang war. Die Kloschüssel war schief; saß man darauf, musste man sich mit einer Hand an der Wand abstützen. Vor der Klobürste lag auf einem Schemel ein vergilbtes Heft mit Kreuzworträtseln, welche allesamt angefangen, doch keines vollständig gelöst war, und ein Band «Das kleine Arschloch» von Walter Moers.

«Ich kann hier endlich rauchen, so vui raucha, wia i wui», sagte Fink. Als Aschenbecher dienten halbvolle Bierflaschen oder deren Kronkorken, die überall auf dem Boden verteilt waren. Finks Klamotten lagen auf einem Haufen in der Ecke neben der Tür, wobei nicht klar war, welcher Teil der Wäsche sauber war und welcher nicht. Ich fragte Fink, warum er nicht anstatt einer Jamaika-Flagge ein Tupac-Poster aufhänge. Er antwortete, dass man sich nicht alles aussuchen könne, manche Dinge passierten eben einfach.

«I hab vui Zeit zum Nachdenken hier draußen», sagte er.

In der Küche war ein kleiner Holzofen, an den sich eine gepolsterte Eckbank anschloss. In der Mitte stand einer dieser Tische aus den Siebzigern oder Sechzigern mit einer grauen, plastikartigen Oberfläche. Kippen quollen aus einem HB-Aschenbecher, Bierflaschen standen neben 1,5-Liter-Cola-Flaschen aus Plastik und Eistee-Tetrapaks. An der Spüle hing ein blauer Müllsack voller Pappteller und Becher. Dafür war die Spüle zwar nicht sauber, doch immerhin frei von schmutzigem Geschirr. Jürgen benutzte schon seit langem keine richtigen Teller mehr, sondern Pappteller oder alte Pizzaschachteln. So stritten sich Jürgen und Fink nie darum, wessen Aufgabe es war, den Abwasch zu erledigen, und es gelang ihnen, die Küche immerhin von verschimmelten Essensresten sauber zu halten.

Fink wusste nicht so recht, was es mit der Hütte im Wald auf sich hatte. Einmal sagte er, sie gehöre dem zuständigen Förster, der sie für ein paar Mark an Jürgen vermietete. Ein anderes Mal erzählte er die Geschichte vom Bauern Kreithmayer, mit dem Jürgen im Wirtshaus von Bimskofen gesoffen hatte. Nach zwölf Weißbier und diversen Obstlern soll der Bauer Jürgen angeboten haben, ihn ein Stück zu Jürgens damaliger Wohnung in Hofning mitzunehmen. Jürgen hatte sich also auf den kleinen Beifahrersitz rechts oberhalb des Bauern gesetzt, und der Kreithmayer sei losgefahren. Weil er aber schon so blau gewesen war, sei der Bauer Kreithmayer mit seinem Traktor vom Weg abgekommen – vielleicht war es auch der Versuch eines

Amoklaufs oder eines destruktiven Befreiungsschlags. Auf jeden Fall habe der Kreithmayer zunächst den Zaun inklusive des Rosenbeets des Hofninger Pfarrers Stanislaus über den Haufen gefahren und war anschließend bei einem Wendeversuch im gerade neu angelegten Teich der Gemeinde gelandet. Der Bauer Kreithmayer habe dann noch in letzter Minute, bevor die Polizei aus Hofning angekommen war, überall im Dorf schon die Lichter angegangen waren und die Menschen im Nachthemd fassungslos auf den im Gemeindeteich liegenden Traktor starrten, Jürgen davon überzeugt, dass es das Beste sei, wenn Jürgen behauptete, er habe den Traktor gefahren. Schließlich sei sein Führerschein ohnehin schon «gezwickt», es würde sich höchstens um ein zusätzliches Jahr Fahrverbot handeln, außerdem sei Jürgens Ruf in Bimskofen eh der eines hoffnungslosen Alkoholikers, es könne ihm also vollkommen wurscht sein, was die Leute nach dieser Aktion von ihm dachten, während er, der Bauer mit dem zweitgrößten Grund im Landkreis, einen Ruf zu verlieren habe. Als Gegenleistung bot er Jürgen die Hütte im Wald an und versprach, ihn dort in keiner Weise zu belästigen, er könne im Umkreis von einem Quadratkilometer tun und lassen, was er wolle.

Fink wusste nicht, welche der beiden Versionen wahr war. Jürgen sprach nicht gerne darüber, und die zweite Geschichte hatte Vreni ihm einmal im Vertrauen erzählt, und sie klang, wie eben alle Geschichten klangen, die Vreni erzählte, ein bisschen unglaublich, aber gut.

«Komm mit, ich zeig's dir», sagte Fink und sprang mit einem Satz von der verschmutzten Matratze auf. Der Wind rauschte durch die haushohen Tannen und Fichten, die sich seinem sanften Druck beugten und sich in ihm wiegten. Fink ließ die Haustüre offen stehen. Der Boden war weich. Braune, abgestorbene Tannennadeln, kleine Ästchen und Baumrinde bildeten eine Schicht, die in ihrer Elastizität Ähnlichkeit mit der blauen Hochsprungmatte auf dem Dingenskirchener Sportplatz besaß. Hin und wieder zerbrach sanft knacksend ein Zweig unter unseren Schritten. Fingernagellange Ameisen gingen ihrer Arbeit nach, und von weitem durchbrach der Ruf eines Vogels die Stille hinterm Rauschen der Bäume. Die Luft war schwer, feucht und harzig. Mit Coolness hatte das alles verdammt wenig zu tun. Es ging hier um etwas anderes, das mich an meine Kindheit erinnerte. Als wir im Wald Robin Hood spielten. Als wir versucht hatten, ein Baumhaus zu bauen und immer wieder wegen unseren handwerklichen Fähigkeiten scheiterten. Als wir uns nachts auf den Dingenskirchener Friedhof nahe des Waldes geschlichen hatten, nur um Angst zu haben …

Anstatt feiner Nadeln lag nun altes fauliges Laub am Boden, unsere Hosenbeine waren feucht geworden, und dieser Umstand nervte mich: Natur hatte immer etwas mit Dreck und kleinen, nervtötenden Tieren wie Ameisen oder Mücken zu tun. Fink ging einige Schritte vor mir. Als wir vor einer kniehohen, länglichen Erhebung standen, ging er nach rechts. Nach ein paar Minuten wurde der Wald lichter, Gräser wuchsen hier und da, und auf dem Boden lagen hin und wieder Steine. Als wir vor einem Dickicht aus Brombeersträuchern und anderem Zeugs, das ich nicht kannte, standen, sagte Fink: «Wir müssen da durch.» Nur leider war da überhaupt nichts, was auch nur ansatzweise nach Schlupfloch, Durchgang oder sonst irgendwas aussah. Da war einfach nur dichtes Gestrüpp.

«Es geht ned anders, aber des ist auch a super Schutz», sagte Fink, als er seinen Fuß in diese grüne Minihölle setzte. Seitwärts bahnten wir uns unseren Weg. Die feinen Dornen eines

Strauchs verhakten sich in Finks Tupac-Kopftuch und zwangen ihn, es abzunehmen. Etwas kratzte längsseits meine Backe auf, während ich versuchte, meinen Fuß aus einem Gestrüppkomplex herauszuziehen. Irgendein verdammtes Insekt saß auf meinem Nacken, eine Fliege umschwirrte Finks Stirn, und der Saft mehrerer Brombeeren klebte auf meinem T-Shirt.

Als wir durch waren, hingen an unseren Hosenbeinen etliche Zweige mit feinen Dornen, ein Käfer krabbelte über Finks Backe, meine untere Körperhälfte war mit dunkelroten Brombeerflecken übersät, und Finks Kopftuch hing irgendwo im Gebüsch. Wir klopften uns ab und befreiten uns von dem gröbsten Naturmüll. Wir standen auf einer kleinen Wiese, umringt von Gestrüpp und hohen Bäumen.

«Da!»

Fink zeigte mit dem Finger geradeaus auf den anderen Rand der Insel im Wald. Wir gingen näher, bis wir die fünfblättrige Zackenstruktur erkannten, die auf allen CD-Covern von Cypress Hill zu sehen war. Es waren nicht viele Pflanzen, vielleicht zwei Dutzend, sie standen gut getarnt zwischen den Brombeersträuchern und anderem grünem Krempel. Fast konnte man meinen, die wüchsen zufällig hier.

«Ich werde die Anbaufläche noch erweitern. Jürgen will zwar ned, er meint, des würd irgendwann auffallen, aber Jürgen hat keinen Sinn fürs G'schäft. Eine Pflanze wirft etwa 50 Gramm ab. Macht bei 20 Pflanzen ein Kilo – bei maximal drei Ernten pro Jahr. Geil was, Nigger?»

«Nigger?»

«Yo, des sagen die so in den Filmen», sagte Fink.

Ein Kuckuck rief durch den Wald. Finks Bandala wehte im Wind auf dem Brombeerbusch.

Leberkäse und Dorfschlampen

In der Metzgerei hing ein schwerer Leberkäsdunst in der Luft. Neben der Fleischtheke stand eine Art Brutkasten. Zwei große Laiber Leberkäse lagen darin unter einer Wärmelampe wie zwei fette Babys. Daneben türmte sich ein Haufen Fleischpflanzerl (Buletten) und ein vor Fett triefendes Stück Rollbraten. An der Wand hing ein Foto von Franz Josef Strauß mit einem Maßkrug in der Hand. Eine dickliche Auszubildende sagte beständig den Satz: «Darf's a bisserl mehr sein?» Sie war blass, pausbäckig, und ihre Haut glänzte. Äußerlich ähnelte sie einer Weißwurst, aber das war ja für eine Metzgereifachverkäuferin gar nicht schlecht. Im Radio spielte Bayern Eins mal Oldies, mal Schlager. Wir saßen auf einer Eckbank um einen Tisch. Darauf standen Salz- und Pfefferstreuer, Zahnstocher und eine Flasche Maggi. Die Sitzfläche wie die Oberfläche des Tisches waren mit Plastik überzogen. Fink hing ein Stück Leberkäse aus dem Mundwinkel.

«Der Schmidi ist jetzt mit der Ingrid zam.»

«Die Ingrid war doch mit dem Özcan zusammen», sagte ich.

«Des is schon lang her. Dann war sie mit Marek zusammen. Deswegen haben sich der Özcan und der Marek geprügelt, und dann hatte sie mal was mit dem Gritschneder, sagt er zumindest.»

«Mit Bombe?»

«Auf einer Party, da hat er sie gebumst, sagt er.»

«Gebumst?»

«Mmh.»

«Du sagst, ‹gebumst›?»

«Warum ned?»

«Bumsen, das sagt man doch nicht mehr.»

«Jürgen sagt nur ‹bumsen›.»

«Weil Jürgen seine große Zeit in den Achtzigern hatte, damals sagte man ‹bumsen›.»

«Lass den Jürgen in Ruhe. Es ist so leicht, sich über ihn lustig zu machen, aber wenn man ihn kennt, dann ... Er ist ein netter Kerl. Im Prinzip. Hast du gewusst, dass er ein Kind hat?»

«Scheiße.»

«Er hatte mal Frau und Kind. Die Frau ist unglaublich fett, er hat mir mal ein Foto gezeigt, sie hat ihn verlassen, hat er gesagt, wegen der Sauferei damals.»

Bimmelnd ging die Türe auf. Zwei kräftige Bauarbeiter mit weißen, mörtelverschmierten Latzhosen kamen herein.

«Vier Bier», sagte der eine. «Und sechs Leberkassemmeln.»

«Darf's a bisserl mehr sein?», fragte die Azubine.

«Zwei Jägermeister.»

Die Azubine packte sechs Leberkässemmeln und vier Bierflaschen in eine Plastiktüte, und die Bauarbeiter verließen die Metzgerei. Die Tür bimmelte wieder.

«Und dann war sie mit einem Bauern zam, den sie letztes Jahr auf dem Weißbier- und Negerfest kennengelernt hat. Und angeblich hat sie danach auch noch was mit dem Kreithmayer Schorsch gehabt.»

«Aber der Kreithmayer Schorsch ist doch ein Bauer! Ein richtiger.»

«Des is der Ingrid wurscht gewesen. Der Özcan hat dann

aber trotzdem den Gritschneder Marcel, also die Bombe, verprügelt.»

«Weil er immer noch auf die Ingrid steht.»

«Ich glaube, er hat einfach nur nach einem Grund gesucht, um Bombe zu verprügeln.»

«Bombe kriegt's irgendwie immer ab.»

«Ist doch selber schuld, den zwingt doch niemand, Punk zu sein. Wenn man unbedingt provozieren will, dann muss man doch auch mit so was rechnen, oder ned?»

«Und jetzt mit Schmidi.»

«Megts ihr no was?» Es war die schrille Stimme der Azubine.

«Na, danke!», sagte Fink, während er sich den letzten Rest Leberkäs in den Mund stopfte.

Es war dunkel geworden, wir bogen in die Straße ein, die zum Bahnhof führte. Die Eisdiele an der Ecke hatte noch immer geöffnet, obwohl es viel zu kalt war, um Eis zu essen. Nebenan war das Fotostudio «Grimlinka», in dessen Schaufenster Dutzende Fotokameras und Stative standen, die alle verstaubt waren.

«Ja, seit zwei Wochen. Kurz davor hatte sie angeblich was mit einem Typen von der Mofa-Gang.»

«Von der Mofa-Gang! Mit dem Gerlinger Sepp?»

«Ich habe vergessen, wer mir das erzählt hat. Ich habe zum Schmidi auch gemeint: Hör mal, die Ingrid ist doch so was wie eine Dorfschlampe. Ja, das ist vielleicht ein bisschen übertrieben, aber wenn ich schon fünf Typen kenne, mit denen die in den letzten Jahren was hatte, dann weiß ich auch nicht, wie man so was nennen soll. Aber er sagte, dass man das so nicht sagen könne, weil das davor alles Geschichten gewesen wären, die ihr nichts bedeuteten. Aber das jetzt, das wäre ernst.»

«Sie steht nur auf sein Auto, ist meine Meinung.»

«Das Auto hat bestimmt damit etwas zu tun. Der Schmidi hat gemeint, sie fahren jetzt die ganze Zeit rum. Sie fahren nach Bimskofen, nach Hofning, sogar zum Flughafen, und wenn sie da waren, fahren sie einfach wieder zurück. So verbringen die ihre Zeit, ehrlich! Die kiffen nichts, trinken nichts, machen nichts, sie fahren einfach mit Schmidis Golf durch die Gegend und hören Musik dabei. Letztens sind sie sogar beide bei mir in der Hütte gewesen, saßen nebeneinander und haben die ganze Zeit rumgemacht. Ich habe sie gefragt, ob sie was rauchen wollen. Aber er hat nix gewollt, hat gemeint, das interessiert ihn gar nicht mehr.»

Mädchen auf dem Land suchen sich mit 14 oder 15 einen Freund, der einen Führerschein hat. So entgehen sie der Immobilität und dadurch entstehenden Langeweile. Von der achten Klasse an aufwärts waren sämtliche Mädchen von Über-18-Jährigen besetzt. Für einen männlichen Jugendlichen ohne Führerschein, wohnhaft in einem Dorf ohne S-Bahn-Anschluss, wurde die Partnersuche zu einem ernsthaften Problem. Manche Jungs unterstellten ihren Altersgenossinnen einen Hang zur Prostitution. «Die stehen nur auf das Auto, Persönlichkeit ist denen wurscht», war eine häufig zu hörende Erklärung von Jungs für ihr Single-Dasein. Jungs bezeichneten Mädchen wie Ingrid als «Dorfschlampe», was gemein und sexistisch war. Aber alle Jungs lachten nun einmal darüber, wenn jemand das Wort aussprach, und deswegen sagte immer irgendjemand, die oder die sei eine Dorfschlampe. Eine Dorfschlampe zu werden, war nicht besonders schwer. Es kannten sich ja alle. Der Özcan kannte den Kreithmayer Schorsch, der Kreithmayer Schorsch war mit dem Fink auf dieselbe Grundschule gegangen, Fink kannte Schmidi von der blauen Hochsprungmatte, Schmidi kannte Özcan vom Bahnhof, und Özcan kannte natürlich den Marek und so weiter.

Andere Jungs mussten immerhin zugeben, dass sie sich, wären sie denn Mädchen, wohl genauso verhalten würden. Ihr Frustration kanalisierte sich, indem sie eine Abneigung gegen ältere Jungs entwickelten. «Der Schmidi wird auch einer von denen», pflegte Fink zu sagen. Mit «einer von denen» meinte er Golf-fahrende Jungs, die im Sommer an der Eisdiele von Hofning auf und ab cruisten, den Ellbogen aus dem Fenster lehnten und Mädchen auf ein Eis einluden. «Einer von denen» bedeutete auch, nur noch über sein Auto zu reden und sich zu definieren. «Einer von denen» bedeutete vor allem, eine Freundin zu haben, während man selbst seine Abende vor einer Playstation mit anderen Singles verbrachte.

Es gab wenige Ausnahmen, wie Vreni. Sie kam wie der Gritschneder Marcel aus Bimskofen, wo ihre Eltern irgendein Geschäft besaßen. Sie trug immer enge Metaller-Hosen und schwarze T-Shirts. Nie sah man sie mit einem Rock oder mit Ohrringen oder gar mit lackierten Fingernägeln. Sie war zwar Metallerin, aber sie lachte über dieselben Witze, benutzte dieselben Wörter und zog sich genauso an wie die Jungs. Und sie hatte nie einen Freund. Mädchen, die sich für norwegische Death-Metal-Bands interessierten, waren den meisten Jungs dann doch suspekt.

Wir gingen durch die Unterführung am Bahnhof. Die zwei Leberkässemmeln lagen mir schwer im Magen. Als wir die Treppen, die ins Gebiet jenseits der Gleise führten, hinaufstiegen, stand vor dem Supermarkt ein Polizeiauto. Fink zog seinen Kopf ein und sagte, wir sollen uns unauffällig, so unauffällig wie nur möglich verhalten, also ganz normal, so als habe er gar kein halbes Kilo Gras im Rucksack. Nachdem er das gesagt hatte, beschleunigte er seine Schritte und zog den Rucksack enger an sich heran. Er sah jetzt aus wie jemand, der es sehr, sehr eilig hatte, weil er etwas Verbotenes bei sich trug. Als wir kurz vor dem Auto waren, rannte Fink beinahe. Ich griff nach seinem Rucksack, um ihn zu bremsen. Fink drehte sich panisch um, schlug auf meine Hand und rannte los. Erst am Spielplatz hinter einem Hochhausblock holte ich ihn ein.

«Mach so was nie, nie wieder!», sagte er.

«Das war nicht unauffällig. Du bist einfach losgerannt, als du die Bullen gesehen hast.»

Wir rauchten und warfen die Kippen in den Sandkasten. Wir klingelten an einer Tür, eine Stimme maulte, die Tür summte. Wir stiegen in den Lift, in dem es noch immer nach Urin roch. Als wir oben angekommen waren, stand die Türe zu Dannys Apartment offen. Er saß am Rand der Couch, dort, wo er auch das letzte Mal gesessen hatte. Er rauchte und aschte in einen alten Pizzakarton, der neben ihm auf dem Boden lag. Ein dicker Mann mit einem Baseball-Cap, unter dem fettige Haare heraushingen, schniefte ein braunes Pulver. Er ließ sich nach hinten auf die Couch fallen. Sein Mund stand offen, er röchelte.

«Was ist mit dem da?» Fink zeigte auf den Blonden, der auch beim letzten Mal da war.

«Mei, der ist halt dicht», sagte Danny. «Was hast dabei?»

Fink öffnete den Rucksack und gab ihm eine Plastiktüte.

«Wie viel willst jetzt dafür?»

«1300», sagte Fink.

«Des is zuavui, du Arschloch, des is zuavui», murmelte der Blonde.

«Halt deinen Mund, ich habe dir schon tausendmal gesagt, dass du ruhig sein sollst, wenn Geschäftspartner kommen.»

Der Blonde aber schien die Schimpftirade überhaupt nicht zu stören. Er löffelte Eisteepulver in eine Tasse und goss es mit Leitungswasser auf.

Danny ächzte, stand auf und drückte Fink ein Bündel Geldscheine in die Hand. Plötzlich raschelte etwas unter den Pizzakartons. Ich erschrak, Fink hörte auf zu zählen. Eine Katze schoss aus der hinteren Ecke des Raumes in Richtung Flur und verschwand dort im Dunkeln. Mädchen waren hier nicht.

Fink rief sich am Bahnhof ein Taxi und ließ sich nach Hause in den Wald bringen. Es war Freitagabend, und Fink erwartete Gäste. Keine richtigen Gäste, nicht solche, die vorher anriefen und am Ende sogar noch kleine Aufmerksamkeiten in Form von Alkoholika oder Essbarem mitbrachten. Auch keine guten Freunde, die er vielleicht schon lange nicht mehr gesehen hatte, um sich mal wieder gepflegt zu unterhalten. In Finks Hütte kamen Leute zum Hängen und Gammeln. Extrem Unsportliche, Gelangweilte, Neurotiker, Kiffer, Halbirre aus Dingenskirchen, Hofning und Bimskofen – sie alle trampten oder radelten durch den Wald oder ließen sich von ihren Eltern an der Stelle, an der der schmale Weg in den Wald hineinführte, absetzen. Irgendjemand war immer da. Unter der Woche weniger, am Wochenende mehr. Da Jürgen nur selten außer Haus war – entweder, um bei der Gerti ein Bier zu trinken oder den einen oder anderen Gelegenheitsjob anzunehmen –, kamen die Leute auch, wenn Fink gar nicht daheim war. Irgendjemand war immer da.

Als wir das Zimmer betraten, spielte Bombe mit der Playstation. Neben ihm saß ein Typ mit einem langen schwarzen Ledermantel. Seine langen, leicht fettigen Haare waren am Hinterkopf zu einem Pferdeschwanz zusammengebunden. Seine Haut war pickelig, und um seinen Hals hing ein Anhänger in Form eines Pentagramms. Fink sagte: «Servus, wer bist denn du?»

Der Typ stellte sich als Arne vor und berichtete sofort von seinem Vorhaben, aus zwölf Blättchen einen Riesenjoint zu bauen, womit er auch die nächste halbe Stunde beschäftigt war. Fink kümmerte sich nicht weiter um seinen neuen, ihm unbekannten Gast.

Zwei Stunden später hatte sich Arne noch keinen Zentimeter bewegt. Wie ein Reptil ohne Sonne saß er auf Finks Matratze und starrte auf den Fernseher. Als ein kleinwüchsiger Bimskirchner mit Dreadlocks hereinkam, reagierte Jürgen überhaupt nicht. Bombe sagte: «Hi», ohne vom Fernseher aufzublicken. Arne stieß ein gedehntes «Boaaaaah» aus, was zum Ausdruck bringen sollte, dass er jetzt doch schon ziemlich bekifft sei. Der Bimskirchener erzählte etwas vom letzten «Chiemsee-Reggae-Festival», musste aber feststellen, dass seine Erzählung bei den Anwesenden auf keinerlei Interesse stieß. Lediglich Fink sagte «krass», als der Bimskirchener erzählte, dass Hans Söllner auf der Bühne einen Joint geraucht hatte und daraufhin die Polizei gekommen war.

Später kamen zwei Hofninger, entschuldigten sich kurz, dass sie ohne Voranmeldung aufgetaucht waren, aber sie hätten eben gehört, dass es «hier was zu kaufen gibt». Bombe sagte «hi», Arne «boaaaah» und Fink meinte «krass». Während der Bimskirchener noch immer von Hans Söllner redete, verschwand Fink mit den beiden in einem Nebenzimmer. Jürgen machte sich eine weitere Dose Bier auf und fing an zu schnarchen – erst leise wie eine schnurrende Katze, dann lauter wie ein Rasenmäher, bis Bombe ihm gegen das Schienbein trat.

Fink hatte sich mittlerweile angewöhnt, bei laufendem Fernseher einzuschlafen. Manchmal warf er eine Decke über die alte Röhre, um vom Flackern nicht gestört zu werden, ließ aber den Ton laufen. Irgendwann am frühen Morgen wachte er kurz auf und schaltete im Halbschlaf das Gerät aus.

Sogar Özcan vom Bahnhof kam zu Fink, um einzukaufen. Er hatte zwei seiner Cousins mitgebracht. Özcans älterer Cousin hatte sich zusammen mit vier Freunden einen alten Mercedes 190 E gekauft, den sie sich teilten. Alle drei trugen Lederjacken und weite, weiße gebügelte Hosen. Özcans Cousins schauten angewidert auf den Playstation spielenden Bombe und mit einer Mischung aus Verwunderung und Ekel auf Arne mit seinem alten Ledermantel. Özcan fragte, wer Fink sei. Fink hob den Finger wie ein Grundschüler und verschwand mit den beiden im Nebenzimmer. «Sind eigentlich ganz nett gewesen», sagte Fink, als die drei wieder in ihren Mercedes gestiegen waren. «Krass», sagte Bombe, ohne seinen Blick vom Fernseher abzuwenden.

Das einzige Mädchen, das sich hin und wieder bei Fink blicken ließ, war Vreni. Sie schaute vor oder nach irgendwelchen Metal-Konzerten in der Hütte vorbei. Sie versuchte, mit einem der Anwesenden ein Gespräch zu beginnen, das über «boaaaah», «krass» und «Gib mir mal die Zigaretten» hinausging. Ihr Elan aber erschlaffte schnell. Sie passte sich der Reptilienumgebung an. Sie schwieg, rauchte und starrte auf den Fernseher. So vergingen Tage, Wochen, Monate … Käufer kamen, Kiffer gingen.

«Boaaaaah», sagte der Junge mit den fettigen Haaren und dem Pentagramm namens Arne eines Abends. «Ich hätte gerne eine Freundin. Was issn mit dir, Vreni? Du hast doch auch keinen Freund.»

Vreni schüttelte den Kopf.

«Schade», murmelte Arne. «Ich dachte ja nur.»

Das Weißbier- und Colafest

Das Plakat gab es in drei verschiedenen Farben: Neongelb, Neongrün und Neonpink. Es klebte auf Pappwänden, die wiederum an Laternenmasten hingen, im ganzen Landkreis verteilt. Darauf stand: «Weißbier- und Colafest in Bimskofen», darunter «Samstag, 14. September» und darunter «Mit den ‹Peppy Cowboys› – fetzig, zünftig, vollgas!» und darunter «20 Mark».

«Weißbier- und Colafest» war natürlich ein eigenartiger Name für ein traditionelles Massenbesäufnis, den die einheimische Bevölkerung mit einer Portion Gram ignorierte. Ursprünglich hatte das «Weißbier- und Colafest» nämlich «Weißbier- und Negerfest» geheißen. «Neger» bezeichnet in Teilen Oberbayerns ein Mischgetränk, das zu gleichen Teilen aus Weißbier und Cola besteht. Das Weißbier erfährt durch die Cola eine leichte Braunfärbung, weshalb sich wohl ein findiger Wirtshausbesitzer eines Tages den Namen «Neger» ausdachte. Bis Mitte der achtziger Jahre störte sich niemand an der Bezeichnung. Ein «Neger» war eben – genauso wie ein «Russ», das zur Hälfte aus Weißbier und Zitronenlimonade besteht – ein Getränk. Doch dann beschwerte sich eine aus Nordrhein-Westfalen zugezogene Akademikerfamilie über die ihrer Meinung nach rassistische Wortwahl beim Bürgermeister Gierlbichler. Bürgermeister Gierlbichler wiegelte mit Hinweis auf die alte Tradition ab und führte an, dass man eine bei den Bimskofenern so beliebte Veranstaltung nicht einfach umbenennen könne. Die im Ort bereits als einzige «Grünen»-Wähler unbeliebte und dazu noch als Quasi-Ausländer verschriene Familie entgegnete, dass man von einer bayerischen Tradition ja gar nicht sprechen könne, denn schließlich sei Cola auch kein traditionell bayerisches Getränk. Der örtliche Burschenverein lief Sturm und verkündete, dass man «sich nicht von ein paar dahergelaufenen Saupreisn dreinreden lasse, wie man seine Feste zu benennen habe». Der Streit endete mit einem Urteil des Landesgerichts München. Fortan musste auf allen öffentlichen Ankündigungen wie Plakaten und Gemeindebriefen «Weißbier- und Colafest» stehen. Dem Burschenverein und der Gemeinde Bimskofen blieb nichts anderes übrig, als sich dieser in ihren Augen «kulturellen Fremdbestimmung» zu beugen. Die Bimskofener aber hielt das nicht davon ab, ihr Fest weiterhin «Weißbier- und Negerfest» zu nennen. Nur auf schriftlichen Erzeugnissen wie Plakaten und dem Gemeindebrief wurde der neue, unbeliebte Name verwendet.

Bombe regte sich jedes Mal furchtbar auf, wenn jemand «Weißbier- und Negerfest» sagte. «Die Sprache spiegelt die Herrschaftsstrukturen wider, und ‹Neger› ist ein rassistischer Begriff, genauso wie ‹Negerkuss›», sagte er. Woraufhin Fink meinte, es ginge ja nicht um echte Neger, sondern um das Bier-Cola-Mischgetränk, das auf dem Land nun mal «Neger» heiße. Bombe sagte, das mache es auch nicht besser, weil man «Neger» unter keinen Umständen sagen dürfe und wenn die Jungs von der Antifa davon Wind bekämen – was sie tun würden, denn er finde, so eine, er nannte es «rassistisch-kapitalistische Attacke» gehöre sofort kommuniziert –, dann würden sie dem Bimskofener Burschenverein mal einen Besuch abstatten. Und wenn der Schwarze Block nach Bimskofen käme, Bombe lachte prophetisch, würden die Burschen mal ganz schön alt aussehen. Fink schüttelte den Kopf, zum einen, weil der Bimskofener Burschenverein es in seiner ganzen vitalen Brutalität locker mit dem Schwarzen Block aus Haidhausen aufnehmen könne. Zum anderen war in Hip-Hop-Songs auch die ganze Zeit von «Nigga» die Rede und warum sollte man dann ein Fest in Gottes Namen nicht auch «Weißbier- und Negerfest» nennen dürfen?

Das Weißbier- und Colafest in Bimskofen war eine Institution, ein Groß-Event, welches Jahr für Jahr die Kräfte des Bimskofener Burschenvereins band und deren ganze Vitalität an einem Abend im September explodieren ließ. Irgendwann in den Siebzigern hatte jemand die Idee gehabt, ein Fest zu organisieren. Das hieß: Die Halle der Freiwilligen Feuerwehr mit Bierbänken vollzustellen und so viel Bier auszuschenken, bis alle besoffen waren. Man hielt sich an das Grundrezept einer jeden Feier: Alkohol, Musik und ein ausgewogenes Geschlechterverhältnis. Experimente waren nicht nötig: Und jedes Jahr wieder wurde im Bimskofener Gemeindebrief von einem «gelungenen Fest» geschrieben.

Es gibt auf dem Land viele solcher Feste: Es gibt Weinfeste, Sonnwendfeuerfeste, Feste, die heißen wie Flüsse, Burschenfeste, Waldfeste, Glühweinfeste und Maibaumfeste. Sie alle werden vom örtlichen Burschenverein ausgerichtet. Der plant, organisiert und kümmert sich ein halbes Jahr um alles Wichtige, das mit diesem Fest zu tun hat.

Was darüber hinaus Sinn und Zweck eines Burschenvereins war, wo und wie oft sich die Mitglieder trafen und was sie bei ihren Treffen taten, wussten wir nicht. Sicher war nur: Es hatte etwas mit Biertrinken zu tun. Bis auf die Mofa-Gang waren unseres Wissens alle männlichen dialektsprechenden Bewohner des Dorfes Mitglied des Burschenvereins. Es gab große Schnittmengen mit dem Fußballverein und wer heiratete, musste den

Burschenverein verlassen. Wer nicht verheiratet war, dessen Höhepunkt des Jahres war das Weißbier- und Colafest in Bimskofen. Hier hatten sogar führerscheinlose Gesellen die Chance auf körperlichen Kontakt zum anderen Geschlecht.

Ein weiterer essenzieller Bestandteil dieser Feste ist eine Coverband. Coverbands haben Namen wie «Easy Buam», «Weißbier Angels», «Promille 3» oder eben «Peppy Cowboys». Die Musiker sind meist in den Vierzigern, tragen Schnauzbärte und Lederwesten und pflegen das Image eines rustikalen, rockigen und im Herzen wild gebliebenen Cowboys. Coverbands komponieren in den seltensten Fällen eigene Lieder. Ihre Aufgabe ist es, für die richtige Stimmung zu sorgen. Deswegen beschallen sie die Gäste mit Liedern, die diese auch noch im halbkomatösen Zustand mitgrölen können. In dieser Funktion ähneln sie am ehesten den Kapellen, die auf dem Oktoberfest in den Bierzelten spielen. Zu den beliebtesten Liedern der Coverbands zählen:

- «Who the fuck is Alice»
- «Sweet Home Alabama»
- Irgendwas von Bon Jovi, z. B. «You Give Love a Bad Name»
- Macarena
- Alles von der Spider Murphy Gang
- La Bamba
- Fürstenfeld (STS)

Irgendjemand hat den bayerischen Charakter einmal mit drei Adjektiven charakterisiert: vital, brutal, sentimental. Nirgendwo traf dies besser zu als bei den jungen, durch Fußball und Feldarbeit gestählten und durch Weißbier und Schweinsbraten kernig gefutterten Mitgliedern des Burschenvereins. Ihr

Lachen war ein Donnern, ihr Begrüßungsritual ein knochenbrechendes Schulterklopfen («Ja, servus, Toni, du oide Drecksau!»), ihr Trinkvermögen uns ein Rätsel. Jeder Satz aus ihrem Mund klang wie ein brutaler Schlachtruf («Schorschi, sauf die Maß aus! Auf ex, komm! 'zefix!»). Ihre Feste begannen sie laut lachend. Nach der zweiten oder dritten Maß kletterten sie auf die Bierbänke, grölten «Alice, who the fuck is Alice» oder «I wui wiader hoam nach Fürstenfeld». Eine weitere Maß später brach irgendwo eine Rauferei aus, meist ging es um Mädchen, die «Bine», «Ingrid», «Sylvi» oder «Zenzi» hießen. Adrenalin und Emotionen schossen durch die Adern der stiernackigen jungen Männer. Ihre Gesichter liefen rot an, flache Hände und später Fäuste klatschten mit Geschrei auf feiste Gesichter.

Sie versöhnten sich eine weitere Stunde später mit Obstlern und Williamsbirne an der Bar, und dann spielte die Coverband «Peppy Cowboys» ein Lied von STS, «Großvater» zum Beispiel. Tränen flossen, wieder klopften Hände auf Schultern, große, starke Männer lagen sich in den Armen und heulten. Andere sangen in quasireligiöser Verzückung die Zeilen:

«Grovota, kannst Du net obakumman auf an schn'n Kaffee?

Grovota, i mecht Da sov sog'n, wos i erst jetzt versteh!

Grovota, Du worst mei erster Freind, und des vergi' i nie, Grovota.»

Jemand übergab sich auf die Tanzfläche, Mädchen schrien, Männer brüllten, die Band aber spielte weiter. Und als das Fest endete, war es, als schwammen alle auf einer zähen Weißbiernährstofflösung in Richtung Elysium, mit all den Freuden und all den Leiden, ganz. Die betrunkenen Körper stolperten Arm in Arm hinaus in die kühlfeuchte Nacht. Sie fielen auf die Äcker und Wiesen, schieden Flüssigkeiten aus, schliefen ein oder wurden von Freunden in Golfs verfrachtet. Räder drehten durch in der fetten Erde, Motoren heulten über leere Landstraßen, und fast jedes Jahr zerbrach eines dieser Autos samt Insassen an einem alten starken Baum.

«20 Mark ist viel», sagte ich.

«Ich zahl keine 20 Mark für ein Rassistenfest», sagte Bombe.

«Bis 24 Uhr kostet der Alkohol nix», sagte Fink.

«Alles?», fragte Bombe.

«Ois», sagte Fink.

«Auch Schnaps?», fragte ich.

«Alles.»

Bombe ließ schließlich von dem Plan ab, die Antifa Haidhausen zu überreden, das Fest zu stürmen, und auch ich war der Meinung, dass das Ganze letztlich doch eine sinnvolle Angelegenheit sei, denn für 20 Mark könne man auf jeden Fall so viel Alkohol trinken, dass sich der Abend rentiere.

Später, in den nuller Jahren, wurden Feiern mit solchen Preiskonstruktionen als «Flatrate-Partys» berüchtigt. Medien berichteten, Politiker warnten, Eltern machten sich Sorgen über die Verrohung der Jugend. Auf dem Land aber war das Saufgelage zu einem vorher fixierten Preis seit Jahrzehnten üblich. Die sozialen Strukturen funktionierten trotzdem – oder vielleicht genau deswegen.

Es war Samstag, und ich radelte bereits am Nachmittag zu Finks Hütte in den Wald. Zusätzlich zu der abgelegenen Lage von Finks Domizil und dem erniedrigenden Faktor, dorthin radeln zu müssen, hatte sich zu dieser Jahreszeit ein weiterer Negativpunkt gesellt: Mücken. Sie lauerten an jedem Baum, unter jedem Flecken Moos, unter jedem Fetzen Baumrinde, um von dort aus ihre miesen, destruktiven Angriffe zu fliegen. Wenn man bekifft war und gerade nichts anderes im Kopf hatte, konzentrierte sich die gesamte Aufmerksamkeit auf diesen im Vergleich zum Gesamtkörper doch lächerlich kleinen Punkt, band sämtliche emotionalen Regungen und ließ keinen anderen Gedanken mehr zu als Jucken. Jucken, Jucken, Jucken. Es war, als sei man nur noch Jucken. Fink hatte sich ein Autan-Spray zugelegt, welches er dauerhaft in seiner Hosentasche aufbewahrte, um jedes Flugobjekt augenblicklich niederzusprühen. Als er so mit nacktem Oberkörper, dem Bandala auf dem Kopf und dem Autan-Spray in der Hand über den Waldboden schritt, hatte er etwas von Rambo.

Vor der baufälligen Hütte, in der Fink und Jürgen wohnten, war eine tennisplatzgroße gerodete Fläche, auf der allerhand Müll, organischer wie anorganischer Art, herumlag. Eine lange Ameisenstraße zog sich über einen faulen Baumstumpf und eine halbverrottete Feinrippunterhose hin zu mehreren leeren Plastikcolaflaschen.

Wir saßen also autanverschmiert auf einem abgesägten Baumstumpf. Gegenüber thronte Jürgen in einem rostigen Gartenstuhl, der mir Plastikriemen bespannt war, von denen nur noch einige wenige Jürgens Körper vor dem freien Fall bewahrten. Vor ihm auf dem Waldboden stand eine Flasche Pils.

«Wie kommen wir heute nach Bimskofen?», fragte er.

Das «Weißbier- und Colafest» richtete sich an alle Altersklassen. Auch an Jürgen. Jürgen nahm einen zu großen Schluck aus seiner Bierflasche. Er versuchte zu schlucken, aber das Bier schäumte bereits. Ihm blieb nichts anderes übrig, als seine Lippen zu öffnen, um den Druck in seiner Mundhöhle abzulassen. Bierschaum spritzte auf seinen Schnauzbart und sein fliehendes Kinn.

«Die ‹Peppy Cowboys› sind sehr gut, ich habe damals schon,

vor drei Jahren, nein, es muss …, das muss noch in den Achtzigern gewesen sein, oder … Auf jeden Fall war das in Hofning, wo ich sie das letzte Mal gehört habe. Die haben damals für eine Bombenstimmung gesorgt. Das könnt ihr euch gar nicht mehr vorstellen in eurem Alter, das war damals 'ne ganz andere Liga, ich sag's euch!»

Fink leckte den Klebestreifen des Joint-Papiers ab und sah Jürgen aus dem Augenwinkel an. Der wischte sich nun endlich den Bierschaum aus dem Gesicht. Ich versuchte, mir Jürgen ein paar Jahre jünger vorzustellen, allein, es gelang mir nicht. Jürgen musste ja, da er noch immer derart in den Achtzigern verhaftet war, damals genauso ausgesehen haben: also mit Schnauzbart, Vokuhila-Matte und wahrscheinlich auch mit Bierschaum im Gesicht. Nur war das damals modern gewesen.

«Vielleicht fährt uns der Schmidi.»

«Ach, der Schmidi, der kann mir gestohlen bleiben», wehrte Fink ab. Schmidi wollte, seitdem er das Auto hatte und mit Ingrid zusammen war, tatsächlich möglichst wenig mit Fink zu tun haben, wie er eigentlich überhaupt kaum mit nichtmotorisierten Menschen außer Ingrid zu tun haben wollte.

«Wir fahren mit dem Taxi», sagte Fink. «Du kannst a mitfahren, Jürgen.»

«Mit der ollen Pudel fahr ich nich', wegen der habe ich damals den Führerschein verloren. Wenn die Pudel nich' die Bullen gerufen hätte, dann säße ich heute nicht hier im Wald mit euch. Das könnt ihr wohl glauben!»

«Dann gehst halt zu Fuß, Jürgen!»

Er murrte.

Fink zündete den Joint an, paffte dreimal in den Wald und nahm einen tiefen Zug.

«Gehen wir halt alle zusammen zu Fuß», sagte Jürgen. Er

schmiss die Pilsflasche auf einen Brombeerbusch. Es klirrte, was den Schluss zuließ, dass sich dort bereits mehrere Flaschen befanden.

«Wir müssen da was gegen das Müllproblem unternehmen. Es wird zu viel langsam. Wir sollten den Abfall nicht mehr so in den Wald werfen. Auch wegen der Umwelt is' das schlecht. Ich meine, das is' Umweltverschmutzung, oder nech? Der Wald stirbt ja langsam.»

«Des san nur deine Bierflaschen», sagte Fink.

«Ne, sind es nicht, es sind auch deine Eisteepackungen.»

«Leck mich, Jürgen!»

«Pass auf, was du sagst, ja?»

«Auf jeden Fall fahre ich mit dem Taxi. Ist mir wurscht, was du für ein Problem mit der Pudel hast. Wenn du nicht mitwillst, gehst halt zu Fuß.»

«Werd ich auch machen!»

Jürgen ging in die Küche und kam mit einem neuen Bier zurück. Er schlug sich selbst ins Gesicht und fluchte über die Mückenplage.

Fink wollte unbedingt mit dem Taxi fahren, weil er es für sicherer hielt. Er sagte: «Taxis kontrollieren die Bullen nicht. Ich habe noch nie gehört, dass die Bullen ein Taxi angehalten haben. Du?» Fink hatte einen Plan: Da so ziemlich der gesamte Landkreis auf dem Weißbier- und Colafest in Bimskofen anwesend sein würde, erkannte er darin eine einmalige Absatzchance für das gerade frisch geerntete Marihuana. Er sagte, er könne nirgendwo sonst so viel in so kurzer Zeit verkaufen – Danny zahle ihm drei Mark pro Gramm, bei den Besoffenen könne er mindestens zehn Mark verlangen. Das sei so eine Art Sommerschlussverkauf zu überhöhten Preisen. Man müsse das geschäftlich sehen.

«Wenn sie dich erwischen, verprügeln sie dich. Wenn es etwas gibt, für das der Burschenverein kein Verständnis hat, dann für Menschen, die auf dem Weißbier- und Colafest Drogen verkaufen», gab ich zu bedenken.

«Die merken des doch eh ned. Ich fange erst ab 22 Uhr an, dann sind alle voll.»

«Sie werden dich lynchen, teeren und federn, dich zwingen, so viel Weißbier zu trinken, bis du kotzt. Sie können Leute wie dich eh nicht leiden.»

«Was meinst du mit ‹Leute wie mich›?»

Er stand noch immer mit nacktem Oberkörper und einem Kopftuch im Wald und hielt das Autan-Spray in der Hand.

Er packte seinen Eastpak-Rucksack mit ungefähr 200 Gramm Gras voll und hoffte, in den frühen Morgenstunden mit mindestens 2000 Mark wieder auf seiner Veranda sitzen zu können. Er ging ins Haus, hob den Hörer des beige-grauen Telefons ab, welches aussah, als stamme es aus den fünfziger Jahren, und wählte Pudels Nummer. Jürgen saß noch immer auf dem mit Plastikriemen bespannten Gartenstuhl und starrte trotzig auf die Bäume.

«Sie kommt in anderthalb Stunden, sagt sie.»

«Die könnte auch sofort kommen, wenn sie wollen würde, aber die hat gerade keine Lust», sagte Jürgen. «So ist die nämlich: egoistisch.»

«Sie sagt, sie muss noch einen Gast vom Flughafen abholen.»

«Die lügt, die alte Nazihexe!»

Die Pudel kam tatsächlich. Sie hupte, als sie am Rande der Straße angekommen war. Fink und ich stiegen ein, Jürgen blieb auf seinem Gartenstuhl sitzen. «Ich komme da schon irgendwie hin, werdet sehen. Bin bis jetzt schon überall hingekommen.»

Fink sagte zur Pudel, dass er gerade Geld von seiner Oma bekommen habe. Doch die Pudel meinte nur, das sei ihr egal. Sie fahre jeden Gast, der ordentlich bezahle, nicht besoffen sei und nicht im Auto «rumkotze». «Wenn mir hier jemand rumkotzt, fliegt er gleich raus», sagte sie.

Das Weißbier- und Colafest fand auf einer Wiese am Dorfrand Bimskofens statt. Ein Feldweg führte von der Hauptstraße dorthin. Links parkten bereits etliche Autos: Golfs, die Autos der älteren MoGaMis, alte BMWs und Polos von halbwegs alternativen Gymnasiasten, die schon den Führerschein hatten. Sogar zwei Traktoren standen dort im Gras. Der Parkplatz hatte die Größe eines Fußballfeldes und war lediglich durch ein rotweißes Baustellenplastikband abgetrennt. An manchen Stellen war der Boden bereits verschlammt, es bildeten sich Pfützen, die man aber bei Tageslicht noch leicht umgehen konnte. Vor ungefähr jedem fünften Auto standen Menschen in Lederhosen und/oder Lederjacken, tranken Bier, welches sie, wenn sie gerade nicht tranken, auf dem Dach des Autos platzierten, und lachten lauthals über Witze, die Außenstehende nicht verstanden. Weiter hinten erstreckte sich ein Maisfeld, und dahinter begann der Bimskofener Forst.

Rechts erhob sich ein gewaltiges weißes Bierzelt, welches es durchaus mit denen des Oktoberfestes aufnehmen konnte. Auf dem Dach des Zeltes prangte ein Schild, auf dem in Fraktur «Weißbier- und Colafest» geschrieben stand. Der Eingang zum Zelt war mit Absperrgittern zu einem schmalen Gang verengt, an dessen engstem Punkt zwei riesige Burschen in Lederhosen standen, die immer wieder einmal die Arme vor der Brust verschränkten und betont finster auf die wartenden, drängelnden und aufgeregten Gäste schauten. Hinter diesen beiden Hünen saß ein nett lächelndes Mädchen vor einer Kasse, steckte Zwanziger ein und drückte den Zahlenden einen Stempel auf die Hand, mit dem dieser dann an der nächsten Station ein neongelbes, neongrünes oder neonpinkes Plastikarmband erhielt, welches ihn berechtigte, an der langen Biertheke sowie den zwei Schnapsbars und der extra eingerichteten Pilsschenke kostenlos zu trinken.

«Die nehmen dir den Rucksack ab, die lassen dich auf keinen Fall da rein.»

«Und wenn sie ihn mir abnehmen, dann schaung diese Monster bestimmt auch nei und wenn dann einer erkennt, dass das Gras ist, dann heißt es wieder, jemand wollte auf dem Weißbier- und Negerfest Leute zum Haschischspritzen verführen.»

«Wir müssen den Rucksack draußen verstecken.»

Wir verließen die Schlange und begannen das Zelt abzuschreiten. Die Zeltplane war gut verzurrt, wir fanden keine Lücken und oder übersehene Schlupflöcher. Erst als wir am hinteren Ende angelangt waren, waren dort wieder Absperrgitter, die eine Kiesfläche begrenzten, auf der acht himmelblaue Dixieklos standen.

«Hier», sagte Fink. «Hier geht es.»

Er deponierte den Rucksack zwischen zwei Dixieklos direkt hinter dem Absperrgitter.

«Wenn ich ihn hierhin lege, kann ich von drinnen hineingreifen und Nachschub holen. Außerdem stehen Dealer immer vor dem Klo. Des is a guter Platz.»

Wir stapften zurück durch das noch warme Gras und stellten uns in die Schlange. Von dort hörten wir dumpf die Akkorde von «Es lebe der Sport» von Rainhard Fendrich, hinter uns standen zwei Mädchen in Dirndl, von der Seite drängten sich Bahnhofsgangster nach vorne und starrten kampfeslustig wie zwei Stiere, die gerade einen neuen unbekannten Gegner entdecken, auf die Hünen in Lederhosen am Eingang, die deren Blicke abschätzig erwiderten. Eine Gymnasiastengruppe in Rollkragenpullovern sprang aus einem VW-Bus heraus und begann sofort wie auf Kommando Zigaretten selber zu drehen. Als wir vor den Lederhosenhünen standen, meinte einer von ihnen zu Fink: «Nimm des depperte Tuch vom Kopf!»

Fink war verwirrt – was hatte der Riese gegen sein Tupac-Tuch? Er zögerte. Erst als der andere Lederhosenriese losschepperte, was Fink als Äußerung des Humors interpretierte, entschied er sich die Aufforderung zu ignorieren und zur Kassenwartin fortzuschreiten. Wir gaben ihr zwei 20-Mark-Scheine, zwei Stempel knallten auf unsere ausgestreckten Unterarme, woraufhin uns ein kleinerer Lederhosenträger ein neongelbes und ein neongrünes Plastikband um den Arm band. Wir gingen ins Zelt.

Die Coverband spielte noch nicht, auf der Bühne an der rechten Seite stand ein älterer Herr mit Schnauzbart ernsthaft auf zwei CD-Spieler konzentriert, von denen einer anscheinend die Extended-Version von «Es lebe der Sport» abspielte. Im Zelt herrschte ein erwartungsvolles Gewuhrl. Die Schlangen an den zwei Biertheken und der Pilsschenke waren noch in einer Länge, die nicht Assoziationen an kommunistische Mangelwirtschaften hervorrief. Die allesamt etwas festeren und dauergewellten Bedienungen schienen gut gelaunt zu sein, ja sie lächelten sogar manchmal, wenn sie das gewünschte Getränk überreichten oder ihnen der Huber Sepp an den Hintern griff. Längst nicht alle Bierbänke waren besetzt, und so fanden Fink und ich einen Platz, nachdem wir uns vier Wodka-Orange in Plastikbechern geholt hatten.

Die «Peppy Cowboys» wurden mit Gejohle empfangen. Der Frontman, ein Mittvierziger mit einer braungrauen Lockenmähne und einer sehr eng anliegenden schwarzen Lederhose ergriff das Mikrophon. Er sagte, dass es immer wieder eine ganz besondere Freude sei auf dem «Weißbier- und Negerfest» – die Menge jubelte – zu spielen, weil der Bimskofener von allen Burschenvereinen der lustigste sei, was er letztes Jahr besonders daran gemerkt habe, als einer der Jungs ihren im Schlamm stecken gebliebenen Tourbus mit seinem Traktor herausgezogen habe. Die Menge lachte und grölte daraufhin. Der Frontman der «Peppy Cowboys» sagte nun, dass er es ohnehin kurzhalten wolle, diese seine Rede, weil «wir ja alle da sind, um eine Gaudi zu haben», woraufhin die Menge wiederum johlte. «Und deswegen», sagte der Frontman der «Peppy Cowboys» und reckte einen Maßkrug in die Höhe, «sage ich jetzt: Auf geht's, Bimskofen, getreu unserem Motto: Fetzig! Zünftig! Vollgas! Und Prost!» Noch bevor er das letzte Wort zu Ende gesprochen hatte, erklangen die ersten Akkorde von «Sweet Home Alabama». Die Menge begann zu toben, Maßkrüge stießen aneinander, es klirrte, krachte, und alles jubelte. Das Raumschiff in Form eines Bierzeltes begann dem Diesseits zu entschweben.

Zwei Stunden später meinte Fink, er müsse jetzt an die Arbeit gehen, und stand auf. Er schwankte bereits, als er den Tisch verließ, an dem jetzt auch Bombe, Schmidi und Ingrid und Vreni saßen. Bombe hatte einen Schutzwall aus Kleinen Feiglingen vor sich errichtet, den er nun Stück für Stück einriss. «Anders kann man diese Veranstaltung nicht ertragen», sagte er.

Schmidi und Ingrid saßen eng umschlungen auf der Bierbank, vor ihnen standen zwei Halblitergläser mit Apfelschorle. Zwei Bänke weiter konnte ich die Stiernacken der Bahnhofsgangster erkennen. Özcan drückte mit seinem Rücken immer wieder gegen einen Lederhosenträger des Burschenvereins, der es freilich überhaupt nicht einsah, sich ein solches Verhalten – auf seinem Fest – von einem Fremden – einem Ausländer – gefallen zu lassen. Er drückte nun seinerseits gegen Özcans Hintern. Wie zwei Rehböcke beim Revierkampf verkeilten sich die beiderseits sehr kräftigen jungen Männer ineinander, nur dass es sich dabei nicht um das Geweih handelte, sondern um ihr Hinterteil. Özcan drückte, der Bursche drehte sich um und sagte etwas, was ich bei all dem Lärm, den die Coverband nun veranstaltete, nicht verstand. Özcan schien ohnehin auf die Worte des Burschen nicht zu reagieren, sondern blies lediglich den Rauch seiner Zigarette in dessen Gesicht. Dann drehten sich beide wieder um.

«Wenn sich die Bauern mit den Gangstern prügeln», sagte Bombe, «dann ist das in etwa so, wie wenn die Kapitalisten und die Kommunisten sich gegenseitig auslöschen und am Ende die Anarchisten übrig bleiben.» Vreni gähnte.

Tatsächlich wäre eine solcher Kampf zwischen Titanen für uns äußerst vorteilhaft – zumindest konnten wir an unserem Tisch sicher sein, nicht das Opfer der Aggression einer der beiden Gruppen zu werden. Abgesehen davon wäre eine Schlägerei zwischen Bauern und Gangstern ein grandioses Schauspiel, über welches man auf den nachfolgenden «Weißbier- und Colafesten» immer wieder anekdotisch berichten könnte. Schmidi allerdings weigerte sich, der sich nun weiter anbahnenden Auseinandersetzung auch nur einen Blick zu zollen, auch wenn Ingrid ihn immer wieder darauf hinwies, dass der Özcan, welcher ja ihr Exfreund war, jetzt «schon wieder rumfiest und Stress macht». Schmidi nahm einen Schluck Apfelschorle und sagte, dass ihm «solche Proleten scheißegal» seien.

«Gleich zieht der Özcan seine schwarzen Handschuhe an», meinte Bombe und riss eine weitere Lücke in den Wall seiner Kleinen Feiglinge.

Dann tauchte Pfarrer Stanislaus auf. In seiner rechten Hand hielt er einen Maßkrug, und in seinen Augen hinter der dicken Hornbrille war ein Schimmer Wahnsinn zu erkennen. «Kindär, machet ihr mär hier a bissärl Platz, damit ich mich sätze kann zur Jugänd.» Vreni rollte mit den Augen, rutschte aber, und Pfarrer Stanislaus ließ sich grinsend nieder.

«Warum, Kindär», fragte er, «kommet ihr so selten in dä Kirch? Ihn da, den Gritschnäder Marcäel hab i seit seinär Firmung nimmä gesähe.»

Bombe war es peinlich, in aller Öffentlichkeit auf seine Firmung im Alter von 14 Jahren angesprochen zu werden. Sie passte gerade schlecht in das Image eines echten Dorfpunks, auch wenn sie gerade zwei Monate vor seiner Punkwerdung stattgefunden hatte.

Die «Peppy Cowboys» spielten nun «Fürstenfeld» von STS – da der Sänger über keine besonders prägnante Stimme verfügte, klang das vorgetragene Stück eher nach einem sanft gewisperten Weihnachtslied. Der Menge war das egal – zwei Stunden Flatrate-Saufen entfalteten nun ihre ganze himmlische Macht: Erwachsene Männer sprangen auf Bierbänke und brüllten urschreihaft den Ruf aller Verlorenen. Sie sangen: «I wui wieda ham!» («Ich will wieder nach Hause.») Frauen strömten lachend auf die voller Bierflaschen und zerbrochenen Plastikbechern übersäte Tanzfläche vor der Bühne, klatschten mal im Takt, mal nicht, in die Hände und drehten sich im Kreis. Die Luft veränderte sich, als hätte ein gewaltiger Bursche einen riesenhaften Aufguss aus Wodka-Orange, Weißbier und Cola-Weißbier im Zelt verdunsten lassen, jeder Atemzug klebte, Jacken wurden ausgezogen, Blusen geöffnet, jemand stieg auf einen Biertisch und zog sich die Lederhose aus. Das Zelt hob ab.

Pfarrer Stanislaus leerte seine Maß und trank nun mit Bombe zusammen einen Schnaps. Er erzählte Bombe vom Sozialismus in Polen, um ihn von «seinä linkä Ideä zu kuriere» und steigerte sich dann in einen Monolog, in dem es immer wieder um «Härrlichkeit von dem Härre» ging.

Und Özcan zog seine schwarzen Handschuhe an.

Plötzlich landete ein Maßkrug auf unserem Tisch, direkt in Bombes Schutzwall aus Kleinen Feiglingen und warf noch zuvor Schmidis Apfelschorle um, der daraufhin sofort Ingrids Hand ergriff und sagte: «Wir gehen!»

Die Bahnhofsgangster standen nun ebenfalls auf den Bierbänken, allerdings nicht, um im süffigen Takt mitzuwippen, sondern um sich kampfbereit gegen die Burschen in ihren Lederhosen zu machen, von denen jeder sie um einen Kopf überragte. Özcan, der nicht größer als 1,70 Meter war, baute sich vor einem blondgelockten Kerl auf und rammte ihm seine schwarzbehandschuhte Faust in den Magen, woraufhin dieser sich zusammenkrümmte und Anstalten machte, sich zu übergeben. Einer seiner Freunde, mit kurzgeschorenen Haaren und zwei breiten Lederarmbändern am Arm, packte Özcan, umfasste dessen ganzen Oberkörper und presste den kleinen Türken an sich, so fest er konnte. Özcan lief im Gesicht rot an. Eine kleine, schwarzhaarige Albanerin mit übergroßen Kreol-Ohrringen kreischte: «Nazis! Nazis!» Özcans Cousin griff daraufhin die Bierbank an deren hinteren Ende und riss diese nach oben. Özcan und der Lederarmbandriese verloren das Gleichgewicht, und das Bündel aus den zwei ungleichen Menschen landete auf der mittlerweile feuchten Tanzfläche. Dickbusige Mädchen kreischten auf, der Inhalt eines Maßkrugs flog durch die Luft und landete auf dem weißen Hemd eines Burschen. Der stürmte nun wild brüllend auf die Gruppe der Gangster mit ihren Baseball-Caps zu. Bombe rief: «Das ist ja großartig!» Ein gutes Viertel des Zeltes konzentrierte sich nun nicht mehr auf die «Peppy Cowboys», sondern auf die Rauferei zwischen den beiden Jugendgruppen. Ein Mittvierziger in Jeansjacke und Halbglatze schrie: «Scheißtürken!», und ein betrunkener, offensichtlich an Adipositas leidender Schnauzbartträger versuchte, die Menge auf den Chor «Ausländer raus!» einzuklatschen, was ihm aber aufgrund der immer noch spielenden «Peppy Cowboys» misslang. Zwei Gymnasiasten mit Dreadlocks, die die Parole gehört hatten, sahen es nun als ihre Pflicht an, den Dicken darauf hinzuweisen, dass so etwas «absolut uncool» sei, und zitierten Adorno, was man im Bierzelt grundsätzlich nie tun sollte. Der Dicke nämlich schubste nun den Gymnasiasten, was zwar aufgrund seiner Leibesfülle unbeholfen aussah, aber nichtsdestotrotz Wirkung zeigte. Der weiße Rastafari fand sich ebenfalls auf dem Boden wieder, was eine Gruppe von Mädchen in schwarzen Rollkragenpullovern dazu veranlasste, den Dicken als «Flakhelfersau» zu beschimpfen.

Währenddessen prügelten und schlugen die Gangster und Burschen weiter wild aufeinander ein. Özcan, inzwischen wieder auf den Beinen, platzierte ein Weißbierglas auf dem Hinterkopf seines Gegners. Blut spritzte, und Blut war das Signal für alle anderen auf der Tanzfläche, mit dem Lachen aufzuhören. Die Gruppe des Burschenvereins verfügte freilich über einen Heimvorteil. Mehr und mehr stiernackige Männer in Lederhosen eilten nun herbei, um ihresgleichen zu unterstützen. Zwei Sanitäter näherten sich mit einer Trage und wollten den blutenden Hünen darauflegen. Der wehrte sich gegen die in seinen Augen unangemessene Bevormundung und verpasste dem Sanitäter eine Ohrfeige, sodass dessen Nickelbrille auf der Tanzfläche landete. Die nach allen Seiten ausschlagenden Gangster wurden nun nach und nach von mehreren Lederhosenträgern aus dem Zelt befördert, wo sie Rache schwuren und versicherten, bald mit Verstärkung in Form von Cousins und Brüdern zurückzukehren. Fink fiel mir plötzlich ein, und die «Peppy Cowboys» sangen noch immer:

«I wui wieda ham, I fühl mi a so laar, brauch koa große Welt, I wui ham nach Fürstenfeld.»

Ich schwankte ans Ende des Zeltes, dort wo die Dixieklos standen, drängte mich an torkelnden Schnauzbartträgern vorbei, wurde von einem großbusigen Mädchen angetanzt (sie fragte: «Na, wer bist jetzt du?»), machte einen großen Bogen um eine Gruppe von Lederhosenträgern und stand schließlich im Freien. Die Nacht war klar, es roch nach Erde und Moos, bis die Tür eines Dixieklos aufging. Es war der Gerlinger Sepp, und er roch wie der Teufel. In seinen Mundwinkeln hingen noch Reste Erbrochenes, er drückte sich an der wartenden Menge von Frauen und Mädchen vorbei, die angewidert zurückwich. Er ging gebückt wie eine Kröte und als er mich sah, grinste er wie ein Geschöpf, das gerade eben aus der Unterwelt an die Erdoberfläche gekrochen war.

«Dein Freund, der Junkie, den haben wir das Klo runtergespült und seine Drogen glei' mit. Wer glaubt, er kann auf den Weißbier- und Negerfest Haschisch spritzen, der hat sich geschnitten. Hhhh …»

Aus dem Gerlinger Sepp seinem Mund kam kein Wort mehr herausgekrochen, er würgte schon wieder. Jemand schrie «iihhh», und darauf fielen weitere weibliche Stimmen in den Chorus ein. Sie schrien «iiih», und der Gerlinger Sepp würgte etwas Grünes aus sich heraus.

Die Metzgerazubine aus Hofning, die an diesem Abend noch mehr nach Mett-, Hirn- und Weißwürsten aussah als sonst, fragte jetzt im selben Tonfall, wie sie sonst «Darfs a bisserl mehr sein?» fragte: «Ist da no wer drin?» Sie deutete auf das sechste der Dixieklos, das mit einem Holzbalken versperrt war und auf dessen Tür ein Zettel mit der Aufschrift «Defekt» klebte. Tatsächlich schien sich die blaue Kabine zu bewegen. Sie wippte leicht nach rechts dann nach links. Es rumpelte und wackelte.

«Da ist tatsächlich wer drin», sagte die Hellinger Sabine, eine Freundin der Metzgerazubine, die man sich ebenfalls gut als Wurstverkäuferin vorstellen konnte, aber meines Wissens in der Sparkasse von Bimskofen arbeitete.

«Des ist a Sauerei! Wir müssen uns anstellen, und da hockt jemand drin.»

«Ich stehe schon seit zehn Minuten», meinte eine weitere Frau entrüstet.

Das Dixieklo wackelte.

«Holt's den raus!», meinte ein älterer Mann in Lederhose.

«Ja, so a Unverschämtheit!», entsetzte sich die Freundin der Metzgerstochter. «Wir warten scho' ewig.»

Der Mann riss den Balken vor der Türe weg, sah, dass die Türe mit einem Strick festgebunden war, und begann daran herumzunesteln. Fluchend löste er das Seil und öffnete die Türe.

Heraus kam Fink.

Mädchen lachten, andere empfanden es noch immer in Verkennung der Tatsachen als himmelschreiende Ungerechtigkeit, dass ein junger Mann mit einem Tuch auf dem Kopf mehrere Stunden lang eines der Dixieklos blockiert hatte.

Fink sah schlecht aus. Er war blass mit einem leichten Grünstich. Er wankte und schien kaum genug Kraft zu haben, um sich auf den Beinen zu halten. Seine Augen waren kleine Schlitze, aus denen der Hass des Gedemütigten funkelte. Das Schlimmste aber war sein Geruch: Er roch wie ein von einer Hundertschaft benutztes Abort, der Chlorduft, der sich als kleine olfaktorische Note dazugesellte, brachte da keine Besserung.

«Haschischspritzer! Haschischspritzer! Die haben mich als Haschischspritzer beschimpft! Diese Idioten ham koa Ahnung ned, die wissen überhaupts ned, was sie reden. Die Saudeppen!»

Fink hatte, nachdem er eine halbe Stunde lang konspirativ vor den Dixieklos auf Kundschaft gewartet hatte, die aber entweder ihn in keinster Weise als Dealer wahrgenommen, oder, was weitaus wahrscheinlicher wahr, einfach kein Interesse an Finks Produkten hatte, den jungen Kreithmayer Schorsch, einen für sein Milieu noch recht freundlichen Novizen der Mofa-Gang, angesprochen, wie es denn ausschaue. «Wie ich ausschaue?», hatte der Kreithmayer Schorsch zurückgefragt. «Nein, ob du was brauchst», hatte Fink gesagt. Das aber verstand der junge Kreithmayer Schorsch überhaupt nicht, und es schien ihm, als ob «etwas brauchen» eine Art Provokation sei. Er entschloss sich, lieber erst den Gerlinger Sepp in dieser Frage zu konsultieren, bevor er Fink eine Antwort geben konnte. Fink schlich nun, weil er dachte, der Kunde sei bereit, eine größere Menge abzunehmen, zwischen den beiden Dixieklos hindurch, um an seinen Rucksack zu gelangen. Als er sich umdrehte, standen der junge Kreithmayer Schorsch, der Gerlinger Sepp und alle anderen bereits vor ihm, beschimpften ihn als «Drogenwrack», leerten den Inhalt des Rucksacks in das Dixieklo und sperrten Fink in selbiges ein.

«Wir müssen hier weg», sagte Fink, als wir über die Landstraße in Richtung Bimskofener Forst trotteten. «Des ist a lebensfeindliche Umwelt. Hier können wir uns ned verwirklichen. Hier ist man umgeben von ignoranten, stumpfen und groben Wesen, die überhaupts koa Ahnung haben, was da draußen in der Welt vor sich geht.»

Wir bogen in den kleinen Feldweg ein, der zu Finks Hütte führte. Grillen zirpten, ein Uhu uhute, und es roch nach süßem Harz und alter Rinde. Jürgen saß noch immer auf dem mit Plastikriemen bespannten Stuhl. Er schnarchte.

Kann er so arbeiten?

Im Keller hing eine Schwarz-Weiß-Fotografie von der Eröffnung des Geschäfts aus dem Jahr 1958. Darauf war Herr Wimmerl zu sehen, wie er mit einer Schere ein Band zerschnitt, hinter dem mehrere Dutzend Bierkästen standen. Um ihn herum war eine Gruppe von Männern in Blaumännern und Baskenmützen auf dem Kopf und applaudierte. Herr Wimmerl war auf diesem Bild ein junger hagerer, gutaussehender Mann, mit einem spitz zulaufenden Hut auf dem Kopf und einer spitz zulaufenden Brille auf der Nase. 40 Jahre, nachdem dieses Bild aufgenommen worden war, saß noch immer dieselbe Brille auf Herrn Wimmerls Nase. Jeden Morgen um 8 Uhr früh öffnete er das Tor der ehemaligen Scheune, hinter der seit Jahrzehnten seine Existenzgrundlage verschlossen war: Bier. Jeden Tag um 13 Uhr schloss er das Tor wieder für eine Stunde, um dann um 14 Uhr noch einmal bis 18 Uhr zu öffnen. Nur am Samstag schloss er bereits, wie alle anderen Geschäfte in Dingenskirchen, von dem neugebauten Supermarkt im Gewerbegebiet einmal abgesehen, um 13 Uhr. Herr Wimmerl war nun schon über 70 Jahre alt, sein Gedächtnis funktionierte nicht mehr ganz reibungslos, insbesondere, wenn es um Namen von Menschen ging (die Namen neuer Getränke konnte er sich dagegen noch gut merken). Aufgrund einer rheumatischen Erkrankung, die er aber konsequent ignorierte, ging er ein wenig steif, genauer gesagt: Er watschelte. Ansonsten aber war Herr

Wimmerl noch gut in Schuss. Das Geschäft mit dem Bier ist auf dem Land ein nie versiegender Quell von Wohlstand, und auch wenn einige zugezogene Familien ihre Getränke mittlerweile im Supermarkt im Gewerbegebiet kauften, waren die meisten Dingenskirchener ihrem Wimmerl treu geblieben.

Menschen, die nicht auf dem Land wohnen, machen sich übrigens oft keine richtige Vorstellung vom Bierkonsum der ländlichen und körperlich arbeitenden Bevölkerung: Letzterer Teil konsumiert tatsächlich täglich Mengen von Bier pro Kopf, die ausreichen würden, einen Asiaten auf die Entgiftungsstation eines städtischen Krankenhauses zu bringen. Bauarbeiter zum Beispiel trinken zwischen fünf und zehn Liter am Tag. Es geht los mit der ersten Halben zu Arbeitsbeginn, um 9 ist dann Brotzeit, die macht Durst, und bis zum Mittagessen trinkt man nochmals eine oder zwei und zum Mittagessen dann sowieso. Später mal einen Kaffee zwischendurch und weil der entwässert, auch gleich wieder Bier hinterher, und dann ist auch bald Feierabend, und da trinkt man sowieso. Das geht, weil, wer körperlich arbeitet, ist ja viel an der frischen Luft, und da schwitzt man das auch gleich wieder raus. Außerdem gehört es zur Kultur. Sagen zumindest die, die so viel Bier trinken.

Herr Wimmerls Begrüßung seiner Kundschaft folgte immer demselben Schema. Er sagte, wenn er den Kunden nicht kannte:

«Grüüüüß Gott, der Herr!» beziehungsweise «die Dame», worauf der oder die Angesprochene den Gruß erwiderte. War ihm der Käufer namentlich bekannt, rief der Wimmerl zum Beispiel: «Der Gaaaampenrieder. Grüüüüß Gott, der Herr!» Wimmerl fragte daraufhin: «Waaaas hätten wir denn gerne?»

Der Kunde äußerte seinen Wunsch, zum Beispiel einen Kasten «Augustiner Hell», worauf Herr Wimmerl diesen Wunsch wiederholte und dabei die Vokale so weit wie möglich in die Länge zog. Er sagte: «Eiiiiiiiinen Kasten Auuuuuugustiner, der Herr», und machte sich augenblicklich humpelnd auf den Weg ins Lager, um dem Kunden seine Ware zu überreichen. Herr Wimmerl war von einer sehnigen Kraft, die man zwar seinem Körper nicht ansah, aber spürte, wenn er einem die Hand drückte. Zwei volle Bierkästen gleichzeitig zu tragen, fiel ihm noch immer leicht, wenn auch nicht mehr so leicht wie 1958. Herr Wimmerl brauchte Hilfe. Und ich brauchte Geld. Als ich mich vorstellte, deutete Herr Wimmerl auf meine viel zu weiten Hosen und sagte:

«Kann er damit arbeiten?»

Ich sah mich um, aber außer mir und ihm war niemand in der feuchten, nach altem Keller riechenden Scheune mit all den Bierkästen.

«Nicht, dass er stolpert, wenn er die Bierkästen trägt!» Ich sah nochmals umher, aber da war wirklich niemand außer uns beiden. Vielleicht meinte er mich, vielleicht auch nicht, ich war mir nicht sicher und beschloss, zur Sicherheit ebenfalls von mir in der dritten Person zu sprechen. Ich sagte zum Wimmerl:

«Er kann das schon, und wenn es gar nicht gehen sollte, dann hat er zur Not auch noch eine andere Hose.»

«Er soll beim Arbeiten besser gleich die andere Hose tragen», sagte der Wimmerl. «Ich will nicht, dass er sich hier verletzt.»

«Ihm wird schon nix passieren.»

«Ist er sich da mal nicht so sicher. Versichert ist er übrigens auch nicht, damit er das weiß.»

Später wurde mir klar, dass Herr Wimmerl mit seinen Mitarbeitern ausschließlich in der mittlerweile etwas aus der Mode gekommenen Dienstbotenanrede sprach. Kein einziges Mal sprach er mich mit «Du» oder «Sie» an. Ich war «er» für ihn.

Herr Wimmerl verkaufte Bier, Wasser, Limo und Spezi nicht nur an die Dingenskirchener, sondern belieferte eine Reihe von Wirtschaften im Landkreis, von denen einige wenige auch schon 1958 existiert hatten. Um die Ware ausliefern zu können, beschäftigte Herr Wimmerl drei Bierfahrer, deren Job darin bestand, morgens um 7 einen 7,5-Tonner-LKW mit Paletten voller Bier- und Wasserkästen zu beladen und am Nachmittag mit Leergut zurückzukehren.

Die Bierfahrer waren etwas einfache, aber sehr geerdete Menschen. Manche, viele von ihnen kamen gerade aus dem Gefängnis und suchten nach einer einfachen, körperlichen Beschäftigung, für die man keine Qualifikation brauchte. Sie waren sehr freundlich, fast schon sanftmütig, wie nur Geläuterte sein können. Die körperliche Arbeit pazifizierte sie. Viele sahen den Beruf nur als Durchgangsstation, denn das Gehalt war schlecht. Herr Wimmerl zahlte nicht mehr als 1200 Mark im Monat. Die Bierfahrer des Herrn Wimmerl aber hatten das Problem aller Bierfahrer: Sie tranken. Jeder Bierfahrer, der mehr als zwei Kästen in eine bayerische Wirtschaft hineinschleppte, wurde vom Wirt augenblicklich auf einen Schnaps eingeladen, und damit der Schnaps besser lief und man auch noch den Durst löschen konnte, trank er dazu noch ein Bier. Bei vier bis acht solcher Stationen kam also einiges zusammen. Bei Herrn Wimmerl arbeiteten, als ich dort anfing, drei Bierfahrer: der Toni, der Tom und der Mani.

Mani hieß eigentlich Manfred, kam aus Stuttgart und

schwäbelte. Zwar gab er sich immer wieder Mühe, bairisch zu sprechen, allein es gelang ihm nicht, all die weichen Sch-Laute des Schwäbischen zu verbannen. Für Herrn Wimmerl, Tom und Toni war glasklar: Der Mani, der war ein Fremder, einer, der sich hier nicht so gut auskannte, ein Zugereister, ein Ausländer. Vor allem der Toni erwartete von Mani die Unterwürfigkeit und Anpassungshaltung des Neuangekommenen. Die zu leisten, sah der Mani aber überhaupt nicht ein, schließlich lebte er nun schon seit sieben Jahren im Umland von München. Er trieb sich in denselben Kneipen («Bei Gerti») herum, trank das gleiche Bier und lachte über dieselben Witze.

Tom hatte das Gefängnis vor einem halben Jahr verlassen, in dem er wegen Diebstahl gesessen hatte, weil er wegen Spielschulden tatsächlich die Sparkasse von Girnbling, einem Ort irgendwo hinter Bimskofen, ausgeraubt hatte. Jeden Tag nach Dienstschluss um 15.30 Uhr holte ihn seine Lebensgefährtin, die Susi, ab. Die Susi war Friseurin in Hofning, hatte spitze, rosalackierte Fingernägel, schwarze, auftoupierte Haare und galt in ihren Kreisen als Schönheit. Susi und Tom hatten sich bei einem Rüscherl bei der Gerti kennengelernt. In der Jukebox war «Du entschuldige, i kenn di» von Peter Cornelius gelaufen, und die Susi hatte, so erzählte sie, auf der Stelle gewusst, dass der Tom «ein ganz ein lieber ist». Sie rauchten beide eine Zigarette, Tom eine H&B, Susi eine Marlboro 100 Light. Tom machte einen Witz über Toni, dann stiegen beide in einen kleinen Fiat Punto, in dem ein Dutzend Stofftiere herumlagen, und fuhren davon.

Der Toni war ebenfalls im Bau gewesen. Nur wollte er mir nicht erzählen, weshalb. «Saudumme Geschichten halt», antwortete er, wenn ich ihn danach fragte. Der Toni hatte schulterlange blonde Locken, war hager und trotz des Blaumannes sehr gutaussehend. Der Toni sagte Sachen wie: «Am Wochenende habe ich eine kennengelernt, die war der Wahnsinn, kaum älter als du. 16 vielleicht.» Oder: «Weißt, ich komm bei Frauen einfach so gut an, weil ich witzig bin und mir etwas trau.» Und wenn der Toni schlecht drauf war, weil ihn vielleicht ein Mädchen verlassen hatte, dann sagte er Sätze wie: «Bei jeder Frau lernst du etwas dazu! Auch ich, selbst ich lern noch etwas dazu!»

All das erzählte mir der Toni, während wir zusammen leere Bierkästen durch die Gegend schleuderten, die letzten Reste des Getränks über unsere Handschuhe liefen und sich ein malziger Geruch verbreitete. Herr Wimmerl schrie aus dem Keller: «Tut er ruhig mal nicht so viel parlieren, sondern mehr arbeiten!»

«Wird gemacht, Chef», rief der Toni zurück und fügte hinzu: «Aber Chef, das müssen Sie mir zugestehen: Ich bin jeden Tag schneller als der Mani!»

Und tatsächlich rollte der 7,5-Tonner vom Mani immer erst dann ein, wenn der Wagen vom Toni bereits leer geräumt war.

«Mani», schrie dann der Toni, «wo warst denn wieder? Hast wieder beim Granthuber einen Obstler getrunken? Schau her, ich bin schon fertig.»

Der Mani wurde daraufhin sauer und fühlte sich verarscht, denn er hatte noch immer das dünne Fell eines Neuankömmlings, der unbedingt dazugehören will, aber gerade weil er es so unbedingt will, von den Einheimischen immer auf Abstand gehalten wird. Er sagte, dass «des ned wahr is, denn i henn halt eine andre Route gehabt als er, der Toni».

Der Toni aber hatte sein Ziel schon erreicht: Der Mani fing unter Stress wieder an zu schwäbeln und war damit reif für weitere Spottattacken. Nachdem der Toni den Mani genug verarscht hatte, klopfte er ihm schließlich lachend auf die Schulter, sagte, dass er ja wohl doch einen Spaß verstehe, woraufhin der Mani erwiderte, selbstverständlich verstehe er Spaß. Genau in dem Moment, als sich der Mani nicht mehr ganz so fremd fühlte, nahm der Toni eine leere Bierflasche, in dem sich noch ein kleiner Rest Flüssigkeit befand, schlich sich an den Mani heran und schüttete ihm das ranzige Bier über die Hose. Der Mani quiekte wie ein Kaninchen und trat nach dem Toni. Der konnte sich vor Lachen nicht mehr halten und versteckte sich hinter einer Palette alter Bierkästen. Schließlich hörte der Herr Wimmerl den Lärm, kam aus seinem Kabuff heraus und rief: «Sind die beiden jetzt besser still und tun sie den LKW entladen!»

Körperliche Arbeit hatte einen eigenartigen Effekt auf mich. Zum einen wuchsen mir durch die Kastenschlepperei tatsächlich so etwas wie Muskeln, sodass ich manchmal vor dem Badezimmerspiegel stand und poste. Ich war außerdem an der frischen Luft und auch wenn ich mir Mühe gab, genauso viele Zigaretten wie die drei Bierfahrer zu rauchen, war das immer noch gesünder, als in Finks Hütte vor sich hin zu qualmen. Ich arbeitete mehrmals die Woche nach der Schule von 14 Uhr bis 18 Uhr, und nach dieser Zeit war ich angenehm müde, wie ich es sonst nur nach sehr langen, anstrengenden Skateboard-Nachmittagen gewesen war. Aber wir fuhren kaum mehr Skateboard, es machte überhaupt keinen Sinn, in einem Dorf wie Dingenskirchen Skateboard zu fahren. Schmidi fuhr ausschließlich mit seinem Auto, und Fink verließ seine Hütte im Wald nur noch, um Geschäfte zu tätigen, und ließ sich dann meistens von der Taxi-Pudel abholen. Alleine aber wollte ich nicht fahren, und näher an die Stadt heranzukommen, dorthin, wo all die guten Skater angeblich waren, war viel zu umständlich.

Die Arbeit bei Herrn Wimmerl war also die einzige körperliche Frischluftbetätigung, die ich so hatte. Nach getaner Arbeit um 18 Uhr hätte ich gerne noch ein Bier getrunken und mich vor den Fernseher gesetzt, aber das ging nicht, weil 17-Jährige mit Bier vor dem Fernseher in jedem Akademikerhaushalt nicht gehen.

Zum anderen hatte ich auf einmal Geld. Ich war nicht mehr auf das Taschengeld und Finks Spenden angewiesen. Herr Wimmerl zahlte pro Stunde zehn Mark. Dazu kamen an guten Tagen noch ein paar Mark Trinkgeld freundlicher Kunden, denen ich ihre Ware in den Kofferraum gestellt hatte. Ich verdiente also in der Woche über 100 Mark – ein Vermögen für einen 17-Jährigen. Ich geriet in einen eigenartigen Strudel der Zufriedenheit – zum ersten Mal, seitdem wir den Vogelkäfig zertreten hatten. Ganz allmählich schrumpfte das Aufbegehren, die Unzufriedenheit, der ganze Widerstand gegen das klägliche Landleben abseits der wirklichen Welt, und etwas anderes wuchs stattdessen. Es war kein überschäumendes Glücksgefühl, eher ein sachtes Anfreunden mit den Gegebenheiten. Die Straßen waren bereits leer, als ich die verschwitzten Handschuhe auf den alten Kühlschrank legte, meine Daunenjacke anzog und in den Keller zu Herrn Wimmerl ging, der mir 40 Mark aushändigte. Nur ein paar Pendler kehrten von ihrer Arbeit in der Stadt in ihre Doppelhaushälften nach Dingenskirchen zurück. Meine Muskeln entspannten sich, ich war ausgelastet. Die weiten Hosen, auf die Fink und ich so stolz gewesen waren, kamen mir immer lächerlicher vor, und Finks Tupac-Verehrung erschien mir langsam unangebracht zu sein, etwas daneben, so als würde man sich anstatt eines Gartenzwerges eine Buddha-Statue in den Garten stellen. Solange ich bei Herrn Wimmerl Bierkästen schleppte, schienen die Dinge irgendwie am richtigen Platz zu sein. Ein blauer Augustiner-Kasten gehörte auf die Palette zu den anderen blauen Augustiner-Kästen, ein gelber Silenca-Limo-Kasten gehörte zu den anderen gelben Silenca-Kästen, weiße und gelbe Limo aber voneinander getrennt. Das war die natürliche Ordnung, an die sich Toni, Mani, Tom, Herr Wimmerl und ich hielten. Alles andere war vollkommener Blödsinn.

Und noch etwas begann sich zu verändern. Meine Reputation unter den Dorfbewohnern verbesserte sich langsam. Es dauerte einige Monate, doch dann fiel mir auf, dass mich die Bäckerin beim Semmelkauf freundlich angrinste und auf der Straße der ältere, stets grantige Hausmeister der Grundschule plötzlich lächelnd grüßte. In der nächsten Zeit steigerte sich diese ungewohnte Freundlichkeit zu einem Eindruck, den man wohl am besten als Akzeptiertsein bezeichnet. Denn jeder Dorfbewohner, dem ich mehr als einmal einen Kasten Bier in seinen Kofferraum stellte, wurde mir wohlgesinnt. Ich wurde von einer haschischspritzenden, weite Hosen tragenden Persona non grata zu einem brauchbaren Mitglied der Dorfgemeinschaft.

Es war ein Mittwochnachmittag, als ein schwarzer Golf GTI auf dem kleinen Hof des Getränkemarktes Wimmerl hielt. Die beiden Lastwägen waren bereits fertig entladen. Tom hatte mit seiner Freundin eine Zigarette geraucht und war dann in den kleinen Fiat Punto mit den vielen Kuscheltieren gestiegen und abgerauscht. Mani hatte sich krank gemeldet («Schau, Chef, der Mani, der hält nix aus!», hatte der Toni zum Herrn Wimmerl gesagt), und Toni stand noch im Büro vom Herrn Wimmerl rum und diskutierte mit ihm über irgendetwas. Der Golf parkte mit so hoher Geschwindigkeit rückwärts ein, dass ich zur Sicherheit ein paar Schritte in die ehemalige Scheune zurückwich. Eine Türe öffnete sich, und aus dem Auto drang ein Gemisch aus kaltem Zigarettenrauch und Vanille-Duftbaum – eine perverse Kombination, die mich an Solarium und Goldkettchen denken ließ. Das Autoradio spielte auf voller Lautstärke «Jump» von Van Halen. Als der Fahrer es leiser drehte, hörte ich von unten Herrn Wimmerl irgendwas schreien, das ich nicht verstand, aber das war normal. Mir schwante, dass ich nun gleich vom Gerlinger Sepp ein weiteres Mal erniedrigt werden würde, indem er mich nötigte, ihm einen Kasten Bier in seinen verfickten Golf zu stellen. Aber in dem Auto saß nicht der Gerlinger Sepp, es war Schmidi.

«Servus, wie geht's?», sagte er, ohne mich dabei anzusehen. Stattdessen steckte er seinen Kopf abermals in das Wageninnere und fragte seine Beifahrerin etwas. Es war Ingrid.

«Ich brauche einen Kasten Silenca weiß», sagte er, «und ich hab voll wenig Zeit.»

Ich zog meinen verschwitzten Arbeiterhandschuh aus, um ihm die Hand zu geben, aber Schmidi winkte ab.

«Lass mal, ich habe echt wenig Zeit, und außerdem habe ich mir gerade eben die Hände gewaschen. Ingrid steht nicht drauf, wenn ich Dreck an den Fingern habe. Ist aber nicht persönlich gemeint. Stell mir den Kasten einfach hinten rein, ja? Ich geh in der Zwischenzeit zum Wimmerl runter bezahlen.»

Schmidi lief die Treppe hinunter, und ich warf einen missgünstigen Blick in Richtung des Beifahrersitzes. Ich stapfte in die kühle Scheune, zog einen Sinalco-Kasten vom Stapel und wuchtete ihn mit einer Hand in den Kofferraum des Golfs, aus dem es immer noch infernalisch nach Proletentum und Nagellack mit Steinchen stank. Ich zündete mir eine Zigarette an und hörte von unten Herrn Wimmerl sein Mantra aufsagen:

«Grüüüüüß Gott, der Herr! Waaaaas hätten wir den gerne? Eiiiiiiinen Kasten Sinalco weiß. Macht sieben Mark und sechzig, der Herr.»

Schmidi kam im Laufschritt die Treppen nach oben gerannt.

«Warum zum Teufel kaufst du Limo?»

«Hey, ich habe echt wenig Zeit, wir fahren jetzt gleich zum Segmüller und kaufen Vorhänge ein. Lass uns mal telefonieren die Woche, ja?»

«Vorhänge? Für was?»

Schmidi zündete sich jetzt ebenfalls eine seiner Marlboro Medium an.

«Du weißt es noch gar nicht, was? Habe ich dir das gar nicht gesagt? Na ja, wir sehen uns ja auch echt selten zur Zeit. Ich wollte euch noch Bescheid sagen: Ingrid und ich ziehen zusammen!»

Meine Zigarette fiel mir aus den Fingern, die immer noch in dem verschwitzten und halbzerfetzten Handschuh steckten. Ich musste den Handschuh ausziehen, um die brennende Zigarette vom Boden aufzuheben.

«Ihr zieht zusammen? Spinnt ihr? Ich meine, wohin denn?»

«Nach Hofning, wir haben da eine wirklich gute Wohnung gefunden, zwei Zimmer, Bad und Küche, kostet nicht viel. Schau doch mal vorbei, also jetzt noch nicht, aber wenn wir eingerichtet sind. Ingrid übernimmt das alles, du weißt ja, wie Frauen sind, die wollen immer alles bestimmen, wenn es um solche Sachen geht. So läuft das halt. Irgendwann muss man ja erwachsen werden. Wirst du bestimmt auch noch sehen. Aber wie gesagt, ich muss jetzt echt los.»

Er stieg mit seiner Marlboro Medium in den Golf zu Ingrid und dem Duftbaum. Van Halen dröhnte wieder, der Motor ging an, und Schmidi war weg.

Er war nicht in die Stadt gezogen, er hatte dem Vorort nicht den Rücken gekehrt, er hatte sich für ein Leben in der Ödnis entschieden, für die Mittelmäßigkeit, für ein Leben auf dem Land. Damals konnte ich mir nichts Grausameres vorstellen.

«Hat er die Bierkästen schon ins Lager hineingeräumt?», rief Herr Wimmerl von unten.

Schlafende Kühe weckt man nicht

Als ich ein kleiner Junge war, fünf oder sechs Jahre alt, schickte mich mein Vater jeden Abend mit einer Mark zum Bauernhof am Ende der Straße, um einen Liter Milch zu holen. Der Weg führte an einem haushohen Misthaufen vorbei. Ein monströses Gerät, eine Art mechanisierte Schaufel, baggerte den Kuhmist am Fuße des Berges hinauf zur Spitze. In einer kleinen Kammer stand eine dicke Bäuerin mit einem Kopftuch und einem Kittel. Ihre Hände waren rau und kräftig, ebenso ihre Gesichtshaut. Sie roch würzig. Die Milch wurde aus großen Schüsseln in einen kindshohen metallenen Behälter geschüttet, in dem irgendetwas mit der Milch geschah, was ich mir damals nicht erklären konnte. Die Flüssigkeit dampfte, und ein fetter, süßer Geruch war in der Luft. Frischer konnte Milch nicht sein, sie war weder pasteurisiert noch homogenisiert, noch sonst irgendwie behandelt. Fliegen schwirrten um den stämmigen Körper der Bäuerin herum, ließen sich auf ihrem Gesicht nieder, von wo sie verscheucht wurden, um gleich darauf einen neuen Landeversuch zu starten. Wortlos schöpfte die Bäuerin mit einer Plastikschale die dampfende Milch in die Kanne hinein, die ich mitgebracht hatte. Ich überreichte ihr ein Markstück. Sie ließ es in die Seitentasche ihres Kittels fallen. Anschließend ging sie zurück in den anliegenden Kuhstall, aus dem sporadisch dumpfes Muhen herausklang. Die volle Kanne wog schwer, und es war nicht einfach auf meinem Rückweg, nichts davon zu verschütten. Abend für Abend, Woche für Woche, Jahr für Jahr pflegten die Bäuerin und ich diese Geschäftsbeziehung. Im Winter dampfte die kleine Milchküche noch mehr als im Sommer, und der Mistberg, zwar mit Eis überzogen, schien in der Kälte und Dunkelheit noch bedrohlicher. Im Sommer stank der Berg dafür stärker, und die Bäuerin in ihrem Kittel roch noch würziger. Nie sprachen wir ein Wort, immer füllte sie die Milchkanne und ließ das Markstück in ihrem buntgemusterten Kittel verschwinden.

Die Kühe in Dingenskirchen hatten nicht alle ein gutes Leben. Zumindest nicht, wenn man davon ausgeht, dass zu einem guten Kuhleben auch Wiesen und ein gewisses Maß an Bewegungsfreiheit gehören. Den Winter verbrachten alle Kühe natürlich im Stall – in Reih und Glied aneinandergekettet, vor ihnen eine Rinne, in die die Bauern das Futter schmissen, hinter ihnen eine Rinne, in denen sie den Mist hineinschissen. Regelmäßig wurde ein metallenes Gerät an ihr Euter angeschlossen, um ihnen die Milch abzuzapfen, die ein großer Laster dann abholte.

Nur selten bekamen die Kühe von Dingenskirchen Gras zu essen. Stadtkinder denken ja, Kühe würden auf einer Alm stehen und immerzu Gras kauen, es hinunterschlucken, wieder hinaufwürgen und abermals kauen und so den Tag verbringen. Aber die meisten Kühe im Umland der Stadt kriegen anstatt Gras kleingedrechselten Mais. Keine Maiskörner, sondern Blätter, Stiele, Kolben, alle Teile der Pflanze durchgeschreddert und zu einer graugrünen Masse verarbeitet. Es gab Bauern in Dingenskirchen, die ihre Kühe auch im Sommer im Stall hielten und ihnen die Maispampe vor die Schnauze kippten. Das war billiger und machte weniger Arbeit. Andere, wie der Bauer Kreithmayer, führten ihre Viecher im Sommer auf eine eingezäunte Wiese und überließen sie sich selbst.

Das knöchelhohe Gras war bereits feucht vom nächtlichen Tau und unsere Hosenbeine und Schuhe durchnässt. Fink hatte sein Tupac-Tuch dieses Mal nicht um den Kopf, sondern wie ein Bandit um Nase und Mund gebunden. Der Mond schien, aber wer der romantischen Vorstellung anhängt, im silbernen Licht dieses Trabanten könne man in der Nacht irgendetwas sehen, der irrt. Der Mond ist ungefähr so hell wie eine müde Straßenlaterne in 300 Meter Entfernung. Wir kauerten mit nassen Füßen hinter einem Gebüsch und sahen auf die Weide des Bauern. Hinter dem elektrisch geladenen Drahtzaun standen und lagen sie und dämmerten in ihrer gemütlichen Dumpfheit vor sich hin.

«Was ist, wenn wir einen Stier erwischen statt einer Kuh?», fragte ich.

«Da gibt es keine Stiere auf der Wiese. Stiere gibt es heute nur noch auf Besamungsstationen. Wenn der Kreithmayer ein Kalb will, bringt er seine Kuh dahin, und der Stier bespringt sie. Kein Bauer ist so blöd und lässt das noch natürlich erledigen.»

«Was ist, wenn die Kuh aufwacht?»

«Die schlafen alle im Stehen. Wir müssen nur schnell sein. Wir schleichen uns erst ran, so bis auf etwa 20 Meter. Dann nehmen wir Anlauf und werfen uns gleichzeitig auf die Kuh drauf. Wenn die Kuh kapiert, was los ist, sind wir längst schon wieder hinter dem Zaun.»

«Und das funktioniert wirklich?»

«Es geht, ich habe noch einmal nachgefragt.»

«Bei wem?»

«Bei einem Kumpel, dem sein Onkel ist Bauer. Er hat gesagt, es kommt darauf an, dass wir die Hüften von dem Viech treffen – und zwar mit voller Wucht. Dann klappt es. Und falls einer von euch jetzt Mitleid oder so was kriegt – das macht der

Kuh überhaupt nichts aus. Für die Kuh ist das in etwa so, wie wenn ich dir Wasser übers Gesicht schütte, während du schläfst. Lustig also.»

«Welche Kuh sollen wir nehmen?», fragte ich.

Die Kuhwiese des Kreithmayer war so groß wie ein Fußballplatz. In der Dunkelheit konnte ich etwa 20 braun-weiß gefleckte Kühe erkennen. Die meisten hatten sich zu kleinen Gruppen zusammengefunden und kauerten auf dem Boden. Andere aber standen tatsächlich regungslos auf der taufeuchten Wiese.

«Warum schlafen manche im Stehen und andere nicht?», fragte ich Vreni.

«Das hat etwas mit dem sozialen Status zu tun. Die rangniedrigen Tiere müssen alleine schlafen, die dürfen nicht zur Gruppe.»

«Das heißt, wir schmeißen die schwächsten Tiere um?»

«Kann man so sagen. Die fallen auch leichter um, weil sie natürlich nicht so kräftig sind wie die anderen. Ich weiß, ist ein bisschen fies, weil es wieder mal auf die Schwachen geht, aber so ist das halt in der Natur. Das ist die natürliche Auslese.»

Ein gewaltiges «Muh» unterbrach Vreni und hallte über die Wiese hin zu den Bäumen, hinter denen wir auf der Lauer lagen. Für einen Moment war alles still. Keiner rührte sich.

«Verdammt, was war des? Des war doch a Stier. Da is no a Stier auf der Weide!», flüsterte Fink.

«Das war kein Stier, es war eine Kuh. Aber das hat nichts zu bedeuten. Kühe muhen manchmal im Schlaf. Das ist vollkommen normal. Als der Huber Andi damals im Stall stand und die Kuh gefickt hat, haben die auch gemuht, obwohl sie geschlafen haben.»

«Er hat eine Kuh gefickt?»

«Es ist nicht so lange her, muss vor ein paar Jahren gewesen sein. Er war mit meinem Bruder in der Klasse.»

«Der Huber Andi? Der Coole von der Bushaltestelle?»

Der Huber Andi war ein paar Jahre älter als wir und konzentrierte seine ganzen Kräfte darauf, möglichst so auszusehen wie Tom Cruise in «Top Gun». Das hieß: Er trug, wann immer es die Lichtverhältnisse irgendwie zuließen, eine Sonnenbrille oder kniff die Augen zu kleinen Schlitzen zusammen. Der Huber Andi maßregelte Fünftklässler, wenn ihm diese im Schulbus zu laut wurden. Er packte sich einen von ihnen, sah ihn mit seinen kleinen Schlitzaugen an und sagte dann ganz langsam und deutlich: «Du – hör auf!» Der Fünftklässler fing daraufhin an zu weinen.

«Der Huber Andi hat eine Kuh gefickt?»

«Er hat eine Wette verloren. Er schlich sich in den Stall vom Kreithmayer, seine Freunde kamen mit und haben zugeschaut. Der Huber Andi nimmt sich einen Hocker, weil sonst kommt er ja nicht richtig ran von hinten. Er stellt sich auf den Hocker, lässt die Hosen runter und will einzipfeln. Der Kuh ist das ja egal, die spürt bei so was nichts. Aber gerade als er anfangen will, geht plötzlich das Licht im Stall an. Die Kühe muhen los, und plötzlich steht der alte Kreithmayer vor ihm und bedroht ihn mit einer Mistgabel. Der Huber Andi schafft es gerade noch, seine Hose anzuziehen, und läuft weg. Der Kreithmayer ist ihnen dann noch eine Zeitlang mit der Mistgabel hinterhergerannt und hat ‹Sodomist!› gebrüllt, aber sie konnten ihm entwischen. Stimmt wirklich, ich kenne einen, der dabei war.»

«Pfui Deibel, ich würde nie eine Kuh ficken. Nie im Leben!», sagte Fink. «Was glaubst, wie des stinkt.»

«Dann lieber ein Schaf», sagte Bombe. «Wenn ich es mir aussuchen müsste.»

«Der Trick bei einem Schaf ist: Du musst seine Hinterbeine in Gummistiefel stecken», erklärte Vreni.

«Warum denn das?», flüsterte Bombe.

«Damit es nicht weglaufen kann. So machen das die Schäfer. Hat mir mal einer erzählt. Das ist die gängige Methode.»

«Ficken alle Schäfer ihre Schafe?», fragte ich.

«Natürlich! Die sind monatelang mit ihren Schafen alleine. Die drehen durch, so lange ohne Frauen. Außerdem haben sie eine sehr intensive Beziehung zu ihren Schafen. Schafe sind sehr freundliche Tiere.»

«Ich mag hier weg», sagte Fink. «Ich mag nicht meine Jugend unter Tierfickern verbringen.»

«Wir ficken die Kuh ja nicht, wir schmeißen sie nur um», sagte Vreni.

Sie zeigte auf ein Tier, das in etwa 50 Meter Entfernung abseits einer Gruppe stand und sich tatsächlich nicht rührte. Es war keine besonders dicke Kuh, eher eine Mischung aus Kalb und Kuh, zwar genauso groß wie die anderen, aber schlanker.

«Das ist eine schöne Kuh. Wir nehmen die.»

Vreni stand auf und kroch als Erste aus dem Dickicht zwischen den Bäumen hervor. Sie stakste wie ein Storch durch das taufrische Gras. Mit einer hektischen Armbewegung bedeutete sie uns, ihr zu folgen. Vor dem Zaun zog sie sich einen gelben Gummihandschuh über und hob damit den elektrisch geladenen Draht an, sodass wir drunter durchschlüpfen konnten. Wir standen auf der Weide. Graue hügelartige Gestalten zeichneten sich in unregelmäßigen Abständen ab. Es roch herb nach Tier und Erde. Vorsichtig suchten unsere Ohren nach einem Geräusch, doch es blieb still.

Vreni gab Fink den Gummihandschuh. Er sollte den Draht anheben, wenn wir drei von der Wiese flüchteten. Beim Gehen hoben wir die Füße so weit wie möglich, um nicht zu rascheln. Da stand sie, die Kuh. Ihr Kopf hing seitlich herab. Sie sah friedlich aus, geradezu gutmütig. Wir gingen ein Stück nach links, um die Kuh seitlich erwischen zu können.

«Wir rennen auf drei los und drücken dann mit ausgestreckten Armen zu. Sobald sie umgefallen ist, laufen wir zurück zum Fink.»

Wir postierten uns. Bombe kauerte sich sogar wie ein Sprinter vor dem 100-Meter-Lauf auf den Boden.

«Eins», flüsterte Vreni.

Muuuuuuh.

Jemand hatte gemuht. Eine Kuh hatte gemuht.

«Ein Kuh hat gemuht», sagte Bombe. «Was jetzt?»

«Nichts, nichts. Das hat nichts zu bedeuten. Es kam von da hinten.»

Trotzdem zögerten wir. Vielleicht hatte dieses Viech auch gemuht, weil es uns gerochen oder gehört hatte.

«Eins», flüsterte Vreni.

«Zwei.»

Schon wieder. Schon wieder dröhnte ein Muhlaut über die Weide. Bombe zitterte, und ich begann zu schwitzen.

«Was ist, wenn die das Zurückmuhen anfangen? Vielleicht geht jetzt ein Rangkampf los oder so etwas?»

Wir warteten. Tatsächlich muhte keine Kuh zurück, es blieb still. Unser Opfer schien das Muhen zu ignorieren, nur ein ganz kleines bisschen schwenkte ihr Riesenschädel nach links. Auch in der Kuhansammlung rechts von uns rührte sich nichts.

«Eins», flüsterte Vreni.

«Zwei.»

«Drei.»

Wir rannten los. Wir sprinteten, so gut es ging, durch das

Gras. Nicht zu schnell, um nicht auszurutschen. Unser Ziel bewegte sich nicht. Es nahm uns gar nicht wahr. Noch fünf Meter. Wir sprangen. Meine Schulter krachte gegen etwas Warmes, das ein wenig nachgab. Ich fiel ins Gras.

Ein gewaltiger Urruf schallte über die Weide. Er kam tief aus dem Inneren eines Lebewesens.

Wir lagen im Gras. Die Kuh stand über uns. Sie bewegte sich. Sie muhte. Panik ergriff mich. Eine Kuh aus der Gruppe muhte zurück. Dann muhte die Opferkuh wieder. Sie drehte sich zu uns herum. Wir mussten weg. Plötzlich ertönten von allen Seiten gewaltige Muhrufe. Es muhte von hier und von dort, mal lauter, mal leiser. Aber alles dröhnte vor Muh. Wir rappelten uns auf und rannten. Die Opferkuh war uns auf den Fersen. Fast hatten wir den Zaun erreicht. Aber Fink, der eigentlich hier auf uns warten sollte und uns mit dem Gummihandschuh eine schnelle Flucht durch den Elektrozaun ermöglichen sollte, hatte selbst Angst bekommen und lief weg. Ein Stromschlag rüttelte meine Eingeweide und Knochen durch. Fink rannte in Richtung Bäume. Ich schrie. Die Kuh muhte. Die ganze Kuhherde war aufgewacht und muhte markerschütternd. Auf der anderen Seite der Weide, dort wo der Hof der Kreithmayers stand, ging das Licht an. Bombes Kopf streifte beim Hindurchschlüpfen den Draht. Sein Iro schoss in die Höhe.

«Wos is da los?», brüllte der Bauer Kreithmayer. Am anderen Ende der Wiese ging Licht an. Wir rannten an den Bäumen vorbei, über eine Wiese. Das Muhen wurde leiser, aber da war ein Motorengeräusch. Scheinwerfer gingen an. Der Kreithmayer fuhr auf seinem Traktor in Richtung der Baumgruppe. Wir liefen, keuchten, röchelten. Hinter der Wiese lag ein Maisfeld. Wir zogen die Arme schützend vor unser Gesicht und stürzten uns in das Maisfeld. Es half nichts. Die rauen Maisblätter kratzten unser Gesicht auf. Wir liefen weiter, immer tiefer in das Maisfeld ein. Wir verloren die Orientierung. Nur das hektische Rascheln der Blätter verriet uns, wo der andere war.

Als ich glaubte, in der Mitte des Maisfelds angekommen zu sein, setzte ich mich. Leise noch konnte ich das Muhen der Tiere hören. Viel lauter aber war das Motorengeräusch des Kreithmayer-Traktors. Er stand vor dem Maisfeld, seine Scheinwerfer leuchteten in die Pflanzen hinein. Ich wartete und gab mir Mühe, leise zu atmen.

«Sodomisten-Saubuam!», rief der Kreithmayer. Eine Viertelstunde verging, in der der Kreithmayer vor sich hin fluchte und das Muhen der Kühe immer leiser wurde. Dann wurde der Motor wieder lauter. Der Kreithmayer drehte ab.

Ich fand Vreni ein paar Maisreihen weiter eine Zigarette rauchend.

«Die Kuh hat sich nicht einen Zentimeter bewegt.»

«Wir hatten die falsche Technik. Wir hätten die Kuh nicht mit der Schulter anspringen dürfen. Habe ich doch gleich gesagt.»

Nachtrag:
Beim «Cow Tipping», also dem Umschmeißen von Kühen, handelt es sich laut der Meinung mehrerer Experten um einen Mythos. Eine ausgewachsene Kuh wiegt zwischen 700 und 800 Kilogramm. Für einen einzelnen Menschen ist es demnach unmöglich, ein erwachsenes Rindvieh umzuwerfen. Andere schließen wiederum nicht aus, dass es prinzipiell möglich ist, eine Kuh zu Fall zu bringen: Die Zahl der dafür benötigten Personen schwanke zwischen zwei und fünf. Allerdings müssen diese die Kuh an der richtigen Stelle treffen, und die Kuh dürfe sich dabei nicht bewegen.

Dass Kühe im Stehen schlafen, ist ebenfalls falsch. Kühe schlafen – anders als Pferde – im Liegen. Allerdings kommt es vor, dass die Tiere im Stehen dösen, was dann als echter Schlaf gedeutet wird. Verschiedene Experten gehen davon aus, dass eine dösende Kuh die Angreifer frühzeitig bemerken und ihnen ausweichen würde.

Trotzdem behaupten immer wieder Jugendliche aus ländlichen Gegenden, sie hätten im alkoholisierten Zustand eine Kuh zu Fall gebracht.

Bombes Versprechungen

Bombes Kopf lehnte an der grauen Plastikwand. Sein Mund stand offen. Die Deckenlampe erleuchtete seine Mundhöhle. Aus seinem linken Mundwinkel rann ein Speichelfaden. Ab und zu gab er einen intensiven Grunzlaut von sich, der klang, als hielte man einem schnarchenden Opa kurz die Nase zu. Er schüttelte sich, wachte aber nicht auf und bemerkte auch nicht das immer länger werdende Rinnsal aus Speichel in seinem Gesicht. In der rechten Hand hielt er noch immer eine Zigarette, die bis auf den Filter herabgebrannt war. Kurz hinter dem Ostbahnhof hatte Bombe in einem letzten revolutionären Akt noch einmal auf alles geschissen und sich in der S-Bahn eine Zigarette angezündet. «Punx not dead!», hatte er gesagt und sich auf den harten Sitz fallen lassen. Die Zigarette brannte an einem Ort, an dem Rauchen verboten war, aber das störte niemanden, denn außer Bombe und mir befand sich niemand in der S-Bahn. Der Lindwurm raste mit zwei Passagieren in Richtung Vorstadt. Bombe zog einmal daran, er zog auch noch ein zweites Mal, dann fiel sein Kopf in die Position, in der er sich noch immer befand, seine Kinnlade krachte nach unten, und nach und nach sammelte sich die Spucke in seiner Unterlippe, bis das Fass sozusagen vollgelaufen war und das Rinnsal über Bombes Gesicht zu laufen begann.

Bombe sagte oft «scheiße», öfter als Fink sowieso, aber auch öfter als Schmidi, der zumindest, bevor er mit Ingrid zusammengekommen war, verdammt oft «scheiße» sagte. «Scheiße», «geil» und «krass» waren die Wörter, die genügten, um unsere Welt zu beschreiben. An diesem Abend sagte Bombe besonders oft scheiße. Und er hatte recht. Es war alles scheiße, da gab es nichts zu beschönigen. Dabei hatte alles ganz gut angefangen.

Nach dem Desaster auf dem Weißbier- und Colafest war uns allen klar, dass es so auf keinen Fall weitergehen konnte. «Ich verschwende meine Jugend», sagte Fink, als er auf dem zerfledderten Gartenstuhl saß und in den Wald starrte. «Was sollen unsere Kinder mal von uns denken? Hm? Und unsere Enkel?» Fink bezog sich nicht etwa auf seinen lukrativen Handel mit illegalen Drogen. Er meinte etwas anderes. «Was ist, wenn sie uns fragen: Opa, wie war des damals in New York, als Hip-Hop erfunden wurde? Wie war die Jugend in Peking, als die alles vollbauten? Wo warst du, als alle nach Berlin gezogen sind? Ach, okay, Opa, du warst in München, na ja, immerhin, soll ja schee gewesen sein damals vor 70 Jahren. Wie, ach? In der Stadt warst du gar nicht? Du hast auf dem Land gelebt? In Dings … was? In Dingenskirchen? Des gibt's heute doch gar nicht mehr! Dort hast du deine Jugend verbracht, obwohl die Welt um dich herum explodiert ist? Opa, wie warst du denn drauf? Wir verstehen schon, du warst ja erst 17, da konntest du nicht einfach nach Shanghai ziehen. Aber dass du es nicht mal nach München g'schafft hast, des ist echt traurig, Opa … Wir dachten immer, unser Opa, der hätte was g'macht aus seinem Leben!»

Fink sah in eine Runde fragender Gesichter. «Versteht ihr? Des werden die uns fragen! Die werden von uns wissen wollen, wo wir damals gewesen san. Und wir können ihnen nur antworten: Auf dem Weißbier- und Negerfest in fucking Bimskofen!»

Jürgen schüttelte seinen Kopf und holte Luft. Er wollte etwas sagen, entschied sich aber dagegen. Stattdessen ließ er Bombe, Fink und mich alleine und holte sich ein Bier. Der Wind fuhr durch die Nadelbäume, und irgendwo stieß ein Kuckuck seinen urigen Ruf in die Spätsommerluft.

Finks Worte waren drastisch gewählt, und ihm hingen die Ereignisse des Weißbier- und Colafests noch nach. Aber er hatte natürlich mit allem, was er sagte, recht. Uns lief die Zeit davon. Wir vergeudeten unsere besten Jahre zwischen Nadelbäumen, Misthaufen und Mofa-Gangs. Es würde noch mindestens eineinhalb Jahre dauern, bis einer von uns den Führerschein und ein Auto besäße. Bis dahin musste sich etwas ändern. Nur was?

«In Hofning ist doch auch nichts los», sagte ich.

«Hofning, Hofning», sagte Fink. «Des ist derselbe Schmarrn in grün! Ich wui ned nach Hofning. Wir müssen in die Stadt!»

«Nach München?»

«Nach Minga!»

«Wie kommen wir dahin? Und vor allem: Was machen wir da?»

«Gehen wir halt ins 99», sagte Bombe, der die ganze Zeit noch überhaupt nichts gesagt hatte.

Das 99, er sagte «Neindinein», trage seinen Namen, weil es dort bis 24 Uhr sowohl Zitronen- als auch Erdbeerlimes für 99 Pfennige gab. Man könne sich also für relativ wenig Geld ordentlich einen ansaufen. Zudem liege das «Neindinein» im Untergeschoss des S-Bahnhofs Isartor, man könne also direkt von der S-Bahn dort hineingehen, ohne auch nur Gefahr zu laufen, sich irgendwo in der Stadt zu verlaufen. Denn sich in der Stadt zu verlaufen und dann einen Stadtbewohner nach dem Weg fragen zu müssen, erschien uns allen als Inbegriff der Peinlichkeit. So wäre jeder Vorortbewohner sofort als kulturloses Landei enttarnt. Natürlich gab es noch Dutzende andere Dinge, die selbiges vermochten und vor denen wir uns hüten mussten:

- an der Bar ein «Rüscherl» bestellen, denn ein Rüscherl war eindeutig ein Landgetränk
- Dialekt sprechen
- Bars, Clubs und Jugendzentren nicht kennen
- die falschen Schuhe
- die falsche Frisur
- die Lokalität früher verlassen müssen, um den letzten Bus von Hofning zu erwischen, und das seinem Gegenüber, im peinlichsten Fall einem Gegenüber weiblichen Geschlechts, mitzuteilen, also sagen zu müssen: «Entschuldige, ich muss jetzt gehen, weil sonst erwische ich den 12-Uhr-Bus von Hofning nach Dingenskirchen nicht mehr.»
- überhaupt erwähnen, dass man in Dingenskirchen wohnt
- erklären müssen, wo Dingenskirchen liegt

«Ich war da schon oft», sagte Bombe. Fink und ich staunten, denn bis jetzt kannten wir den Gritschneder Marcel nur von der blauen Hochsprungmatte in Dingenskirchen, der Pfarrheimparty in Hofning und dem Wald zwischen Dingenskirchen und Bimskofen. Es gab Gerüchte, dass der Gritschneder Marcel auch gar kein echter Punk war. Vreni und er kannten sich schon seit dem Kindergarten, und sie hatte erzählt, dass der Gritschneder Marcel das aufgeräumteste und sauberste Zimmer von allen habe und seine Mutter sogar seine Socken bügele und er in der Schule immer alles mit zwei verschiedenen Farben unterstreiche, er also gar kein richtiger Punk sei. Auf jeden Fall über München hatte der Gritschneder Marcel alias Bombe nie etwas gesagt. Trotzdem waren das großartige Neuigkeiten, denn für uns bedeutete das: Wir hatten einen Führer! Jemanden, der uns einerseits ganz konkret den Weg ins 99 zeigen konnte und andererseits uns auf essenzielle Verhaltenskodizes aufmerksam machen konnte.

«Ich kenne auch den Türsteher», sagte Bombe. «Das heißt, wir können länger als 12 Uhr drinbleiben. Ich habe mit dem mal gesoffen, nachdem wir uns zu zweit auf einer Anti-Nazi-Demo mit acht Bullen geprügelt haben. Seitdem kontrolliert er meinen Ausweis nicht.»

«Aber dann erwischen wir den 12-Uhr-Bus nicht!», wandte ich ein.

«Wir fahren auch nicht mit dem 877er heim. Wir bleiben, bis der Laden zumacht, und nehmen dann die erste S-Bahn!»

«Wir bleiben die ganze Nacht?», fragte ich sicherheitshalber nach.

Bombe grinste und nickte.

Heute denke ich, dass Bombe oft gelogen hatte. Es waren keine Lügen, um jemanden bewusst in die Irre zu führen oder sich selbst in ein besseres Licht zu rücken. Bombe war jemand, der bewusst oder unbewusst eine große Freude am Lügen hatte, sie selbst aber gar nicht als solche empfand. Er war ein phantasievoller Mensch, der sich gerne in komplexe Welten hineindachte. Er fand eine große Freude am Erfinden und Erzählen von scheinbar unglaublichen Geschichten. Der Übergang von seiner lebhaften Phantasie zur bewussten, irreführenden Lüge war fließend. Er meinte das nicht böse, er konnte gar nicht anders. Die richtige Strategie im Umgang mit Bombe war, ihn nicht hundertprozentig ernst zu nehmen und sich von ihm und seinen Geschichten unterhalten zu lassen. Nur wussten wir das damals nicht.

Fink trug über seinem Kopftuch auch noch ein Baseball-Cap, das er leicht schief aufgesetzt hatte, sodass darunter das Tuch noch immer hervorlugte. Er hatte ein weißes T-Shirt an und eine blaue Baggy. Dazu trug er breite Turnschuhe, von denen einer ein Loch hatte, dort wo Finks großer Zeh war. Auf seinem Rücken trug er einen Eastpak-Rucksack, in dem er tatsächlich seine Glasbong verstaut hatte. Alle seine Kleidungsstücke waren sauber und gepflegt, und ich war wieder erstaunt darüber, wie es ihm gelang, in einer Hütte im Wald zu hausen und gleichzeitig alles sauber und ordentlich zu halten. Selbst die Klamotten der Türken und Albaner am Bahnhof waren nicht gepflegter. Ich hatte eine beige, ebenfalls sehr weite Hose an und einen schwarzen Kapuzenpulli. Wir trafen Vreni und Bombe im Bus, sie waren in Bimskofen eingestiegen. Bombe hielt eine Flasche Bier in der Hand und prostete uns zu. Fink und ich kauften uns am Bahnhofskiosk ebenfalls Bier. Fink fragte, ob man im Neindinein kiffen könne, worauf Bombe gar nicht erst einging.

Wir träumten von Stadtmädchen, wunderschönen, faszinierenden, interessanten Geschöpfen, während draußen in der Abenddämmerung die Schilder der S-Bahn-Stationen an uns vorbeizogen. Etwas lag in der Luft, etwas Großes. Es war ein Versprechen auf eine grandiose, verzauberte Nacht, auf gute Menschen zwischen unzähligen Stadtlichtern, um die sich für einen Moment alles dreht. Es war ein Versprechen auf ein richtiges Leben!

Vreni sagte, wir sollen uns mal locker machen.

«Ich kenn dich nicht», sagte der Mann in der schwarzen Lederjacke. In seinen beiden Ohren baumelten daumengroße silberne Ringe und ein etwas kleinerer durchbohrte seine Nasenscheidewand. Er sah aus wie ein wütender Stier auf der Weide des Bauern Kreithmayer. Sein Kopf war kahl. Wir standen seit gefühlten 80 Minuten in einer genervt plappernden Menschenmasse, die nach einer Mischung aus Erdbeer-Parfüm, Zigarettenrauch und Schweiß roch. Im Zwei-Minuten-Takt öffnete sich die schwere Tür, dessen Wächter der Stiermann war, und spie ein zwei, drei leichtbekleidete, nassgeschwitzte Menschen aus.

«Klar kennst du mich!», sagte Bombe.

«Nee», sagte der Stiermann und verschränkte die Arme vor der Brust. Er war einen Kopf größer als Bombe.

«Doch, doch!»

«Nee.»

«Na sicher doch. Und das sind meine Freunde.»

«Hau ab!»

«Von der Nazi-Demo letztes Jahr, wo wir uns mit den Bullen geprügelt haben!»

«Ich bin kein Nazi, du Arsch!»

«Nein, das meine ich doch nicht, das …»

«Hau ab. Jetzt!»

Der Stiermann war laut geworden, und mehrere seiner Stierspeicheltropfen waren in Bombes Gesicht gelandet. Er schlug nicht zu, aber schob den Gritschneder Marcel deutlich mit einem Anabolika-Stahlarm aus der Schlange heraus. Ein rothaariges Stadtmädchen hinter uns quietschte. Sie begrüßte den Stiermann mit zwei Küsschen rechts und links, sagte: «Servus, Andi!», und verschwand in dem dampfenden Inneren.

«Wir können uns ja nochmals anstellen», sagte ich. «Vielleicht hat er vergessen, wer wir sind, und lässt uns dann rein.»

Das war natürlich eine blöde Idee, denn wir waren ja gerade eine halbe Stunde in der Schlange gestanden.

«Das ist echt unglaublich», sagte Bombe. «Acht Bullen! Er

und ich haben gegen acht Bullen geschlägert! Und wir haben sogar gewonnen. Die Bullen kamen von allen Seiten, und wir haben einen nach dem anderen umgehauen. Ich schwöre das! Und der kann sich nicht mehr an mich erinnern. Das ist doch unglaublich. Wenn Männer einmal zusammen so etwas erlebt haben, dann sind sie doch Freunde fürs Leben, oder? Findet ihr nicht? Das schweißt doch zusammen. Und jetzt tut dieses Arschgesicht so, als kennen wir uns nicht. Ich sag's euch: In diesen Scheißladen gehe ich nie wieder. Diese Penner kriegen mein Geld nicht. Nie wieder setze ich einen Fuß in dieses Loch!»

«Fahren wir halt heim und rauchen was», schlug Fink vor.

«Aber dann war alles umsonst», rief ich. Alles, die Fahrt, die Aufregung, die Hoffnung, die halbe Stunde in der Schlange mit diesen Stadtmädchen und Stadtjungen. Jetzt nach Hause zu fahren, käme einer Kapitulation gleich. Wir würden in unsere Heimat zurückkehren, ohne uns je der Schlacht gestellt zu haben. Feiglinge, die sich vor einer wichtigen Prüfung gedrückt hätten. Idioten, die sich in einer Stadt nicht zurechtfinden können.

«Wir können nicht zurück», sagte ich. «Wir können jetzt unmöglich zurück. Das ist eine wichtige Grundsatzentscheidung, vor der wir stehen. Wenn wir jetzt aufgeben, dann werden wir für immer in der Provinz versauern. Wir werden wie Schmidi alle Ingrids des Dorfes heiraten, einen Golf GTI fahren und in einer Dachgeschosswohnung bei unseren Eltern wohnen, bis wir genug auf eine Doppelhaushälfte oder ein Reihenhaus angespart haben, und dann werden wir Kinder kriegen, und die Kinder werden älter werden und anfangen, sich zu langweilen und zu kiffen und denken, dass es hier draußen in Dingenskirchen sowieso scheiße ist, und dann werden sie wieder resignieren und in ihren Dachgeschosswohnungen neue Kinder mit neuen Ingrids machen, und dieser Kreislauf wird sich für immer und ewig wiederholen. Wenn wir ihn nicht jetzt, jetzt heute, in diesem Moment durchbrechen, verstehst du?»

«Fahren wir halt nach Schwabing», sagte Vreni. Sie kenne da eine Metal-Kneipe. Fink versicherte, wenn da nichts los sei, dann würde er auf jeden Fall nach Dingenskirchen zurückfahren und was kiffen.

Auf dem Weg nach Schwabing faselte Bombe ununterbrochen, dass er es nicht verstehen könne, wieso der Andi ihn nicht mehr erkannt habe.

Schwabing war gut. Es sah sehr nach Stadt aus. Die Leopoldstraße in München ist natürlich ein Ort, der am Jüngsten Tag irgendwo zwischen dem dritten und vierten Kreis der Hölle landen wird. Alles war eitel. Überall blinkte etwas. Türken lehnten die Ellbogen aus dem Fenster ihrer neuen Autos, in Straßencafés saßen Frauen vor Eisbechern und Cocktails. Ab und an dröhnte Musik aus einer Kellertreppe ins Freie. Vor uns lag eine Welt, die wir schon sehr deutlich sehen konnten. Nur der Schlüssel fehlte noch, um wirklich hineinzukommen. Aber wir würden ihn finden, wir waren da optimistisch.

Der Schlüssel war golden und hatte die Form eines geschwungenen «M». Er passte überall auf der ganzen Welt. Einen kosmopolitischeren Ort konnte es gar nicht geben. Seit zwei Jahren kursierte im Landkreis das Gerücht, ein McDonald's würde bald in Hofning eröffnen. Niemand wusste etwas Genaues, aber immer wieder erzählte jemand, es sei wahr, der McDonald's würde kommen. Es gab Tage, an denen setzten wir unsere ganzen Hoffnungen darauf, dass dieses Gerücht wahr war. Hier gab es mehr McDonald's-Filialen, als wir Chicken McNuggets essen konnten.

Es gab keinen besseren Ort, als seine Freizeit zu verbringen, als mit guten Freunden Erdbeer-Milchshakes zu trinken und die Gurkenscheiben aus den Cheeseburgern an die Fensterscheiben zu werfen, wo sie nämlich – zur großen Belustigung aller – kleben blieben.

Die Pommes leuchteten golden, das Salz klebte an unseren Fingern, und das Papier, in dem die Cheeseburger verpackt gewesen waren, raschelte sanft. Bombe schob sich ein Chicken McNugget in den Mund und war noch immer dabei, die Schmach an der Tür zu verdauen.

«Wenn ich ihn das nächste Mal sehe, tue ich einfach so, als kenne ich ihn nicht», sagte er, während sich die Masse, die einst Teil eines Huhns gewesen war, mit der Barbecue-Dip-Sauce in seinem Mund zu einem Brei vermischte.

«Reg dich nicht auf», sagte ich. «Jetzt ist ja alles gut. Hier ist es einfach großartig. Wir sind in der Stadt, endlich passiert etwas, also ich meine, überhaupt irgendetwas.»

Vor der Tür fing gerade ein Gruppe Jugos Streit mit irgendwelchen Passanten an. Ein kleiner Jugo, er sah aus wie zwölf, schubste einen Skater, während ein sehr großer, kräftiger Typ in Bomberjacke hinter dem Kleinen stand und darauf wartete, dass der Skater zuschlug. Das war alles unglaublich aufregend.

«Wie in Hofning am Bahnhof: Mofa-Gang gegen Gangster», sagte Fink.

«Nein, nein. Schau doch mal, die Typen, die sind keine Mofa-Gang, das sind Skater. Und auch die Jugos sehen irgendwie anders aus. Irgendwie cooler, echter vielleicht. Findest du nicht?»

Fink schüttelte den Kopf.

«Mir ist das hier zu stressig. Ich fahr jetzt heim.»

Fink stand tatsächlich auf und stopfte sich den Rest seines Cheeseburgers auf einmal in den Mund.

«Du gehst jetzt? Warum?», fragte Bombe, aus seinen Mantras herausgerissen.

Fink nickte. Er ließ sich auf keine Diskussion ein, er reichte uns die Hand und verschwand. Durch die Fensterscheibe sah ich, wie Fink geschickt die Menge umschiffte.

«Aber vorher wollte er doch noch unbedingt weg von Dingenskirchen in die Stadt», sagte Vreni.

Wir zuckten mit den Schultern.

«Wenn dieser Idiot nicht so getan hätte, als würde er mich nicht kennen, dann wären wir jetzt schon ganz woanders.»

«Woanders?»

«Bei Mädchen zum Beispiel, bei richtigen Stadtmädchen. Hier in der Stadt ist den Mädchen egal, ob man einen Führerschein hat und welches Auto man fährt. Bei denen hier zählt der Charakter, nicht der Golf. Ein Gerlinger Sepp hätte hier in der Stadt überhaupt keine Chance.»

Bombe stopfte sich ein weiteres Nugget in den Mund, tunkte es diesmal nicht in die Barbecue-, sondern in die orangene Sauce.

«Wir könnten welche ansprechen.»

«Lieber nicht. Am Ende blamieren wir uns ja noch.»

Ich nahm eine Gurkenscheibe zwischen Daumen und Zeigefinger und spielte mit dem Gedanken, sie an die Scheibe zu werfen. Aber irgendetwas stimmte mit der Stimmung nicht, deswegen ließ ich es sein.

Bombe schob ein weiteres Nugget in seinen Mund, kaute kurz darauf herum und schob es dann mit zwei Fingern noch tiefer in seinen Mund hinein.

«Es ist jetzt kurz nach elf. Den 877er schaffen wir eh nicht mehr.»

Ich nahm die labberige Gurkenscheibe in den Mund und schluckte sie hinunter.

Wir gingen. Die Jugo-Türken-Gruppe stand noch immer rauchend und kehlig lachend vor der Tür, die Skater waren verschwunden. Wir beeilten uns, aus ihrem Wirkkreis zu verschwinden, und gingen zurück auf die Leopoldstraße.

Ein Cabrio-Fahrer hupte laut und schrie irgendeinen Satz zu jemanden, der in einen Straßencafé saß.

«Was ist, wenn wir die zwei dort vorne fragen, ob wir uns dazusetzen können?»

«Auf keinen Fall, am Ende warten die auf zwei Typen. Das gibt nur Ärger.»

«Wir können in eine Disco gehen.»

«Das kostet Eintritt.»

Unser Geld war so gut wie aufgebraucht, und Fink, der Einzige, der noch flüssig gewesen wäre, war nicht mehr hier. Von den letzten Euros kauften wir uns an einem Kiosk sechs Flaschen Bier.

Es war zwei Uhr geworden. Die letzte S-Bahn hatte vor einer halben Stunde die Stadt verlassen. Die nächste fuhr in zweieinhalb Stunden. Wir hatten noch zwei Flaschen Bier und nichts erlebt. Wir waren müde.

«Ihr könntet die da vorne ansprechen», sagte Vreni und deutete auf eine Frau in einem schwarzen Kleid. Vreni war übrigens schwer genervt.

«Die ist alleine. Und außerdem mindestens 40.»

Im Gegenzug deutete Vreni auf zwei Mädchen, die an einer Ampel standen. Eine von ihnen war rothaarig, sie hatten in etwa unser Alter.

«Rothaarig geht auf gar keinen Fall.»

Plötzlich lief Vreni die Treppe zur U-Bahn hinunter und war verschwunden. Sie sagte nicht einmal «ciao» oder irgendwas.

«Wo ist sie hin?», fragte ich.

Bombe hatte aber auch keine Antwort.

«Ist sie sauer?»

Wir wussten es nicht und beratschlagten stattdessen weiter, welche Mädchen wir nun ansprechen könnten. Vor allem aber, welche Mädchen wir nicht, also auf gar keinen Fall, ansprechen könnten.

Die Ausreden, die wir uns gegenseitig vortrugen, waren immer fadenscheiniger geworden.

«Hätte dieses Arschgesicht vor dem 99 nicht so getan, als würde er mich nicht kennen, wären wir jetzt längst woanders», sagte Bombe noch einmal, und dann sprachen wir für lange Zeit nicht mehr.

Als die S-Bahn endlich einfuhr, war ich bereits eingenickt. Bombe rüttelte mich am Arm und bot mir den letzten Rest aus der Bierflasche an. Es schmeckte fahl wie der Speichel einer 80-Jährigen. Ich spuckte aus. Bombe zündete sich eine Zigarette an. Wir standen auf und ließen uns auf die harten Sitze der S-Bahn fallen. Bis Hofning waren es etwa 30 Minuten. Als ich das erste Mal aufwachte, sah ich den Spuckefaden aus Bombes Mund herauslaufen. Als ich das zweite Mal aufwachte, sah ich die Lichter des Bahnhofs Hofning an uns vorbeirauschen. Das war verdammt ärgerlich. 20 weitere Minuten später waren wir an der Endstation in Hirschberg angelangt, wo die S-Bahn umdrehte. Und weitere 100 Minuten später fuhr die S-Bahn auf der anderen Endstation ein. Es dämmerte, und es war, als seien wir in einer Endlosschleife gefangen.

Ein Marterl mehr

Ich hätte gerne geweint. Aber es ging nicht. Sosehr ich auch nach einer Regung in mir suchte – ich stieß immer nur auf eine gallertartige Mischung aus Gleichgültigkeit und Fassungslosigkeit, die mich lähmte und mich alles stumm ertragen ließ, als sei dies nicht die Wirklichkeit, sondern ein langweiliger Film, ein Theaterstück, in dem ich nur der Zuschauer war. Ich fror auf der kalten und harten Holzbank. Die Anwesenden waren zu einer schwarzen Masse aus dunklen Lodenjankern, Anzügen und dicken Mänteln geworden. Auf einer Kanzel stand der Pfarrer, und hinter ihm lag eine Landschaft aus barockem Prunk. Gold, Marmor, buntglasiertes Holz. Über allem prangte ein prachtvolles Deckengemälde, das irgendwelche biblischen Szenen darstellte. Ein katholisches Kaleidoskop, in dem einzelne Strukturen zu einem großen Ganzen verschwammen. Ein alter Wunsch überkam mich, mit der klappbaren Kniebank vor mir herumzuspielen, sie nach oben und wieder nach unten zu klappen, das gepolsterte Leder anzufassen, mich vielleicht sogar, einfach so zum Spaß, daraufzuknien. Doch die Reihe, in der ich saß, war voll, und am Ende saßen schwarzgekleidete Erwachsene, die mir dies als pietätlos auslegen würden.

Vor acht Jahren war ich das letzte Mal an diesem Ort gewesen. Manchmal, wenn der Religionsunterricht für uns wenige evangelischen Kinder ausfiel, wurden wir zu den Katholiken geschickt, und manchmal gingen wir auch mit ihnen in die

Kirche von Dingenskirchen, erbaut, das hatte ich mir gemerkt, im selben Jahr, in dem Christoph Kolumbus Amerika entdeckt hatte, 1492. Damals hatte ich zum ersten Mal diese eigenartige Knievorrichtung gesehen und mich gewundert, für was sie gut war. Ich versuchte, sie nach oben zu klappen, aber der Kreithmayer Schorsch, ein katholischer Klassenkamerad, hinderte mich daran, indem er mit seinem Fuß die Bank nach unten drückte. Ich versuchte es wieder, dieses Mal mit Schwung. Der Kreithmayer Schorsch grinste und trat mit der ganzen Kraft eines Achtjährigen auf die Bank. Es tat einen lauten Knall, und Pfarrer Stanislaus, er erschien mir wie eine Gestalt aus einer längst vergangenen Zeit, nannte mich ein «Heidenkind, dem anscheinend jäda Respekt vor de Hausä Gottes fehlä». Ich bekam es mit der Angst zu tun vor diesem rauen, grauen Mann. Doch Pfarrer Stanislaus wandte sich sogleich dem Kreithmayer Schorsch zu, der «es ja als rächtgläubigä Katholik, der kurz vor seiner heiligen Erstkommunion stäh, viel bässa wissä müsse. Was seinä Papa wohl sagä tät, wenn sä erfahrä, dass die kleinä Schorschi im Hausä Gottes Schabernack treibt?». Der kleine Kreithmayer Schorsch fing an zu weinen.

Es war derselbe Pfarrer Stanislaus, der nun in einem Singsang sprach, wie ihn nur Priester der katholischen Kirche beherrschen. Er stammte aus Polen und war noch vor der Wende in den Westen gekommen, wo ihn die Kirche mit offenen Armen empfing, weil er dazu beitrug, die klerikalen Nachwuchsprobleme zu lösen. Selbst im katholischen Oberbayern wollten nicht mehr viele junge Männer Pfarrer werden.

«Früh ist är von uns genomm wurdä.» Seine Worte hätten hart geklungen, doch schwammen sie auf dieser Sopran-Säusel-Melodie. «Su früh, denk wir. Abä», er machte eine Pause. «Nur dä Härr im Hemmel wäiß, wann de Seit gekomme is.»

Ein Schluchzen ging durch die Reihen. Männer raunten, seufzten, drückten weinende Frauen an sich. Ich sah mich so unauffällig wie möglich um. Vorne in der ersten Reihe saßen die Erwachsenen, ich erkannte ein Mädchen mit blonden Haaren, es musste Ingrid sein. Meine Gedanken blieben nur kurz bei ihr, dann schweifte mein Blick weiter. Die meisten der Anwesenden waren Erwachsene, manche kannte ich vom Dorf, andere hatte ich noch nie gesehen. In der fünften Reihe auf der anderen Seite des Schiffs saß der Gerlinger Sepp mit zwei weiteren Gang-Mitgliedern. Eine Reihe vor ihnen erkannte ich Dieter, den riesigen Wirt der Sportlerheim-Pizzeria. Ganz Dingenskirchen war hier versammelt.

«Är, dä Michäl, war nicht alt, denn ich wäs noch gut, wie är gekomme is zu mir zu dä heilige Kommunion. Där Michäl war a gutes Mitglied der Gemeinschaft gewäse. Doch oft ruft där Härr de Juuungen zu sech.»

Ich verschränkte die Arme und blickte zu Boden. Gab es keinen Weg, dieses Trauerspiel abzukürzen? Wer hatte etwas davon? Musste man trauern? Konnte man nicht einfach weitermachen? Sagen: Schade, also wirklich verdammt schade, aber was bringt diese Veranstaltung jetzt hier, in dieser alten, kalten Kirche mit ihrem Zwiebelturm aus dem Jahr 1492? Waren Beerdigungen überhaupt nötig?

«Eine Kirche betrete ich nicht», hatte Vreni gesagt. «Ich bin schließlich Satanistin!» Fink und ich hatten versucht, Vreni das auszureden. Denn bloß weil sie Death Metal höre, heiße das ja noch lange nicht, dass sie auch rituell Hühner schlachte. «Trotzdem», sagte Vreni. «Ich kann es nicht mit meinem Musikgeschmack vereinbaren, eine Kirche zu betreten.» Fink meinte, dann solle sie eben vorher etwas kiffen, das sei doch auch irgendwie eine Form des Protests.

Fink saß neben mir mit seiner dicken, schwarzen Daunenjacke. Eine ältere Frau drehte sich zu uns nach hinten um und deutete auf seinen Kopf. Fink verstand nicht, fasste sich aber an die dicke Wollmütze auf seinem Kopf. Wieder deutete die Frau auf seinen Kopf, machte eine Wischbewegung mit der Hand. Fink zuckte mit den Schultern. «In der Kirche», zischte die Frau, «nimmt man die Mütze ab!»

Vrenis Augen waren rot und glasig. Sie sagte, sie werde nur wegen alter Freundschaft dieses Haus betreten, aber anschließend eine Cannibal-Corpse-Platte hören und einen Regenwurm essen, um sich zu reinigen.

Sie saß links neben Fink am Ende der Holzbank und rieb sich die Augen. Sie schniefte. Weinte sie? Konnte sie weinen? Es sah zumindest danach aus. Sie trug wie immer nur schwarze Sachen, hatte aber ihr Black-Sabbath-T-Shirt unter einer Bluse versteckt.

«Als unsär Härr Jäsuus zu seinen Jüngerrrn sprach», fuhr der Pfarrer Stanislaus fort.

Aus Vrenis Ecke kam ein eigenartiges Geräusch, eine Art Grunzen. Ich sah zu ihr hinüber. Sie blähte die Backen auf, ihr Gesicht lief rot an. Sie sah aus wie ein Albino-Kaninchen. Verdammt, sie sah aus wie ein Kaninchen!

«Förchtet eich nicht! Mächt auch ich allen sagen: Förchtet eich nicht!»

Die Luft aus Vrenis Backen entwich ruckartig. Doch sofort atmete sie wieder ein, stoppte ruckartig und blähte abermals die Backen auf. Das ging auf keinen Fall. Sie musste sich zusammenreißen. Vreni hatte die Ellbogen auf die Knie abgestützt und starrte den kalten Fliesenboden an. Ich sah, wie sie schnell und stoßweise aus und ein atmete. Bombe flüsterte Fink zu, er solle Vreni sagen, sie solle sich jetzt zusammenreißen und sich auf ihren Atem konzentrieren: einatmen, ausatmen, langsam, nicht hektisch. «Sie hat einen Lach-Flash, das kann manchmal passieren.» Sie stockte. Sie war kurz davor zu explodieren.

«Viel jungä Männar stirben dieses Tod, weil der Mut, die Äigenschaft der jungän Männär ist und Mut so schnäll zu Übermut wird.»

Wieder ging ein Schluchzen durch die Menge. In der ersten Reihe entstand Unruhe, Tränen schnieften durch Atemwege, Rotz landete in Taschentüchern. Und Vrenis Anspannung entlud sich in einem langen schnarchartigen Geräusch. Sie prustete die Luft aus ihren Backen heraus, als blase sie in das Mundstück einer Trompete. Vreni blickte noch immer auf den Boden, rieb sich mit dem Gesicht die Hände. Es war ein kleines Zeitfenster, doch Vreni nutzte es, so gut sie konnte. Als der Pfarrer weitersprach, war das Gröbste überstanden. Sie hatte sich wieder beruhigt.

Schmidi starb am 20. Oktober um 4.13 Uhr. Am Abend zuvor besuchte er Fink. Jürgen, Vreni und ich saßen auf dem Matratzenlager unterhalb der Bob-Marley-Flagge. Arne lag in der Ecke. Die Playstation lief, aber niemand außer einem 14-Jährigen namens Wolfgang, der seit neuestem immer öfter bei Fink rumhing, spielte. Fink machte eine ironische Bemerkung über Schmidis Outfit, er trug ein weißes Hemd und eine silberne Uhr am Handgelenk. Schmidi reagierte nicht auf Fink, er behandelte ihn wie jemanden, der noch immer mit Playmobil spielte, während alle anderen längst ihr Spielzeug aus ihrem Zimmer verbannt hatten. Er hatte Streit mit Ingrid gehabt, und das war wohl auch der Grund, weshalb er seit Monaten wieder einmal bei Fink aufgetaucht war. Er wollte eine Art Jungsabend auf die alten Zeiten feiern. Warum er sich mit Ingrid gestritten hatte, erzählte er nicht. Als Fink ihn fragte, raunte er ein gelangweiltes «Aaach» und zündete sich eine Zigarette an. «Ich fahre in einer Stunde ins Airport», sagte er. «Überlegt euch, ob ihr mitwollt.»

Ein langgedehntes «Boaaaaah» kam aus Arnes Mund.

Abgesehen davon, dass wir uns alle in einem Zustand der Trägheit befanden, in dem jegliche Aktivität außerhalb des Matratzenlagers mit Anstrengung verbunden war, erschien uns Schmidis Angebot hinfällig, wenn nicht arrogant. Keiner von uns außer Jürgen war volljährig, und für den Fall, dass uns der Türsteher überhaupt hineinließ, hätten wir den Laden um 24 Uhr wieder verlassen und uns dann in die S-Bahn setzen, mit dieser mindestens eine Stunde nach Hofning fahren und von dort aus in einer kühlen Herbstnacht nach Hause trampen müssen. Das war keine Alternative zu dem gemütlichen, wenn auch etwas siffigen Sumpf in Finks Zimmer. Schmidi stakste gelangweilt durch das Zimmer, lehnte Finks Angebot, Bong mit ihm zu rauchen, ab und überlegte, wer wohl sonst noch mit ins «Airport» am Flughafen fahren könne. Fink murmelte etwas, das nach «keine Lust» klang, woraufhin Arne «krass» sagte und der 14-jährige Wolfgang «boah» sagte.

«Ich komm mit.»

Alle Anwesenden blickten auf Jürgen.

Die Enttäuschung war Schmidi anzusehen, aber da das Angebot nun mal stand, konnte er auch nicht mehr zurück. Schmidi sagte nur zu Jürgen: «Ich bin mir nicht sicher, ob sie dich da reinlassen.»

Jürgen versicherte, das sei überhaupt kein Problem. Er sei ja volljährig und außerdem zu seiner Zeit in sehr vielen Diskotheken gewesen. Er wisse wohl, wie man sich da zu kleiden habe. Er verschwand im Bad. Nach 20 Minuten kam er zurück. Jürgen sah aus wie ein Zuhälter auf Karibik-Urlaub. Er trug ein gelb-braun-schwarz gemustertes Hemd bis zum Solarplexus aufgeknöpft. Brusthaare und eine Goldkette quollen darunter hervor. Darüber trug er eine Art Kunstleder-Blouson, der in dem Halogenlicht klebrig glänzte. Seine schütteren Haare hatte er am Hinterkopf zu einem Pferdeschwanz zusammengebunden. Fink grinste, und Schmidi verdrehte die Augen, als Jürgen sich stolz unter der Bob-Marley-Flagge aufbaute. «Es kann losgehen», sagte er.

«Jürgen», sagte Fink. «Glaubst, dass die dich so ins Airport nei lass'n?»

«Natürlich», sagte Jürgen. «Weil wenn sie mich nich' hereinlassen, verpassen sie nämlich was.»

«Wos denn?», fragte Fink.

Schmidi sah an die Decke und tippelte nervös mit dem Fuß. Schließlich packte er Jürgen an seinem Kunstleder-Blouson und zerrte ihn nach draußen.

Gegen 21 Uhr verließ Schmidi Finks Hütte im Wald. An der Tankstelle in Hofning kaufte Jürgen eine 0,5-Liter-Flasche Asbach Uralt als Wegzehrung. Zusammen fuhren sie über die Landstraße zum Flughafen München, parkten, stellten sich in die Schlange und wurden nach einer halben Stunde und einem abschätzigen Blick des Türstehers eingelassen. Schmidi sagte zu Jürgen, er könne nicht viel trinken, schließlich müsse er fahren. Jürgen meinte, logisch, das verstehe er schon, aber ein bisschen was würde ja immer gehen. Natürlich würde ein bisschen was immer gehen, erwiderte Schmidi und bestellte sich ein Pils an der Bar. Später gingen beide auf die Tanzfläche, um ihr Glück bei sehr blonden, sehr leicht bekleideten Mädchen zu versuchen. Manche von ihnen waren Stewardessen, die, so hatte man ihnen gesagt, in einer fremden Stadt einer unkomplizierten Nacht nicht abgeneigt wären. Jürgen zappelte hektisch zur Musik, mit der er ohnehin überhaupt nichts anzufangen wusste, und versuchte verzweifelt in seine Form zurückzufinden, in der er Anfang der Achtziger angeblich einmal gewesen war. Um wenigstens noch ein bisschen ernst genommen zu werden, überspielte Jürgen dies mit einem siegessicheren, bisweilen zu überzeugten Lächeln. Schmidi, nüchterner als Jürgen und durch dessen Unbeholfenheit angestachelt, sah sich jetzt erst recht in der Rolle des überlegenen Teils des Duos. Mehrmals versuchte er, ein Mädchen in ein Gespräch zu verwickeln, indem er sich ihr erst von hinten tanzend näherte. Sobald er nahe genug herangekommen war, rieb er sein Becken am Hintern der Auserwählten. In den meisten Fällen wandte sich diese leicht angewidert ab und verließ anschließend die Tanzfläche. Es kam aber auch vor, dass ein Mädchen sich mit erkennbar gespieltem Entsetzen umdrehte und nach einer kurzen Äußerung der Empörung zu lächeln begann. Diese Chance erkannte Schmidi sofort und brüllte dem Mädchen aus Leibeskräften ein Kompliment ins Ohr. Einmal entwickelte sich aus diesem Annäherungsversuch sogar ein Gespräch. Es war eine rothaarige Stewardess, die, selbst Augsburgerin, gerade von einem Flug aus Australien zurückgekommen war. Warum sich daraus nicht mehr ergab, konnte Jürgen später nicht erzählen, er wusste nur, dass die Stewardess sich plötzlich umdrehte und verschwand. Schmidi zerrte den immer noch etwas unbeholfen tanzenden und rauchenden Jürgen daraufhin von der Tanzfläche und ging mit ihm an die Bar. Dort bestellte Schmidi zwei Rüscherl und sagte, er brauche das jetzt, es sei ihm scheißegal, wie viel Promille er dann habe, weil «er jetzt definitiv keinen Bock mehr auf Scheißweiber und den ganzen Stress» habe. Jürgen trank mit Schmidi. Als Schmidi ein weiteres Pils an der

Bar bestellte und Jürgen ihn anlallte, er müsse doch noch fahren, flippte Schmidi aus. Er schrie Jürgen an, dass er selbst am allerbesten wisse, wann er fahren könne und wann nicht und dass er sich das ausgerechnet von ihm, diesem alten Fettsack, der seinen Führerschein wegen einer Sauferei verloren hatte, das nicht sagen lassen müsse. Jürgen war verletzt von Schmidis Worten. Er konnte sich nicht erinnern, schon einmal «Fettsack» genannt worden zu sein. Und die Sache mit dem Führerschein, die könne er erklären, daran habe in erster Linie nicht er, sondern die alte Taxlerin aus Dingenskirchen schuld. Kurz überlegte er sich, alleine auf die Tanzfläche zurückzukehren. Er sah die Mädchen tanzen, lachen und ihre langen Haare durch die Luft wirbeln. Jürgen warf einen Blick auf seine behaarte Brust und entschloss sich dazu, wenigstens einen Knopf zu schließen. Er drehte sich wieder um, stützte die Ellbogen auf den Tresen und begutachtete die Auswahl an Wodka, Rum, Whiskey und anderen Getränken, die es bei der Gerti in Hofning nicht gab. Er nahm eine HB aus der Schachtel vor ihm, zündete sie mit seinem Zippo-Feuerzeug an und fühlte sich ein wenig besser. Als er sich wieder umdrehte, war Schmidi nicht mehr da. Jürgen sah sich auf der Tanzfläche um. Sein Blick war bereits trübe, und die Gestalten waren verschwommen. Er hatte Schmidi nicht gehen gehört oder gesehen, es war, als sei er innerhalb von wenigen Sekunden verschwunden. Jürgen bestellte ein Pils an der Bar, rauchte noch eine Zigarette und begann, mit seinem Schicksal zu hadern. Er blickte an sich hinab, griff in die Speckfalte an seiner linken Hüfte und befand diese zwar für nicht gerade klein, aber auch nicht gewaltig und somit den Begriff «Fettsack» unzutreffend. Trotzdem nahm er sich vor, bald Sport zu machen. Er trank sein Pils aus und wunderte sich ein wenig, warum Schmidi noch immer nicht zurückgekehrt war. Er fühlte sich einsam und bestellte ein weiteres Pils, um sich weniger einsam zu fühlen. Nachdem er auch dieses ausgetrunken hatte, beschloss er, sich auf die Suche zu machen. Er wankte über die Tanzfläche, wo er mehrere Mädchen und auch einen muskulösen Mann anrempelte. Der Mann schubste Jürgen mit beiden Händen. Er geriet ins Taumeln und fiel auf eine Stewardess. Bevor er wusste, wie ihm geschehen war, wand sich die Stewardess kreischend unter ihm heraus. Das war entwürdigend, aber andererseits war Jürgen auch betrunken genug, dass ihm dies herzlich egal sein konnte. Er rappelte sich auf und setzte seinen Weg Richtung Toiletten fort. Vielleicht konnte er auf dem Weg dorthin Schmidi finden. Bestimmt hatte er irgendeine Stewardess oder ein anderes Mädchen kennengelernt. Vielleicht hatte er auch jemanden getroffen. Im Gegensatz zu ihm kannte Schmidi viele Leute. Die Disco war groß, und Jürgen befürchtete schon, sich in seinem Suff zu verlaufen. Er war so betrunken, dass ihm anfangs all das zu einem gewissen Grad Spaß machte. Es war aufregend. Unbehagen bereitete ihm nur der Gedanke, Schmidi überhaupt nicht mehr zu finden und alleine mit der S-Bahn nach Hause fahren zu müssen. Als Jürgen endlich nach einer langen Zeit des Umherirrens die Toilette gefunden hatte, fühlte er sich schlecht. Angst und Alkohol rumorten in seinem Magen. Er stützte sich mit beiden Händen auf den Rand des Waschbeckens.

«Hast du den Schmidi gesehen?», fragte er. Ein südländisch aussehender Mann mit schwarzem Hemd und zurückgegelten Haaren sah ihn mit einer Mischung aus Verwunderung und Verachtung an.

«Wen?»

«Den Schmidi.»

Dann übergab sich Jürgen in das Waschbecken.

Als Jürgen seinen letzten Wodka bestellte, legte der 14-Jährige namens Wolfgang in Finks Hütte endlich den Controller der Playstation beiseite, fiel auf das Matratzenlager und schlief ein. Fink war wegen des Alters seines Besuchers nicht ganz wohl bei der Sache, machte aber auch keine Anstalten, etwas gegen das Sich-daheim-Fühlen von Wolfgang zu unternehmen, sondern griff abermals zur Bong.

Als Jürgen seinen letzten Wodka bestellte, hatte Schmidi wohl das Gefühl, über die Landstraßen fliegen zu können. Wahrscheinlich hatte er die Manowar-CD, die er immer hörte, wenn er auch nur einen Ansatz von Wut verspürte, so weit aufgedreht, dass er kein anderes Geräusch mehr wahrnehmen konnte. Um die Gefahr einer Polizeikontrolle zu minimieren, nahm Schmidi nicht die Straße von Hofning nach Dingenskirchen, sondern bog auf die Straße nach Bimskofen ein. Von dort führte auf halber Strecke eine kleine Straße nach Dingenskirchen. Die Straße führte durch jenes Waldstück, in dem auch Finks Hütte stand, und kreuzte die größere in einem 90-Grad-Winkel. Es war das einzige Stück Straße im ganzen Landkreis, dass alleenartig links und rechts von Bäumen gesäumt war. Der Bremsweg, so soll die Polizei später festgestellt haben, sei ungewöhnlich lang gewesen. Nur nicht lang genug. Der Wagen brach aus, drehte sich und knallte mit der Fahrerseite gegen eine der Linden.

Es war der Gerlinger Sepp, der ihn 20 Minuten später fand. Er war mit seinem getunten Golf GTI auf dem Heimweg und verständigte die Polizei. Doch da war Schmidi bereits tot. Zwei Tage später erzählte mir Bombe, dessen Mutter gerade beim Metzger gewesen war, dass Schmidi tot war. Er sagte, Schmidi hätte «es erwischt», als ob besoffen Auto fahren in diesen Breiten eben zum Leben dazugehöre und ab und zu eben einer dafür mit dem Leben bezahlte. Ich sagte, das sei schrecklich, furchtbar und «oh mein Gott», aber ich wusste nicht, was all das *bedeutete*. Mir war klar, dass Schmidi tot war, dass seine Tragödie der Grund war, weshalb im Lokalteil auf der ersten Seite wieder eine kurze Meldung erschien. Ganz unten stand sie in der rechten Spalte: «19-Jähriger stirbt bei Unfall» und darunter: «In der Nacht von Samstag auf Sonntag starb ein 19-Jähriger nach der Kollision mit einem Baum auf der Straße zwischen Hofning und Bimskofen. Er war auf dem Heimweg von einer Diskothek und hatte 2,1 Promille im Blut.» Ich rief Fink an, der sagte «krass». Ich rief Vreni an, und die meinte: «Vielleicht war es die weiße Jungfrau.»

Die weiße Jungfrau war eine Geschichte, die seit Jahrzehnten im Landkreis erzählt wurde. Niemand wusste, woher sie stammte und wann sie zum ersten Mal aufgetaucht war. Von der Geschichte von der weißen Jungfrau existierten viele Abwandlungen und Varianten, aber im Kern ging sie so: In Vollmondnächten erscheint auf der Straße zwischen Hofning und Bimskofen in der Mitte eines kleinen Waldstücks eine weißgekleidete Frau. Sie zeigt sich nur spätnachts vorbeikommenden Autofahrern und hält den Daumen heraus wie eine Anhalterin. Hält der Fahrer an, verschwindet die Frau und lässt den Fahrer fortan in Ruhe. Fährt der Fahrer aber weiter, erscheint die weiße Jungfrau kurze Zeit später auf der Rückbank des Autos. Der Fahrer sieht sie im Rückspiegel, erschrickt und verliert die Kontrolle über das Fahrzeug.

«Hundertprozentig», sagte Vreni am Telefon. «Ich bin mir hundertprozentig sicher: Schmidi hat die weiße Jungfrau gesehen.» In den nächsten Tagen machte sich Vreni daran, diese Geschichte weiter- und weiterzuerzählen. Und wahrscheinlich waren genau solche Ereignisse der Grund, weshalb die Legende von der weißen Jungfrau niemals ausstarb.

Irgendein sehr feierliches und trauriges klassisches Musikstück ertönte. Vrenis Lach-Flash war vorüber, die kalte Luft nüchterte mich aus, und zurück blieb eine Leere, mit der ich noch weniger anzufangen wusste. Ich hätte gerne mit jemandem gesprochen, irgendeinen Blödsinn gesagt, mich mit Vreni über den Pfarrer lustig gemacht, aber das war nicht möglich. Die Gesellschaft erhob sich jetzt und verließ die Kirche. Wir gingen nach draußen, wo sich die Menschenmenge um ein Loch in der Erde versammelt hatte. Darin lag Schmidis Sarg, darauf eine Menge Blumenkränze und Gestecke. Die Sonne schien. Hier draußen war es wärmer und angenehmer als in der kaltfeuchten Kirche. Einer nach dem anderen warf mit einer kleinen Schaufel Erde auf den Sarg, die nach und nach die Blumen verdeckte. Ich nahm mir vor, einen besonders großen Haufen auf den Sarg zu werfen, doch als ich an der Reihe war, gelang es mir nur, eine kleine Schaufelladung in das Loch zu befördern. Ich fühlte mich auf eine unangenehme Weise in den Mittelpunkt versetzt inmitten der Trauergesellschaft. Für einen Moment stellte ich mir vor, die Schaufel würde mir aus irgendeinem Grund aus der Hand gleiten und in dem Loch landen und mich zum Gespött der ganzen Gesellschaft machen.

Ingrid trug einen langen schwarzen Rock, eine kurze Jacke und darüber einen schwarzen Mantel. Die Schminke um ihre schwarz umrandeten Augen war verlaufen. Die Frau, die sie im Arm hielt, war offensichtlich ihre Mutter. Schaufel für Schaufel landete auf dem Sarg.

«So, gähe ma jäzd zu de Dorfwirt und esse ma diesä Würschtlä», krächzte Pfarrer Stanislaus.

Ein Teil der Trauergesellschaft bewegte sich langsam zum Dorfwirt.

Zwischen Hofning und Bimskofen, an der Stelle, wo Schmidi gestorben war, stand einige Wochen später ein «Marterl», ein kleines Kreuz mit einem Foto Schmidis. Jeden Tag lagen dort frische Blumen, und manchmal brannte eine Kerze in einem roten Plastikbehälter.

Der Giftler

Es war eigentlich schon zu kalt zum Fahrradfahren. In ein paar Wochen würde der erste Schnee fallen, und nach Schmidis Tod gab es kaum jemanden mehr, der mich mit dem Auto zu Finks Hütte in den Wald bringen konnte. Auch die freien Nachmittage waren weniger geworden. Donnerstags hatte ich seit diesem Jahr immer Nachmittagsunterricht, Montag und Freitag arbeitete ich im Getränkemarkt von Herrn Wimmerl.

Herr Wimmerl konnte sich meinen Namen noch immer nicht merken. Häufig probierte er mehrere Vornamen aus, die ihm gerade im Kopf waren, stockte aber nach der ersten Silbe. Er rief «Mark …, na. Tho …, na, ah ned, äh Fran … na, äh, äh» und entschied sich dann für das zwar unpersönliche, aber korrekte «Schüüüüüüüler». Auf die Frage nach einer Gehaltserhöhung von 10 Mark auf 12 Mark hatte Herr Wimmerl entrüstet reagiert und mir den Rausschmiss angedroht. Da mir klar war: Mit Maximalforderungen komme ich bei Herrn Wimmerl nicht weit, entschied ich mich dafür, die Verhandlungen zu vertagen. Immerhin steckten mir hin und wieder eine Dingenskirchener Dame oder ein Bauarbeiter ein Markstück zu und besserten so mein Gehalt auf. Ich sparte das Geld. Es gab in Dingenskirchen nur eine sinnvolle Investition zu tätigen: den Führerschein.

Finks finanzielle Verhältnisse waren da weniger angespannt, die Geschäfte mit jungen und nicht mehr ganz so jungen Kiffern aus dem gesamten Landkreis liefen gut.

Wenn alles glattlief, ich nicht zu oft durch die Prüfung fiel, könnte ich etwa in einem Jahr selbst mit dem Auto zu Fink fahren. Überhaupt würde dann ein vollkommen neues Leben beginnen, eines in Würde und Mobilität. Dass es tatsächlich das letzte Mal war, dass ich Fink besuchte, war irgendwie offensichtlich, als ich die drei Polizeiautos vor Finks Hütte parken sah.

Verschwitzt stieg ich von meinem Rad ab. Der Polizist musterte mich. Mit seiner beige-braunen Hose und der dunkelgrünen Jacke erschien er mir perfekt angepasst an den Wald. «Alf», rief er seinem Kollegen zu. «Ich glaube, da haben wir noch so einen Giftler!»

«Giftler» bedeutet im Polizeijargon «Kiffer, Junkie, Drogenabhängiger». Es war den Polizisten herzlich wurscht, ob es sich um Marihuana, Kokain, Ecstasy oder gar Heroin handelte. Alles war «Gift», und wer Gift bei sich hatte, war eben ein Giftler, und als solcher galt er als Krimineller.

«Noch einer?», rief der Kollege mit Namen Alfred zurück. «Sauber, Horst! Nimmst glei seine Personalien auf!»

Horst hatte einen dicken, geradezu kunstvoll geschwungenen Schnauzbart mitten im Gesicht. Zusammen mit einem stattlichen Bierbauch erinnerte Kollege Horst an eine französische Bulldogge.

«Ausweis her», sagte der Polizist wieder zu mir gewandt. Ich gab ihm den Personalausweis. Er befahl mir, mich nicht von der Stelle zu rühren, und setzte sich in einen der Polizeiwagen. Ich überlegte fieberhaft, ob in einer meiner Hosen- oder Jackentaschen noch ein Krümel Gras sein könnte.

Zwei Polizisten kamen aus Finks Hütte heraus. Der eine trug eine Kiste auf dem Arm, der andere Finks Bob-Marley-Flagge. Es sah tatsächlich so aus, als gäbe es jetzt demnächst, also in den kommenden Wochen und darüber hinaus, richtig Ärger. Fink konnte ich nirgends sehen, dafür aber Jürgen. Er stand rauchend und mit einer Dose Bier in der Hand vor der Haustür und redete mit einem der Bullen. Ich rief seinen Namen, stattdessen antwortete mir der Bulle: «A Rua is jetzt!», was so viel bedeutete wie: Sagen Sie jetzt nichts.

Ich schwieg, hätte gerne geraucht, wollte die Herren in den beigen Hemden aber nicht weiter provozieren. Nach quälend langen fünf Minuten kam der Polizist mit meinem Ausweis zurück. «Gegen mich liegt nichts vor», sagte ich.

«No ned», sagte er und forderte mich auf, meine Taschen auszuleeren. Ein Kuckuck rief aus dem Wald, als ich aufgeregt in den tiefen Taschen meiner Baggy-Hose herumsuchte, in der Hoffnung, auf nichts zu stoßen, was dem Mann vor mir strafrechtlich relevant erscheinen konnte. Es kamen zum Vorschein: ein Feuerzeug, mehrere Tannennadeln, von denen ich nicht wusste, wie sie in meine Hosentasche gekommen waren, eine Sicherheitsnadel, eine zerbröselte Zigarette, eine kleine Packung Gummibären, ein benutztes Papiertaschentuch und eine Packung Zigarettenpapier zum Selberdrehen.

«Wofür brauchma denn des?», fragte der Polizist und hob das Zigarettenpapier in die Höhe.

«Zum Zigarettendrehen.»

«Woher kenna wir den Herrn Fink?»

«Herr Fink?»

Wer zum Teufel sollte denn «Herr Fink» sein und wer war «wir»?

«Frank Fink!»

«Aus der Schule. Aus der Grundschule. Und im Kindergarten waren wir auch schon zusammen, Herr Wachtmeister.»

«Ihr seids also gute Freunde.»

«Kann man so sagen, Herr Wachtmeister.»

«Machst bald den Führerschein, was?»

«In einem halben Jahr fang ich damit an, Herr Wachtmeister.»

«Und seit wann handelt der Herr Fink schon mit Gift?»

«Mit Gift?»

«Mit Ma-ri-chu-a-na.»

«Ach so. Seit zwei Jahren ungefähr.»

Das war ein Fehler. Es verging ein Moment, und der Polizist notierte etwas auf seinem Notizblock. Dann merkte ich es.

Verdammt! Ich hatte es ihnen gesagt, einfach so. Ich war auf den Polizeitrick hereingefallen. Bombe hatte uns immer wieder gewarnt. Er hatte uns gesagt: Sie fragen immer hintenrum und dann, wenn du es nicht erwartest. Sie fragen nie, «Hast du das Geld gestohlen?», sondern immer: «Wie viel Geld war denn da drin?» Ich war in die Falle getappt.

Der Polizist notierte das auf einen Zettel und sagte, ich müsse das auf der Wache nochmals wiederholen. Aber das wäre ja kein Problem, weil gesagt hätte ich es ja schon.

«Also, eigentlich weiß ich es nicht. Ich habe mir nur gerade gedacht, dass falls er irgendetwas mit Drogen am Hut haben sollte, dann müsste er damit vor etwa zwei Jahren angefangen haben, denn vor zwei Jahren ist er hierher zu Jürgen in den Wald gezogen.»

Nur ließ sich der Polizist darauf nicht ein. «Wir klären des dann auf der Wache», sagte er. Wieder sollte ich mich erst mal nicht von der Stelle rühren. Die beiden Polizisten kamen zum zweiten Mal aus der Hütte heraus. Einer hielt triumphierend eine Plastiktüte in die Höhe.

«Schaut's amoi, was wir da gefunden ham.»

«Mindestens a halbes Kilo Gift», rief sein Kollege.

Die Polizisten schienen glücklich zu sein. Dabei war das hier die absolute Katastrophe, der GAU, das Desaster, das Fink und wir alle stets ausgeblendet hatten. «Wer soll mich denn verpfeifen?», hatte Fink geantwortet, als ich ihn fragte, ob ihm die ganze Sache manchmal nicht zu gefährlich sei. «Wer? Ha? Du vielleicht?» Zwei Jahre lang hatten wir uns keine Gedanken gemacht, was passieren würde, wenn sie Fink eines Tages erwischten. Regelmäßig alle drei Monate hatte Fink große Teile seiner Ernte zu Danny nach Hofning in das verschimmelte Apartment gebracht, den Rest in die Gefriertruhe gestopft, die ihm seine Oma zum Auszug geschenkt hatte. Ab und zu waren Freunde zum Kiffen vorbeigekommen. Ab und zu hatte Fink ihnen ein bisschen was verkauft – günstig, zum Großhandelspreis. Die Freunde hatte ihre Freunde mitgebracht und die wiederum deren Freunde. Irgendwann war die Hütte nahezu jeden Abend voller Leute gewesen – Arne aus Bimskofen saß jeden Abend mit seinem Ledermantel und dem Pentagramm-Anhänger auf Finks Matratze. Er sprach nicht. Er saß einfach nur da und reagierte erst, wenn man zweimal hintereinander seinen Namen sagte. Sogar die Gangster von Hofninger Bahnhof kamen, um Gras zu kaufen, und verhielten sich sanft und friedlich. Unterdessen häuften sich die Geldscheine in Finks Hütte. Manchmal fand ich zwischen den Ritzen des Matratzenlagers einen Zehner, einmal sogar einen Fünfziger. Fink scherte sich nicht viel um das Geld. Es war ja immer da, und ständig bekam er neues. «Irgendwann», hatte er eines Sommerabends gesagt, während im CD-Spieler «Der Charlie» von Hans Söllner lief, «fahr ich mit dem ganzen Geld nach Jamaika, kaufe mir a Bambushüttn und bleib dort. Ich mache des Ganze hier noch zwoa, vielleicht drei Jahr, und dann hau i ab. Ich werd's echt macha, ich versprech's euch.»

Jürgen und ich sagten nichts. Jürgen sagte eh meistens nichts, denn während alle anderen irgendwas sagten, trank Jürgen Dosenbier. Aber wir fanden, dass das immerhin ein Plan war, der auch für uns seine Vorteile haben würde.

«Jamaika ist gar nicht mehr so geil», sagte Vreni. «Ein Freund von meinem Bruder war da letztens: sehr gefährlich da und teuer. Besser, du fährst nach Thailand.»

Doch Fink zuckte nur mit den Achseln und meinte, dann würde er eben woandershin fahren.

Im letzten Jahr hatte es dann überhandgenommen. Manchmal tauchten ganze Autoladungen von Leuten aus benachbarten Landkreisen auf. Sie behandelten Fink, obwohl sie ihn noch nie zuvor gesehen hatten, wie einen guten, alten Freund, kauften das billige Gras und verschwanden nach einer halben Stunde wieder. An manchen Abenden waren mehr als 20 Leute in der kleinen Hütte, rauchten und stritten sich um die Controller der Playstation. Fink hatte all den Rummel stets stoisch ertragen. Er hatte die vielen Besucher auch als Auszeichnung für sein Produkt und seine Person empfunden. Schließlich begegneten ihm alle seine Kunden mit Respekt und ausgesuchter Höflichkeit. Er war zu einer wichtigen Person des jugendlichen Gesellschaftslebens des Landkreises geworden. Er sah keinen Grund, daran etwas zu ändern.

«Wir schaun'g uns jetzt no hier in der Gegend um», rief einer der Polizeibeamten. «Fahrt's ihr mit dem Giftler scho' moi vor, der kimmt eh in Untersuchungshaft.»

Fink saß auf dem Rücksitz eines Polizeiwagens. Sein Kopf, wie immer von einem Bandala umwickelt, lehnte mit der Stirn auf dem Sitz vor ihm. Sie hatten ihm tatsächlich Handschellen angelegt, die seine Arme auf dem Rücken zusammenhielten.

Das Auto fuhr los, und Fink verschwand für mehrere Wochen in den Tiefen des Jugendstrafrechts. Wenig später nahmen die Polizisten auch mich mit auf die Wache, wo ich unter Aufbietung all meiner Kräfte Folgendes zu Protokoll gab: «Ich kenne Frank Fink seit dem Kindergarten, den wir gemeinsam in Dingenskirchen besuchten. Von einer Tätigkeit als Drogenhändler weiß ich nichts. Natürlich ist es möglich, dass Frank Fink nach seinem Auszug von daheim dringend Geld benötigte und deswegen damit begann, Drogen zu verkaufen. Aber eigentlich kann ich es mir nicht vorstellen.»

Ich war sehr zufrieden mit meinem Verhalten und war sicher, die Polizisten ziemlich verarscht zu haben. Am nächsten Tag verabredete ich mich mit Vreni. Wir trafen uns an der Kreuzung, wo der kleine Weg, der durch den Wald zu Finks Hütte führte, auf die Straße von Bimskofen nach Dingenskirchen traf. Auch Vreni war mit dem Fahrrad gekommen.

«Wer meinst du, war es?», fragte sie.

«Muss es denn jemand gewesen sein? Vielleicht war alles Zufall …»

«Die fahren nicht zufällig durch den Wald und durchsuchen eine Hütte. Jemand muss ihnen einen Tipp gegeben haben. Oder sie haben jemanden erwischt, und der hat erzählt, er hätte das Zeug bei Fink gekauft.»

«Das kann jeder gewesen sein. In letzter Zeit waren so viele Leute bei Fink.»

«Was ist mit dem 14-Jährigen, diesem Wolfgang? Den muss nicht mal die Polizei erwischt haben. Vielleicht haben seine Eltern was bei ihm gefunden, er hat es ihnen erzählt, und die haben die Bullen gerufen.»

«Oder es war Jürgen.»

«Quatsch, warum sollte Jürgen Fink verpfeifen?»

«Weil er keinen Bock mehr hatte, dass jeden Tag fremde Leute in seiner Bude rumhängen.»

«Vielleicht war es einer von den Typen aus Miesburg, die in letzter Zeit immer gekommen sind.»

Wir gingen alle Leute durch, von denen wir wussten, dass sie bei Fink gewesen waren, und überboten uns gegenseitig an Verdächtigungen. Das ging so lange, bis Vreni schließlich sagte: «Vielleicht war es der Förster.»

Wenn es aber der Förster gewesen war, so musste er auf die geheime Plantage im Wald gestoßen sein. Wir stellten unsere Räder bei der Hütte ab und staksten durch den Wald, bis wir vor dem dichten Gestrüpp standen, hinter dem sich die Marihuana-Pflanzen befanden. Vorsichtig drückten wir die Sträucher beiseite, von denen viele schon nicht mehr grün, sondern braun und knöcherig aussahen. Ein Ast kratzte meine rechte Backe auf, aber dann standen wir vor dem etwa zehn mal zehn Meter großen Feld. Die Jahreszeit hatte auch vor diesen Pflanzen nicht haltgemacht. Aus dem Waldboden ragten zwei Dutzend mannshohe Cannabisbüsche. Die Stiele waren bereits verholzt und dick wie Unterarme. Die Blätter hingen schlapp herab, und aus dem einst leuchtenden Grün war ein hässliches Graubraun geworden.

«Sie haben sie nicht gefunden», sagte Vreni. «Sie haben die Plantage nicht entdeckt!»

«Wir müssen sie vernichten.»

Wir stießen gebückt durch die Sträucher hindurch und rannten los. In der Hütte saß Jürgen, rauchte eine HB und trank Dosenbier. Er trug eine fleckige Hose, ein Feinrippunterhemd und eine verschlissene Lederjacke. Eine Goldkette schimmerte auf seiner Brust.

«Jürgen, wir müssen die Plantage vernichten. Jetzt!»

Jürgen murmelte etwas, das nach «keine Zeit» klang, aber angesichts der Brenzligkeit der Lage und unserer Hektik blieb Jürgen gar keine Zeit zu überlegen. Im Haus fanden wir eine Axt, ein langes Küchenmesser und einen verstaubten Feuerlöscher. Wir packten die Utensilien und rannten zurück zu dem Feld.

«Wir brauchen Benzin», schrie Vreni, während sie mit einem Feuerzeug versuchte, eine der Pflanzen in Brand zu stecken. «Ohne Benzin klappt das nicht! Jürgen, bring mal Benzin!»

Jürgen überlegte, und manchmal dauerte das bei Jürgen ziemlich lange. Doch Jürgen lief – es war das erste Mal, dass wir Jürgen laufen sahen –, er lief zur Hütte und kam kurz darauf mit einer kleinen Flasche Feuerzeugbenzin zurück.

«Ist das Einzige, was ich gefunden habe. Is vielleicht ein bisschen alt, aber Benzin wird ja nicht schlecht, oder?»

Vreni riss Jürgen die Flasche aus der Hand und begann den Inhalt des Fläschchens auf den Pflanzen zu verteilen. Mir drückte sie den Feuerlöscher in die Hand und befahl mir loszusprühen, sobald das Feuer auf die umliegenden Sträucher übergreifen würde. Mit dem letzten Rest des Feuerzeugbenzins zog sie eine Art Lunte an den Rand des Feldes hinaus. Wir waren aufgeregt und stellten uns fünf Meter hinter Vreni, die sich mit einem Feuerzeug über die Lunte kniete. Doch zu einer Explosion kam es nicht, stattdessen züngelte sich ein kleines blaues Flämmchen in Richtung Feld, das ganz allmählich die Marihuana-Pflanzen emporkletterte.

«Das brennt nicht gescheit», murrte Jürgen.

Vreni rannte zurück zur Hütte. Als sie wiederkam, hatte sie drei Dosen Haarspray, Grillanzünder und eine Packung Putzmittel, auf dem der Hinweis «leicht entflammbar» stand, unter dem Arm. Wir warfen alles in die Flammen.

«Is nich' gut für die Umwelt, Kinners», murrte Jürgen. «Die ganze Chemiescheiße auf dem Waldboden, is nich' gut.»

Das Feuer wuchs allmählich, und tatsächlich fielen die Pflanzen eine nach der anderen in sich zusammen. Als alle in sich zusammengefallen waren, drückte ich den Henkel des Feuerlöschers nach unten. Das Ding rülpste. Dann schoss weißer Schaum aus der roten Flasche und begrub alles unter sich. Wir nahmen Axt und Messer, stiegen dort hinein und rissen die restlichen Pflanzen aus dem Boden, um sie klein zu hacken.

Das Feuer war aus, und vor uns lag ein Schlachtfeld aus verkohlten Cannabispflanzen und einer Riesensuppe aus Feuerlöscherschaum. Das alles sah ganz und gar nicht unverdächtig aus.

«Aber sie können ihm nicht nachweisen, dass er hier angebaut hat!», versicherte Vreni.

Wir gingen zurück, wo Jürgen sich zu einer Dose Bier auch eine Flasche Obstler aufmachte. Es ging ihm nicht gut.

«Bestimmt hängen sie mir auch was an, wegen Verführung Minderjähriger oder so.»

«Hast du Fink etwa angeschwult?»

«Er meint wegen den ganzen Drogen», sagte Vreni.

«Aber du hattest damit doch gar nichts zu tun.»

«Irgendwas hängen sie mir immer an», sagte Jürgen und nahm einen Schluck aus der Obstlerflasche. Er sah älter aus. Nicht älter, als er war, denn ehrlich gesagt wussten wir nur, dass Jürgen über 40 war, hatten aber keine Ahnung, was sein genaues Alter war. Aber Jürgen sah gerade älter aus als sonst. Seine Haut war grobporig und um die Augen herum geschwollen. Seine Augen schimmerten glasig. Er sah traurig aus. Ohne Fink und die Hütte würden wir Jürgen nicht mehr häufig sehen.

Aber was sollten wir mit Jürgen schon anfangen? Wir waren genauso hilflos wie bei Schmidis Begräbnis. Eine Zeit war zu

Ende gegangen. Der Kuckuck rief durch den Wald, und der Wind pfiff durch den Schuppen mit dem Matratzenlager, in dem nun keine Bob-Marley-Flagge mehr an der Wand hing. Ansonsten war es still hier draußen, im Wald zwischen Bimskofen und Dingenskirchen.

In den nächsten Tagen sprach sich herum, dass die Polizei auch Dannys Wohnung im Hochhaus jenseits der Gleise von Hofning durchsucht hatte. Danny saß in Untersuchungshaft, und niemand wusste, welche Klein- oder Großdealer er wiederum verraten hatte. Eine Kettenreaktion war in Gang gesetzt worden. Es kam zu fünf weiteren Hausdurchsuchungen, und jeder beschuldigte irgendjemanden, ihn verraten zu haben. Nach einer Woche hatte ich von Fink noch immer nichts gehört. Für Insassen in der U-Haft waren nur enge Verwandte als Besucher zugelassen. Ich rief bei seiner Mutter an – zum ersten Mal seit vier Jahren. Ich fragte nach «Frank», und Finks Mutter fing an zu weinen. Sie sagte, Fink sitze zunächst auf unbestimmte Zeit in Untersuchungshaft, bis zu seiner Verhandlung. Der genaue Termin stehe allerdings noch nicht fest. Die Polizei habe bei ihm 1,5 Kilo Marihuana und 15 000 Mark in bar gefunden. Die Verhandlung finde wahrscheinlich erst im neuen Jahr statt. So lange müsse er noch in U-Haft bleiben. Fink drohten bis zu ein Jahr Jugendknast.

15 000 Mark, fanden Vreni und ich gleichermaßen, war eine Menge Geld. Wir hatten keine Ahnung von Finks Vermögen gehabt. Und wenn wir Fink richtig einschätzten, hatte er noch mal ein paar Tausend im Wald vergraben. In den folgenden Tagen wuchs unsere Paranoia, selbst noch eine Anzeige zu bekommen. Wir benutzten am Telefon eine ganze Reihe eigenartiger Code-Wörter, Fink wurde zum «Vogel», Kiffen zu «in

die Badewanne steigen» und Jürgen zur «Bierdose». Aber nichts passierte. Weihnachten rückte näher, und wir hatten noch immer keine Anzeige oder Vorladung erhalten. Ich verbrachte meine Nachmittage in der Schule und im Getränkemarkt. Am Wochenende langweilten wir uns und tranken Bier mit dem einzigen Punk des Landkreises. Vreni fuhr mit ihrem Bruder auf irgendwelche Death-Metal-Konzerte. In einem halben Jahr begannen meine ersten Fahrstunden.

Ernte 23 und Blutwurst

Ob das einzige grüne Ding im Schaufenster noch aus belebter Natur oder aus Gummi bestand, war von außen nicht erkennbar. Angesichts der Myriaden von Staubkörnern, der nikotingetränkten Gardine und einem mit einer fingerdicken grauen Schicht überzogenen Ferrari-Testarossa-Modells war es schwer vorstellbar, dass diese Pflanze dort auf der Fensterbank tatsächlich noch lebte. Irgendwie sah das nach DDR aus. Als hätte sich jemand vor 20 Jahren einen Ruck gegeben und sich gesagt: Jetzt mache ich ein bombensicheres Geschäft auf. Einen Kleinbetrieb, der weder Innovation noch Werbung noch freundlicher Dienstleister bedarf, denn die Leute sind so oder so auf meinen Laden angewiesen. Ihnen bleibt überhaupt nichts anderes übrig, als zu mir zu kommen. Und der Mensch hatte recht: Es führte überhaupt kein Weg an seinem Laden vorbei. Jeder junge Mensch, der seine um approximativ gefühlte 40 Prozent eingeschränkte Lebensqualität auf ein Normalmaß erhöhen wollte, musste den Raum hinter diesem Schaufenster betreten, ein für seine Verhältnisse beachtliches Vermögen hinterlegen und hoffen, ihn in drei bis sechs Monaten als vollwertiger Mensch wieder verlassen zu können.

Außer dem Ferrari und der traurigen, lederartigen Pflanze stand dort nichts. Nur Staub. Ich öffnete die Glastür und trat auf grauen Linoleumboden. In dem Raum standen etwa 20 Plastikschalensitze mit einer klappbaren Schreibvorrichtung auf der linken Seite. Links an der Wand gegenüber der uringelben Gardine hingen Modelle von Stopp-, Vorfahrts- und Linksabbiegerschildern. Eine Leuchtröhre an der Decke warf ihr deprimierendes Licht in den Raum. Es sah aus wie ein Klassenzimmer für Erwachsene, das seit langem keine Putzkraft mehr betreten hatte. Am anderen Ende des Raumes stand ein Schreibtisch aus dunkelbraun gefasertem Pressholz. Dahinter rauchte ein Mann eine Zigarette. Neben ihm stand eine lange nicht mehr gespülte Kaffeetasse, auf der das Land Mexiko gedruckt war. Er murmelte etwas, das nach «servus» klang. Ich ging näher. Der Mann trug eine Brille mit sehr dicken Gläsern, hinter denen zwei kleine, trübe, rote Augen lauerten. Unter seiner Nase wuchs ein dichter Schnauzbart, der dieselbe Farbe wie das Holz des Schreibtisches hatte. Der Mann hatte Ähnlichkeit mit jemandem, nun ja, mit jemandem, der vor 60 Jahren gestorben war.

«Was willst?», fragte der Mann und stieß zeitgleich Rauch aus Nase und Mund aus. Er rauchte Ernte 23.

«Ich will den Führerschein machen.»

Er öffnete eine Schublade, holte zwei Papiere heraus und ließ sie auf den Tisch fallen.

«Da. Ausfüllen.»

Er roch nach Alkohol.

«Wann würde das denn dann so losgehen?»

Der Mann antwortete nicht.

«Das mit dem Führerschein, meine ich …»

Der Mann mit dem Schnauzbart drückte seine Ernte 23 aus, klopfte eine weitere aus der Schachtel heraus und steckte sie sich in den Mund, ohne sie anzuzünden.

«Wenn deine Eltern gezahlt haben.»

«Ich zahl das selber.»

«Ist mir wurscht.»

Er zündete sich die Zigarette an.

«Theorie immer Dienstag und Donnerstag 18.30 Uhr bis 20.00 Uhr. Praxis später. Servus.»

Ein selbstbestimmtes Leben in Dingenskirchen ohne Führerschein war nicht möglich. Nur die Berechtigung zum Führen eines Kraftfahrzeuges machte das Leben in der Provinz zu einem halbwegs menschenwürdigen. Alleine schon die Wege! Zum Postamt! Zu Fuß zum Postamt zu gelangen dauerte 20 Minuten. Zum Supermarkt am anderen Ende des Dorfes brauchte man eine halbe Stunde. Es waren Entfernungen wie in einer amerikanischen Kleinstadt im Bundesstaat Nevada. Viel schlimmer aber ist: Der jugendliche Zufußgeher auf dem Land ist stigmatisiert. Im Dorf gehen nur ältere Frauen zu Fuß. Sie treffen andere ältere Frauen auf der Straße, grüßen, tratschen, verabschieden sich, um dann beim Bäcker drei Semmeln zu kaufen. Alle anderen Bewohner fahren mit dem Auto. Die Landwirte mit dem Traktor, die Familienväter mit dem BMW, die Familienmütter mit dem Volvo Kombi, die Jungen mit dem VW Golf. Wer zu Fuß geht, signalisiert damit, kein vollwertiges Mitglied der Dorfgemeinschaft zu sein. Der Zufußgeher ist unfertig, ihm fehlen die Insignien der Dorfgemeinschaft. Die Führerscheinprüfung ist der Initiationsritus, das Zeichen, das aus dem Jugendlichen erst einen ganzen Mann (oder Frau) macht.

In den Städten der Bundesrepublik mögen Menschen leben, die 25, 30 oder gar 40 Jahre alt sind und nicht zum Führen eines Kraftfahrzeuges berechtigt sind. Auf dem Land aber ist die Führerscheinlosigkeit ein Makel, der nur mit einer körperlichen oder psychischen Behinderung vergleichbar ist. In der

Stadt wird über Leute gelacht, die mit 35 Jahren noch bei ihrer Mutter leben. Auf dem Land ist das kein Problem. In jedem Dorf gibt es Dutzende erwachsener Männer und Frauen, die in Einliegerwohnungen oder Dachgeschossen im Hause ihrer Eltern leben. Sie sind glücklich und zufrieden, und niemand fragt sie, ob sie nicht vielleicht einmal das elterliche Haus verlassen möchten. Mit 35 neben oder im Haus der Eltern zu leben, ist vollkommen normal. Wer aber als Erwachsener noch keinen Führerschein besitzt, der trägt das unsichtbare Zeichen des Aussätzigen auf der Stirn. Die Leute denken sich: Mit dem stimmt was nicht, der ist komisch, der spinnt. Warum hat der denn keinen Führerschein? Geht der gerne zu Fuß? Ist der behindert? Will der am Ende gar keinen haben? Ist das einer von diesen Ökospinnern? Die einzig denkbare und sozial vertretbare Möglichkeit, warum ein erwachsener Landbewohner keinen Führerschein besitzt, ist: Er wurde ihm gezwickt. Weil er zu schnell gefahren ist (menschlich) oder weil er besoffen gefahren ist (noch menschlicher).

Falls nun der Eindruck entstehen sollte, der Erzähler mache sich über die Führerscheinfixierung der Landbewohner lustig, hinter der Fetischisierung des Scheins und aller fahrbaren Untersätze steckten am Ende niedere Triebe wie Sozialprestige, Angeberei oder sogar Phallussymbolik, so ist das nicht beabsichtigt. All dies beruht auf durchaus nachvollziehbaren und pragmatischen Gründen. Wie gesagt, die Wege sind weit und das öffentliche Nahverkehrssystem nur rudimentär vorhanden. Das Auto auf dem Land ist so wichtig wie das Pferd im Wilden Westen. Wer nicht reiten kann oder kein Pferd besitzt, ist zum Tod durch Verdursten verdammt. Selbst die allergrößten «Ökospinner» mussten sich diesem Mobilitätsdruck beugen.

Jeder Jugendliche fieberte seit Beginn der Pubertät auf den

Tag hin, an dem er selbst am Steuer eines PKWs sitzen konnte. Jeder fuhr. Die Mofa-Gang-Mitglieder hatten ihre Mofas mittlerweile durch schwarze Golf GTIs ersetzt. Die Mofas wurden an jüngere MoGaMis verkauft oder verstaubten in den geräumigen Garagen der Doppelhaushälften und Reihenhäuser. Noch einmal trafen sich die Wege der Jugendlichen, bis sie sich dann in den folgenden Jahren ausdifferenzierten und Erinnerungen das Einzige werden, was die Menschen noch verbindet. Noch einmal trafen sich alle bei Horst in dem verrauchten Raum mit den Verkehrsschildern und der untoten Yucca-Palme. Jeder machte den Führerschein. Wirklich jeder.

Die folgenden Dienstag- und Donnerstagabende standen unter dem traurigen Zeichen der Leuchtröhre, die ihr Licht auf eine sehr gemischte Gruppe von jungen Menschen voller Hoffnung warf. Da war die Azubine aus der Sparkasse, die Hellinger Sabine, die mit rollenden R fragte, ob ein Stoppschild auch für Fußgänger gelte und der Kreithmayer Schorsch, der daraufhin in schallendes Gelächter ausbrach, sich zu dem Rest der Runde umdrehte und rief: «Mei, is die bleed!» Der Kreithmayer Schorsch war Sohn des Bauern, der Jürgen und Fink einst die Hütte im Wald vermietet hatte. Sein Hof lag zwischen Hofning und Dingenskirchen. Sein Sohn, der Schorsch, war von hünenhafter Statur. Seine Bewegungen waren hölzern und ruckartig wie die einer Marionettenpuppe. Der Kreithmayer Schorsch schien wie gemacht für Arbeiten, die viel Kraft und grobmotorische Fähigkeiten erforderten. Da der Kreithmayer Schorsch Traktor fuhr, seit er, wie er sagte, «brunzen konnte», erachtete er «diesen ganzen Theorie-Schmarrn» für überflüssig. Wann immer ich den Kreithmayer Schorsch sah, aß er gerade eine Leberkässemmel. Der Kreithmayer Schorsch schien sich ausschließlich von Leberkässemmeln mit süßem Senf zu ernähren. Wenn er sprach, flog ein kleines Stückchen dieses Fleischprodukts aus seinem Mund auf die Kleidung seines Gegenübers. Dieser Mensch sprühte vor Leberkäse. Direkt vor dem Pult des kettenrauchenden Fahrlehrers saß ein Mann mit blonden Locken, der seinen Führerschein wegen Alkohols am Steuer noch einmal machen musste. Es war der Toni. Der Toni nickte bei allem, was der Fahrlehrer sagte, und versuchte, durch Einwürfe wie «Bei uns damals» (er meinte damit sich und den Fahrlehrer) «gab's dieses Schild ja noch gar nicht» sich mit dem Nikotinmonster hinter dem Schreibtisch von der Gruppe abzusondern.

Außerdem war da Bombe, der zumindest einmal der einzige Punk des Landkreises gewesen war. Bombes Garderobe hatte sich verändert in letzter Zeit. Meist trug er einfach eine Jeans und einen schwarzen Kapuzenpulli anstatt zerrissener T-Shirts, die notdürftig von Sicherheitsnadeln zusammengehalten wurden. Auch färbte Bombe seine Haare nicht mehr, noch frisierte er sie mit einer Dose Haarspray zu einem Iro. Jetzt band er sie sich am Hinterkopf zu einem Pferdeschwanz zusammen. Dem Fahrlehrer stellte er sich als Marcel Gritschneder vor. Immer war Bombe schon da, wenn ich kam. Vor ihm auf der kleinen klappbaren Schreibvorrichtung lagen ein Füller sowie zwei Filzstifte in den Farben Rot und Grün. Während der ganzen quälenden langen 90 Minuten machte der Gritschneder Marcel sich Notizen: Nebensächliches schrieb er mit Füller, Wichtiges mit Grün und alles, was mit Stoppschildern zu tun hatte, mit Rot. Zusätzlich unterstrich er manche seiner mit Füller geschriebenen Sätze mit Rot oder Grün. Nach einem ganz ähnlichen System verfuhr auch die Hellinger Sabine. Dem Kreithmayer Schorsch fiel das auf, er drehte sich zu Bombe um und fragte: «Hee, Punker, schwul oder was?»

Als wir im Bus saßen, erzählte Bombe, dass seine Eltern ihm zum 18. Geburtstag einen VW Golf schenken würden, und um meine Frage vorwegzunehmen, er wäre nicht der Meinung, dass ein VW Golf prinzipiell mit der Punk-Bewegung unverträglich sei. Punk bedeute nämlich in erster Linie, Spaß zu haben, und dazu gehöre eben auch ein Auto. Außerdem, sagte Bombe, mache Saufen zwar immer noch sehr viel Spaß, aber er müsse sich nun auch langsam auf sein Informatikstudium vorbereiten.

Etwas ging hier gerade zu Ende. Fink saß im Knast, Schmidi war tot, und der einzige Punk des Landkreises behauptete zwar, noch einer zu sein, war aber keiner mehr. Auch Vreni, die den Führerschein übrigens bei einem bekannten Fahrlehrer ihrer Eltern in Erding machte, trug immer seltener T-Shirts mit halbverwesten Zombies. Es war der Anfang des letzten Jahres in der Provinz. Noch ein Jahr, bis wir mit Führerschein und Abitur in den Händen nach London, Berlin oder München oder in Gottes Namen auch nach Würzburg, auf jeden Fall aber in eine Stadt ziehen würden.

«Kann ich auch eine haben?»

«Du sollst fahren, nicht rauchen!», brummte der Mann mit dem Schnauzbart, er hieß übrigens Horst, genau wie der Polizist, der Fink festgenommen hatte. Im Golf stand der Rauch wie trübes, giftiges Wasser.

«Kann ich das Fenster einen Spalt öffnen?»

Horst schüttelte den Kopf. «Da erkälte ich mich nur. Fahr jetzt los.»

Ich trat auf das Gaspedal, der Motor heulte auf, was ich angesichts der Anspannung, unter der ich stand, ganz und gar nicht verwegen fand. Dieser Motor klang martialisch, infernalisch, gefährlich. Er machte mir Angst.

«Depp», schrie Horst. Er hustete, öffnete die Beifahrertür einen Spalt und spuckte einen Esslöffel grünen Schleim auf den Asphalt. «Saudepp! Leg den Gang ein.»

Ich legte den Gang ein und drückte auf das Gaspedal. Wieder heulte der Motor auf, dieses Mal aber klang es tiefer. Er brummte.

«Den ersten, verdammte Scheiße, nicht den zweiten.»

Ich rüttelte am Schaltknüppel herum und versuchte den ersten Gang zu finden. Horst blies wie ein dampfbetriebenes Walross zwei Rauchschwaden aus seinen Nasenlöchern heraus. Vorsichtig, langsam, vielleicht zu langsam, bewegte sich der Wagen.

«Freundchen, ich habe nicht den ganzen Tag Zeit, da warten lauter so Idioten wie du auf mich. Gib Gas!»

Ich drückte meinen rechten Fuß vorsichtig um einen Zentimeter nach unten.

«Jetzt schalt in den zweiten Gang!»

Dann ging der Motor aus. Horst schnaubte. Er hustete, dieses Mal noch heftiger, räusperte sich und würgte. Sein Kehlkopf bewegte sich. Er hatte den Schleim hinuntergeschluckt.

«Du bist der größte Idiot von allen. Jeder Depp kann ein Auto fahren, bloß du nicht!»

«Ich dachte, ich lerne es hier.»

Horst zündete sich die nächste Zigarette an. Ich sah durch die daumendicken Brillengläser auf die zwei winzig roten Bälle, die dort in seinem Schädel befestigt waren. Horst war dabei zu explodieren.

«Jeder, wirklich jeder Dorfdepp, fährt auf dem Land erst mal ohne Führerschein herum. Und dann erst, wenn er fahren kann, macht er den Führerschein, nicht umgekehrt. Wo kommen wir denn dahin, wenn ich jedem Seppl erklären muss, wie man anfährt?»

Ich hätte jetzt wirklich gerne das Fenster einen Spalt geöffnet, denn Horsts Atem stank nach Alkohol, Ernte 23 und Verwesung.

«Du wirst mir doch nicht erzählen wollen, dass du der einzige Idiot seit 20 Jahren in Dingenskirchen bist, der noch nie Auto gefahren ist. Jeder, kapierst du, jeder übt vorher!»

Ich zuckte mit den Schultern.

«Hat keiner von deinen Freunden einen Führerschein?»

«Doch», sagte ich. «Aber der ist tot. Ist im letzten Herbst gegen einen Baum gefahren.»

«War das der Schmidt, der Depp, den es zwischen Hofning und Bimskofen zerbröselt hat?»

Ich nickte.

«Hat auch bei mir den Schein gemacht. Hab ich mir gleich gedacht, dass der's nicht lange macht.»

Zum Hof der Kreithmayers war es mit dem Rad eine halbe Stunde. Gleich nach der Autobahnüberführung führte rechts ein kleiner Feldweg zu einem Weiler, der aus drei großen Gebäuden bestand: ein Kuhstall von der Größe einer Turnhalle, eine nur unwesentlich kleinere Scheune sowie das Wohnhaus, in dem den Besucher ein wohlig-würziger Duft aus frischgekochtem Schweinsbraten, altem Holz und Kuhscheiße empfing.
«Der arbeitet beim Wimmerl», sagte der Kreithmayer Schorsch zu seinem Vater, dem alten Kreithmayer. Der trug einen mit verkrustetem Dreck und Kuhscheiße gesprenkelten Blaumann und eine Schirmmütze. Er saß vor einer Halben Bier und strahlte trotz dieses Aufzugs die Würde eines Patriarchen aus.

«Mir is recht, wenn'd Leid wos arbadn und ned bloß dahoam im Bett umanandflakan und an Schmarrn lesn.»

Was hatte der Mann gesagt? Ich hatte kein Wort verstanden.

Es klang wie das nicht ganz unfreundliche, aber doch bedrohliche Gebell einer heiseren Bulldogge.

«Papa, der möcht mim unserem Traktor fahren, weil er sonst an Führerschein ned schafft», sagte der Kreithmayer Schorsch, und das war mir etwas peinlich, andererseits, was hätte der Kreithmayer Schorsch denn auch sonst seinem Vater sagen sollen? Der junge Mann hier, der möchte das Landleben kennenlernen?

Der alte Kreithmayer murrte und nahm einen Schluck Bier.

«Papa, er hat g'sagt, er gibt mir einen Kasten Bier dafür.»

«Bier is olawei guad», sagte der alte Kreithmayer, was wohl so viel heißen musste wie: Bier ist in Ordnung.

Ich ging mit dem Kreithmayer Schorsch über den Hof zur Scheune, in der der alte Eicher-Traktor stand.

«Musst wissen, dass die alten Eicher-Traktoren die allerbesten sind. Auf am alten Gaul lernt man's Reiten.» Daraufhin brach der Kreithmayer Schorsch wieder in ein schepperndes Gelächter aus.

Der Kreithmayer Schorsch hievte seinen Körper mit einem einzigen Schritt auf den Sitz des alten Eicher-Traktors hinauf.

Er deutete auf eine kleine Sitzbank links hinter ihm. «Da hockst di her!»

Ich kletterte auf den Eicher-Traktor, allerdings von der falschen Seite, sodass ich auch noch über den Kreithmayer Schorsch hinwegsteigen musste.

«Ihr G'studierten seids mir welche. Den ganzen Tag Bücher lesen, aber wenn's mal um richtige Arbeit geht, dann stellts euch an wie Weiber.»

Das letzte Buch, das ich gelesen hatte, war «Christiane F. – wir Kinder von Bahnhof Zoo» gewesen, und das war schon einige Monate her, aber ich verstand schon, was der Kreithmayer Schorsch meinte: Die «G'studierten», das waren die Leute, die auf das Gymnasium gingen und später ergo die Universität besuchen würden. Menschen, die sich für körperliche Arbeit zu fein waren und/oder nichts von ihr verstanden und deswegen hier auf dem Land Fremdkörper waren, die für teueres Geld den Bauern das Land abkauften und darauf monotone Doppelhaushälften pflanzten. Die also Geld brachten, aber den Bauern, die hier schon immer gewesen waren, nahmen, was eigentlich ihnen gehörte.

«Ich sags dir gleich geradraus. Wenn du nicht beim Wimmerl arbeiten würdest, dann würd ich dich nicht auf meinen Traktor lassen, hast mi?»

Der alte Eicher-Traktor begann zu ruckeln, als säßen wir auf einem gewaltigen Vibrator. Der Kreithmayer wuchtete den beinlangen Schalthebel in den ersten Gang und drückte das Gaspedal. Wie ein alter, aber immer noch kraftvoller Ochse setzte sich das Gefährt in Bewegung. Wir fuhren über den Hof, zwei Hühner flatterten davon, Staub wirbelte in die Luft. Alles war größer, gewaltiger und roher als im Rest meiner Welt. Als wir den Hof hinter uns gelassen hatten, plärrte der Kreithmayer Schorsch etwas auf Bairisch, das ich nicht verstand. Ich nickte und lächelte, und der Schorsch brach in sein Lachgeschepper aus. Der Eicher-Traktor ratterte über den Feldweg, vorbei an einem vertrockneten Maisfeld, an braunen, frisch gepflügten Äckern und Wiesen. Nur die Autobahn Richtung München und ein paar vereinzelte Bäume schränkten den Blick über diese oberbayerische Schotterebene ein. Die Herbstluft roch nach Erde, Gras und Kuhmist.

Auf einer Kreuzung zweier Feldwege hielt der Kreithmayer Schorsch an.

«Jetzt fahrst du.»

Ich setzte mich auf den Plastikschalensitz und fühlte mich wie ein kleinwüchsiger Jockey auf einem Minotaurus.

«Und jetzt?», fragte ich.

«Jetzt fährst los, 'zefix! Des ist wie bei den Weibern. Wenn die einmal heiß san, dann laufts wie von alleine.» Er lachte wieder.

Ich wollte den Schalthebel in den Gang wuchten, ganz so, wie es der Kreithmayer Schorsch eben getan hatte, aber da klemmte etwas.

«Na, fest rein, wie bei den Weibern, hab ich doch gesagt. Nei mit dem Ding!»

Ich nackelte, aber es ging nicht.

«'zefix, mit Kraft halt, so ein Traktor ist koa Fahrradl.»

Ich gab Gas, vergaß aber leider dabei zu lenken. Wir fuhren in ein Maisfeld hinein.

«Den Mais brauchen wir noch für die Viecher, den derfsd ned kaputt fahren.»

Ich fuhr rückwärts in den braunen Acker hinein.

«Na, jetzt bleibst auf der Straßn», sagte der Kreithmayer Schorsch, womit er freilich den einspurigen Schotterweg meinte.

Und dann fuhr ich. Der Eicher-Traktor mit dem Kreithmayer Schorsch und mir flog mit 30 Kilometer in der Stunde über die braun-grüne Landschaft, die Luft war frisch, unsere Backen färbten sich rot, und das Geschepper des alten Geräts scheuchte alle nicht notwendigen Gedanken aus meinem Kopf.

Nach einer halben Stunde sagte der Kreithmayer Schorsch, es sei Zeit für eine Pause. Er zog unter dem Sitz zwei erd- und mistverkrustete Bierflaschen hervor und entfernte beide Kronkorken mit seinen Eckzähnen.

«Für so einen G'studierten machst dich gar nicht schlecht.»

Das war nett, denn ich hatte den Eindruck, dass der Kreithmayer Schorsch niemand war, der inflationär mit Komplimenten umging. Das Bier schmeckte anders: reiner als auf Finks Matratzenlager, klarer als in der S-Bahn Richtung München und nahrhafter als auf einer Party im katholischen Pfarrheim. Es war ein verdientes Bier.

Wir sprachen beide kein Wort, bis unsere Flaschen zur Hälfte geleert waren.

«Wirst du mal Bauer?», fragte ich.

«Wos denn sonst?», bellte der Kreithmayer Schorsch.

«Keine Ahnung, vielleicht Zahnarzt oder Anwalt oder so.»

«Geh, Schmarrn. Bei uns in der Familie waren immer alle Bauern, da kannst ned einfach sagen: Ich mach jetzt, was ich will. Außerdem müsste ich ja dann von hier weg.»

«Aber jeder will doch von hier weg!»

«Na, bloß ihr, du und die ganzen Giftler, ihr wollt's weg, weil's ihr denkt, ihr seid's was Besseres, und weil's ihr glaubt, in der Stadt, da san die besseren Weiber. Aber mir gefällt's hier draußen, ich mag die Viecher und die frische Luft. Den ganzen Tag in einem Büro sitzen und gescheit daherreden, des wäre nix für mich.»

Der Kreithmayer Schorsch grunzte und spuckte einen Batzen grünen Schleim auf den Feldweg. Er leerte seine Bierflasche in einem Zug.

«Jetzt fahrma heim, da gibt's was zu essen.»

Wir stapften in die aufgeheizte Stube, wo in der Ecke noch immer der Vater vom Kreithmayer Schorsch saß, Bier trank und desinteressiert den «Münchner Merkur» durchblätterte. Die Mutter, eine rundliche Person in einem bunten Kittel, deren Haare unter einem Kopftuch verborgen waren, deckte den Tisch. Im Radio lief Bayern 1.

«Taugt der wos?», fragte der Vater vom Kreithmayer Schorsch, ohne seinen Blick von der Zeitung abzuwenden.

«Passt schon, Papa», sagte der Kreithmayer Schorsch, «für einen G'studierten stellt er sich nicht so deppert an.»

«Aha», sagte der Vater vom Kreithmayer Schorsch.

Die Mutter stellte eine Schüssel dampfender Semmelknödel auf den Tisch und dann eine Schüssel Sauerkraut und eine Platte mit schwer identifizierbarem Fleisch. Manches davon war ballonartig in Wurstform gepresst in den Farben blutrot und grau, anderes ähnelte Speck. Schnitt man eine der Würste auf, quoll aus ihnen eine graue oder blutrote zähe Masse hervor.

«Des ist Blutwurscht und Leberwurscht, ois selber g'macht», sagte die Mutter vom Kreithmayer Schorsch stolz. «Die hat der Schorschi letzte Woche selber geschlachtet, ge, Schorschi?»

«Ja, Mama.»

Die Fleischmasse zerfloss in meinem Mund und füllte bald den gesamten Gaumen aus. Ich gab mir Mühe, die Assoziationen, welche beim Aufschneiden der Wurst und anschließenden Herausquellen der Fleischmasse entstanden, auszublenden, und schluckte. Es war ein würziger, deftiger Geschmack. Ich schob ein Stück Knödel hinterher, nahm einen Bissen Sauerkraut und spülte alles mit einem Schluck Bier herunter. Der Kreithmayer Schorsch und sein Vater schmatzten beim Essen und gaben ab und zu ein Grunzgeräusch von sich.

«Wos mogst jetzad du späda amoi wern?»

Ich sah den Vater vom Kreithmayer Schorsch fragend an. Der Kreithmayer starrte zurück.

«Hm?», fragte ich.

«Ha?», schrie der Kreithmayer.

«Was möch-test-du-spä-terr-ein-mal-wer-den?»

«Weiß ich nicht, irgendwas studieren.»

«Irgendwas?» Der Vater vom Kreithmayer Schorsch stopfte sich einen gewaltigen Batzen Sauerkraut in den Mund.

«Vielleicht Psychologie oder so.»

«Aha. Des sagt mir jetzt nix», sagte der Vater vom Kreithmayer Schorsch mit vollem Mund.

«Josef», bat die Mutter vom Kreithmayer Schorsch. «Ned mit vollem Mund sprechen, wenn wir doch Gäste haben.»

«Und wie lange dauert der Schmarrn?», fragte der Vater und schob sich ein Riesenstück Semmelknödel in den Mund.

«Vielleicht vier, fünf Jahre.»

«Und wer zoid's?»

«Was?»

«Wer des zoid, des Studium?»

Ich verstand nicht.

«Wer das be-zahlt, die-ses Stu-di-um?»

«Äh, das wird schon gehen.»

«So.»

Der Vater vom Kreithmayer Schorsch spießte ein Stück Speck auf seine Gabel. Ehrlich gesagt, hatte ich mir noch nie Gedanken gemacht, wie man so etwas bezahlt, so ein Studium.

«Bei uns auf dem Hof wird g'arbeided. Da kann niemand einfach mal so fünf Jahr nix machen.»

«Ich könnt Landwirtschaft studieren, Papa, in Freising», sagte der Kreithmayer Schorsch. «Des würd auch für die Arbeit auf dem Hof was bringen.»

«Geh, Schmarrn. Des braucht koa Mensch, so an Scheißdreck. Dei Vota hat a nix studiert. Wo wärma denn da hikomma, wenn i an ganzen Tag Biacha gles'n hätt? Wer hätt denn dann an Stoi sauba g'macht? Und die Kia g'moikn?»

«Aber …»

«Nix aber.»

«Hat's unserem Gast geschmeckt?», fragte die Mutter vom Kreithmayer Schorsch, um die Diskussion zwischen Vater und Sohn zu beenden.

Ich nickte.

Der Kreithmayer Schorsch brachte mich zur Tür. «Dann sehma uns des nächste Mal bei dem Theorie-Schmarrn.»

Mexiko, rückwärts eingeparkt

Ich weiß bis heute nicht, was schlimmer ist: die theoretische Prüfung nicht zu schaffen oder die praktische. Durch den Theorieteil zu fallen, ist dämlich, verdammt dämlich. Aber die Fragen sind derart einfach, dass der Test nichts über die Intelligenz des Ausfüllenden sagt. Man kann ihm höchstens vorwerfen, so blöd gewesen zu sein, den Kram nicht auswendig gelernt zu haben, also Faulheit oder Übermut. Die praktische Prüfung nicht zu schaffen, weil man nicht zwei, drei, sondern 24 Anläufe braucht, um sich rückwärts in diese vermaledeite Parklücke zu quetschen, oder weil das Auto bei der Berganfahrt ständig abstirbt und schließlich sanft die Stoßstange des dahinter wartenden und beständig hupenden Verkehrsteilnehmers berührt oder weil man die Reihenfolge Rückspiegel, Seitenspiegel, Schulterblick beim Linksabbiegen dann doch durcheinanderbringt, ist zwar ärgerlich, aber doch zutiefst menschlich.

Ich hatte mir am Tag vor der Prüfung alle Bögen einmal kurz angesehen. Da waren Fragen wie:

Sie fahren außerhalb geschlossener Ortschaften und wollen nach rechts in eine Vorfahrtstraße einbiegen. Worauf müssen Sie achten?

Antwort 1: Von rechts könnte sich ein überholendes Fahrzeug nähern.

Antwort: 2: Ich muss beim Rechtsabbiegen nur nach links schauen.

Oder:

Was müssen Sie beachten, bevor Sie in einen Tunnel einfahren?

Antwort 1: Nebelscheinwerfer einschalten

Antwort 2: Auch am Tage in gut beleuchteten Tunneln mit Abblendlicht fahren

Antwort 3: Sonnenbrille abnehmen

Sonnenbrille abnehmen! Der Einzige, der vielleicht auf den Gedanken kommen könnte, in einem Tunnel seine Sonnenbrille nicht abzunehmen, war Fink. Aber Fink saß im Jugendknast und kam daher gar nicht in Verlegenheit, eine solche Frage falsch zu beantworten.

Wer dachte sich solche Fragen aus? Hielt derjenige alle potenziellen Führerscheinanwärter für gehirnamputierte Traktorfahrer und durch jahrzehntelangen Inzest geschädigte Dorfbewohner? Jeder normal geratene Mensch musste solche Fragen allein mit seinem gesunden Menschenverstand beantworten können.

Horst hustete wie ein alter Elefant. Erst als er sich eine Ernte 23 anzündete, wurde es besser. Hastig holte er aus der Schublade einen Flachmann hervor, schraubte den Deckel ab. Er nahm einen Schluck und verstaute die metallene Flasche ebenso schnell, wie er sie hervorgeholt hatte.

«Es gibt immer wieder ein paar Pfeifen, die sogar zu blöd sind, ein paar Kreuze auf so einem Fragebogen richtig zu setzen. Für mich vollkommen unverständlich, wie man so beknackt sein kann. Aber von solchen Idioten lebe ich.» Horst gab ein Geräusch von sich, welches halb Röcheln, halb Lachen war. «Aber einen», sagte Horst, «mindestens einen haut's immer durch. So auch dieses Mal. Ich hätte ja nichts dagegen» – Horst rang sich ein Grinsen ab –, «wenn ich mich nicht darüber ärgern würde, wie viel Dummheit in einen Kopf reinpasst.»

Es war still. Die Augen der Hellinger Sabine füllten sich mit Tränen, sie schluchzte. Der Kreithmayer Schorsch biss in seine Leberkässemmel und brach in sein Scheppergelächter aus und brüllte durch den Raum: «Jetzt heult die schon wieder!» Ein Stückchen Leberkäse landete auf dem Schreibpult der Hellinger Sabine, woraufhin diese erst richtig zu flennen begann.

Ich sah mich um: Die Hellinger Sabine war schon in der Grundschule durch die theoretische Fahrradprüfung gefallen, was den Grundschullehrer sehr geärgert hatte und der Sabine die Tränen in die Augen getrieben hatte. Ihre Eltern waren keine zugezogenen Akademiker, sondern stammten aus einer Familie, die schon in Dingenskirchen gelebt haben musste, als der Kirchturm 1492 erbaut worden war. Ihre Chancen standen also nicht gut. Und die Verachtung Kreithmayer Schorschs gegen alles Theoretische, Akademische, Schriftliche brachte auch ihn in die Gefahrenzone.

Bombe umklammerte seine drei Stifte. Röchelnd erhob sich diese klapprige Dampfmaschine namens Horst und begann, die Bögen auszuteilen.

«Den möcht' ich sehen, der so saublöd ist, dass er durch den Schmarrn durchfällt», jauchzte der Kreithmayer Schorsch. Ich hatte dieses bayerische Urviech auf unseren Traktorfahrten über die Feldwege und Äcker nicht gerade liebgewonnen, aber doch so schätzen gelernt, dass ich mich für ihn fremdschämte.

Horst ging zum Toni und gab ihm den Bogen zurück. Horst sagte nichts, aber der Toni sagte: «So ein Scheißdreck. Jetzt brauch ich einen Schnaps!» Die Hellinger Sabine zitterte mittlerweile am ganzen Körper.

«Mei Mädel», sagte der Horst zu ihr, und das Gesicht der Hellinger Sabine verkrampfte sich zu einem Lächeln.

Bombe bekam seinen Bogen zurück. Er ballte seine Punkfinger zu einer Faust und rief strahlend: «Null Fehler!»

Als der Kreithmayer Schorsch seinen Bogen zurückbekam, zeigte er gar keine Reaktion. Er biss einfach nochmals in seine Leberkässemmel und kaute genüsslich wie eine Kuh darauf herum. Mein Bogen war zerknittert, und auf der ersten Seite waren Bier- und Ascheflecken. «17 Fehler» stand oben links. Es war ich. Ich war durchgefallen.

«Gymnasiastendepp», brüllte der Kreithmayer Schorsch und klopfte mir auf die Schulter. «Aber mach dir nix draus, immerhin kannst jetzt Traktor fahren!»

Bombe, die Hellinger Sabine und der Kreithmayer Schorsch verließen den Raum, und zurück blieben Horst, der Toni, ich und diese wahrscheinlich seit einem Jahrzehnt tote Yucca-Palme.

Horst flüsterte dem Toni etwas zu und reichte ihm seinen Flachmann.

«Was machst du noch da?», röchelte er, als er sah, dass ich den Raum noch nicht verlassen hatte.

«Ich … denke nach.»

«Bringt nichts, nachdenken, kann ich dir gleich sagen. Bei dir ist Denken für den Arsch. In sechs Wochen ist die nächste Prüfung. Und jetzt hau ab, ich habe Feierabend.»

· · ·

Ich lernte. Ich kreuzte mich durch Bögen, in denen es um den Kraftstoffverbrauch von Vier-Takt-Motoren, die drohende Gefahr einer Straßenüberquerung einer Wildschweinfamilie und Rollstuhlfahrer in der verkehrsberuhigten Zone ging.

Eine Woche später saß ich wieder bei Horst im Auto und fuhr über eine Landstraße. Horst rauchte.

«Ich war mal in Mexiko», sagte er.

Dort vorne war ein Schild, auf dem die Zahl 80 stand. Ich sah auf den Tacho. Er zeigte 90 Kilometer pro Stunde an.

«100», sagte Horst. «Fahr 100. Das ist eine Landstraße. Auf Landstraßen fährt man 100. In Mexiko gibt es gar keine Verkehrsregeln. In Mexiko fährt jeder, wie er will. Da würde jemand wie du schon tot sein.»

Das Schild kam näher. 80, dachte ich. 80 km/h.

«Fahr schneller jetzt. Fahr 100. In Mexiko fahren nur Verrückte. Wenn du dort auf der Straße überleben willst, musst du hart sein. Das sag ich dir, das ist nicht so wie hier.»

Ich trat aufs Gas. Die Tachonadel näherte sich langsam der 100 an. Und unser Auto näherte sich dem Schild.

«Brems jetzt! Verdammte Scheiße, brems doch jetzt! Da steht 80!», schrie Horst. Ich trat, so fest ich konnte, auf das Bremspedal. Etwas quietschte. Horsts Körper wurde in Richtung Windschutzscheibe geworfen. Horst bekam einen Hustenanfall. Das Auto stand auf der Landstraße. Horsts Husten steigerte sich in ein infernales Geröchel. Sein Körper zuckte und ruckelte. War das ein epileptischer Anfall?

«Horst?»

Ein Speichelfaden hing aus seinem Mundwinkel. Sein Kopf lief hochrot an, die Adern auf seiner Stirn schwollen zu bläulichen Regenwürmern an. Hinter seinen daumendicken Brillengläsern waren keine Augen mehr zu erkennen, da waren nur noch feuerrote Schlitze.

«Horst? Ist alles in Ordnung.»

Er röchelte.

Hatte Horst Lungenkrebs? Starb mein Fahrlehrer etwa

gerade auf einer Landstraße neben einem abgeernteten Maisfeld?

«Horst?», schrie ich.

«Arschloch!»

Horst lebte. Er kramte aus dem Handschuhfach eine Ernte 23 hervor und nahm einen tiefen Zug. Der Husten verebbte.

«80 stand da, 80! Nicht ‹Stop›! Kennst du den Unterschied zwischen ‹80› und ‹Stop›? Wenn da ‹80› steht, sollst du 80 fahren. Wenn da ‹Stop› steht, sollst du anhalten! Und was steht auf diesem verdammten Schild?»

«80», sagte ich.

«Fahr weiter, Arschloch.»

Horst und ich sprachen den Rest der Fahrstunde nicht mehr. Er erzählte auch nichts mehr von Mexiko, obwohl es mich durchaus interessierte, was Horst wohl in Mexiko getrieben hatte. War er mit einem VW Käfer die Panamericana entlanggefahren? War Horst am Ende einmal ein Hippie gewesen?

Als wir am Metzger von Dingenskirchen vorbeikamen, sagte Horst, ich solle anhalten. Er stieg aus und kam ein paar Minuten später mit einer Leberkässemmel und einer Flasche Bier zurück. Der Duft der Leberkässemmel ergab mit dem Ernte-23-Rauch eine Mischung, die nach Sülze und Tod roch.

«Du machst in zwei Wochen Prüfung», sagte er, nachdem er von der Semmel abgebissen hatte.

«Nächste Woche noch Nachtfahrt und zweimal Autobahn. Dann machst du die Prüfung.»

«Ist ein bisschen früh, oder?»

«Mir egal, ich kann dich nicht mehr sehen.»

«Und wenn ich durchfalle?»

«Depp.»

Ich nickte.

Der Toni und ich bestanden im zweiten Anlauf die Theorieprüfung. Ich hatte fünf Fehler, und der Toni drückte Horst die Hand, ging zum Bahnhofskiosk und kam mit zwei Fläschchen Asbach Uralt zurück, von denen er eine Horst in tiefer Dankbarkeit überreichte. Horst meinte, er könne jetzt nur einen kleinen Schluck nehmen, weil er gleich «mit dem da», er deutete mit einem Kopfnicken auf mich, zur praktischen Fahrprüfung müsse. «Schade», sagte Toni. «Dann aber heute Abend bei der Gerti Vollgas», woraufhin Horst und der Toni über die gelungene Anspielung lachten. «Vollgas», wiederholte Horst, und der Toni leerte die Flasche Asbach in einem Zug.

Ich biss auf das neunte Stück Traubenzucker an diesem Tag und spülte den sauren Geschmack mit Cola herunter.

«Los jetzt», sagte Horst. «Hab nich' ewig Zeit heute, haste ja gehört.»

Der Fahrprüfer war ein Mann um die 50 mit Halbglatze. Er trug ein senfgelbes Tweedsakko und eine Hornbrille. Er hätte auch Sachbearbeiter in einer Versicherung sein können oder Moderator einer Politiksendung, bevor das Farbfernsehen erfunden wurde. Er setzte sich auf die Rückbank und legte eine braune Aktentasche auf seinen Schoß. Der Fahrprüfer sprach nicht. Als Horst auf dem Beifahrersitz Platz nahm und sich eine Zigarette anzünden wollte, tippte der Fahrprüfer von hinten auf die Schulter und schüttelte den Kopf. Horst fluchte leise, klemmte sich die Zigarette dann aber hinter sein Ohr. Der Fahrlehrer deutete auf den im Zündschloss steckenden Schlüssel. Zitternd startete ich den Motor und fuhr los. Wir verließen die 30er-Zone um den Bahnhof von Hofning. «Links», sagte der Prüfer. Ich blickte in den Rückspiegel, dann in den Seitenspiegel und drehte meinen Kopf ruckartig über meine linke Schulter. Etwas knackste, und mein Hals tat weh. Ich schaltete in den dritten Gang, und wir näherten uns dem Ende von Hofning. Ich gab Gas und achtete peinlich genau darauf, dass die Tachonadel die Zahl 100 nicht überstieg. Der Prüfer sagte: «Jetzt fahren wir mal auf die Autobahn.» Es war früher Nachmittag und die Fahrbahn nahezu leer. Ich gab Gas, sah in den Rückspiegel, in den Seitenspiegel, verrenkte meinen Hals ein zweites Mal und vergaß zu blinken. Im Augenwinkel sah ich, wie Horsts Gesicht rot anlief. Bis auf die wenigen lustlos ausgesprochenen Anweisungen des Prüfers wie «da links», «hier rechts» war es still im Auto. Niemand sprach ein Wort. Horst war anscheinend stinksauer, weil er nicht rauchen durfte.

Es waren etwa 30 Minuten vergangen, und die Sache lief nicht schlecht. Wir hatten die Autobahn wieder verlassen und waren in Bimskofen angelangt. Ich wusste, was jetzt kommen würde. Eine äußerste Anstrengung aller fein- und grobmotorischen Fähigkeiten, die mein Gehirn mit einer Ausschüttung sämtlicher Adrenalinreserven einleiten würde. Der Gipfel der Prüfung, die Feuerprobe, die absolute Herausforderung. Eine Tortur: rückwärts einparken in drei Zügen.

Wir fuhren in eine verkehrsberuhigte Zone jenseits der Gleise in die Nähe eines der Häuser, in denen Danny gewohnt hatte, bevor er ins Gefängnis gekommen war. Der Prüfer suchte die parkenden Häuser nach einer Lücke ab. Ich fuhr langsamer. Er deutete auf einen Zwischenraum. Er war winzig. Mein Kopf war kurz davor zu explodieren. Horsts auch. Horst hustete wieder mal. «Einparken da», sagte der Mann mit dem senfgelben Tweedsakko. Horsts Husten schwoll an. Der Prüfer warf Horst durch seine Hornbrille einen skeptischen Blick zu. Doch Horsts Husten begann sich gerade erst warmzulaufen wie eine Dampfmaschine mit Anlaufschwierigkeiten.

«Herrgott», sagte der Prüfer.

Horsts Husten schwoll an zu einem Trommelfeuer direkt aus den Tiefen einer schwarzen Lunge.

«Brauchen Sie Hilfe?»

Horst griff an sein Ohr, steckte sich die Zigarette in den Mund und – zündete sie an.

Jetzt begann auch der Prüfer zu husten.

«Sie können hier auf gar keinen Fall rauchen, nicht während einer Fahrprüfung.»

Horst hustete, rauchte, hustete wieder, stieß Rauch hervor und hustete ein bisschen leiser.

«Machen Sie sofort die Zigarette aus.»

Husten.

«Sofort aus!»

Röcheln.

Der Prüfer öffnete die Tür und stieg aus.

«Aus», brüllte er, «sofort aus damit!»

Horst zog aus seiner Hosentasche seinen Flachmann hervor, nahm einen Schluck und öffnete die Tür.

«Ich war schon in Mexiko», röchelte er. «Und da raucht man überall!»

«Nicht in meinem Auto!», schrie der Prüfer.

«Es ist mein Auto! Und in meinem Auto rauche ich, wann es mir passt!»

«Unter keinen Umständen setze ich mich in dieses Auto!»

«Dann gehen Sie eben zu Fuß zurück, es ist nicht weit. Ich lasse mir nicht von Ihnen das Rauchen verbieten.»

Der Prüfer kritzelte etwas auf ein Stück Papier, warf es auf den Beifahrersitz und ging.

Horst spuckte einen Batzen Schleim auf den Asphalt, setzte sich wieder auf seinen Platz und rauchte seine Zigarette zu Ende.

«Fahr heim jetzt, ist vorbei, das Arschloch kommt mir nicht mehr ins Auto.»

Er schaltete das Radio an, es lief tatsächlich «Anita» von Costa Cordalis.

«Horst?», fragte ich vorsichtig.

«Mh.»

«Habe ich jetzt bestanden?»

Horst schleuderte einen rosa Wisch gegen meinen Kopf. Es war mein Führerschein.

Ich fand sie irgendwo, allein in Mexiko, Anita, Anita!, kam aus dem Radio, und Horst brummte mit.

Sonntagsfahrer

Ein Auto über Landstraßen zu lenken, die erst enden, wenn sie der Horizont verschluckt, ist eine Sache. Mit einem Auto durch ein Gewuhrl von Baustellen, mehrspurigen Fahrbahnen, Sackgassen und Einbahnstraßen, an deren Rändern das Parken nur unter äußerst seltenen Konstellationen erlaubt ist, eine andere Sache. Auf dem Land ist eine Straße gewöhnlich die kürzeste Verbindung zweier Ortschaften. Dazwischen liegt manchmal ein Weiler, eine Autobahnüberführung und selten, wenn wieder mal eine Bürgerinitiative der örtlichen CSU an den Karren fährt, auch ein Naturschutzgebiet, das weiträumig umgangen werden muss. Autofahren aber ist leicht: Das Tempo ist 100, die Richtung geradeaus. Landfahrer, die es mit ihrem Vehikel zum ersten Mal in die Stadt verschlägt, stehen deswegen vor großen Problemen: Straßen führen plötzlich nicht mehr ans Ziel, sondern verheddern sich in Bögen, Unterführungen und Einbahnstraßen. Stadtstraßen sind nicht mehr dazu da, Punkte zu verbinden, ihr Sinn besteht nur noch darin, den vom Land kommenden Autofahrer zu verwirren und ihn immer tiefer in das Labyrinth zu locken, an dem er schließlich aus Einsamkeit und Verzweiflung zugrunde geht. Das Gehirn des Landfahrers wird mit unzähligen Reizen bombardiert: Verkehrsschilder, blinkende Lichter, Reklame, Radfahrer (gibt es auf dem Land so gut wie nicht) und andere Autofahrer. So zumindest kam es mir vor, als ich versuchte, Sarah zu treffen.

Ich lernte Sarah dort kennen, wo alle Unterschiede zwischen den Menschen verschwimmen, wo das bayerische Bier alle Standesgrenzen überschwemmt und seine ganze gleichmacherische Kraft entfaltet. Wo sich Wildfremde in den Armen liegen, die Triebe ein sanftes, aber kraftvolles Regiment führen und Blasmusik die Sinne der Menschen vernebelt. Auf dem Oktoberfest. Ich konnte mich am nächsten Tag an nicht mehr viel erinnern. Ich wusste: Sie sah sehr gut aus. Sie wohnte mit ihrer Mutter in einer Wohnung in Schwabing. Sie hörte Hip-Hop, was auf dem Land außer der Bahnhofs-Gang niemand mochte. Sie ging in Läden, von denen ich noch nie etwas gehört hatte, in denen aber ganz unglaublich verruchte Partys, wenn nicht Orgien stattfinden mussten. Kurzum – Sarah war ein Stadtmädchen. Ein weibliches Wesen, in jeder Hinsicht so unglaublich perfekt, dass die Wahrscheinlichkeit, ihre Telefonnummer zu besitzen, so gering war, wie in Dingenskirchen dem Wutang-Clan über den Weg zu laufen.

Vreni zuckte mit den Achseln und sagte, sie sei bestimmt sehr tussig. Alle Mädchen aus der Stadt, die sie kenne, seien irgendwie tussig. Ich erwiderte, dass sie ganz bestimmt nicht tussig sei, und überhaupt, was seien denn dann Mädchen wie Ingrid?

«Die sind baurig, das ist etwas anderes.»

«Was ist denn da bitte der Unterschied?»

«Die denken nicht, dass sie was Besseres sind.»

Vreni zupfte an ihrem Cannibal-Corpse-T-Shirt herum, auf dem ein halbverwester Zombie abgebildet war. Ihre Begeisterung für Death-Metal hatte in letzter Zeit nachgelassen.

«Und was soll ich jetzt machen?»

«Frag sie doch, ob sie mit dir auf das nächste Weißbier- und Negerfest geht. Das ist in drei Wochen wieder.»

«Vreni, das ist nicht lustig!»

«Verabrede dich halt in irgendeinem Café, am besten eines, das nicht mitten in der Stadt liegt. Dann sinkt die Gefahr, dass du dich verfährst.»

Sonntagnachmittag war ein guter Tag, um zum ersten Mal mit dem Auto in die Stadt zu fahren. Die Straßen mussten leer sein, keine Feierabendhektik mit gestressten, aggressiven Familienvätern auf dem Heimweg. Wir waren um 15 Uhr verabredet, in einem Café nicht weit entfernt vom Ostbahnhof. Ich würde also nur gerade der Autobahn folgen müssen, bis sie in die Stadt mündete. Vielleicht noch zwei-, dreimal abbiegen, dann würde ich angekommen sein. Länger als eine halbe Stunde konnte die Fahrt nicht dauern. Ich fuhr um 14 Uhr los. Zur Sicherheit. Es könnte ja sonst etwas passieren – ein Unwetter oder ein illegaler Tiertransport, der auf der Fahrbahn seine Ladung verliert. Die Fahrt verlief reibungslos. Die Autobahn nach München war frei. Kein LKW fuhr an diesem Sonntag, und nur wenige PKW bewegten sich Richtung Stadt. Ich musste nicht viel anderes tun, als geradeaus zu fahren. Ich war zwar über alle Maßen aufgeregt, doch bisher verlief alles nach Plan. Ich malte mir aus, was für ein geniales Paar sie und ich wohl wären. Wir würden in einer Altbauwohnung in Schwabing im Bett liegen und Wein trinken und später zum Frühstücken in ein kleines Straßencafé gehen. Der Gerlinger Sepp und die Mofa-Gang, Frau Deimel und der Vogelkäfig, Jürgen und der 877er, der Kreithmayer Schorsch und der ganze Kuhmist – all das würde bald der Vergangenheit angehören.

Die Autobahn ging hinter einem großen Hochhaus, das aussah wie ein auf die Seite gestelltes Klavier, in die Einsteinstraße, eine dreispurige Einfallstraße, über. Ich bremste, so wie ich es bei Horst gelernt hatte, auf 50 km/h ab. Ich fuhr weiter geradeaus, irgendwo dort vorne musste ich links abbiegen. Die Straßen waren immer noch so gut wie leer. Sie gehörten mir, als hätte irgendjemand extra für mich an diesem Tag alle übrigen PKW von der Straße verbannt. Trotzdem forderte mir das unbekannte Terrain ein hohes Maß an Konzentration ab. Jetzt keinen Fehler machen. Ich bog links ab, dann nochmals rechts. Ich erkannte den Ostbahnhof. Noch fünf Minuten und ich würde mich direkt vor dem vereinbarten Café befinden. Es klappte, alles verlief nach Plan. Am Ostbahnhof bog ich rechts ab. Das Auto ruckelte über ein Kopfsteinpflaster und Trambahnschienen. Ich war in der Stadt! Mittendrin! Mit einem Auto. Dort vorne war es. Ich sah es, ich war angekommen.

Was ich nicht sah, war ein Parkplatz. Auf dem Land gab es immer irgendwo einen Parkplatz. Hier nicht. So oft ich die Straße auch auf und ab fuhr, da war keine einzige Lücke zu finden. Ich sah auf die Uhr. Es war 14.30 Uhr. Ich hatte noch eine ganze halbe Stunde, um einen Parkplatz zu finden. Ich beglückwünschte mich zu meiner Zeiteinteilung und machte mich in der näheren Umgebung auf die Suche.

Ich bog rechts ab, dann links, dann musste ich wieder rechts abbiegen, ich sah eine U-Bahn-Haltestelle, einen Hund, den eine Frau Gassi führte, und dann hatte ich die Orientierung verloren. Es folgte eine Einbahnstraße, von der aus der nächste Weg abermals in eine Einbahnstraße führte. In Dingenskirchen gab es keine Einbahnstraßen. Nach einer weiteren Rechtsbiegung war es zu spät. Ich wusste nicht mehr, wo ich war. Die Straßennamen sagten mir nichts. Der Kunststoff des Lenkrads war glitschig vor Schweiß. Ich zündete eine Zigarette an. Plötzlich hupte jemand. Im Rückspiegel stand ein weißer Fiat, der wohl darauf wartete, dass ich weiter geradeaus fuhr. Ich sah auf die Uhr. Ich hatte noch 20 Minuten. Das war ausreichend. Mit ein bisschen Glück konnte ich es bis 15 Uhr schaffen. 15 Uhr wuchs zu einer fixen Zeitmarke in meinem Kopf heran. 15 Uhr. 15 Uhr. Nichts war mehr so wichtig wie diese eine Uhrzeit. Der Fiat hupte. Ich fuhr los. Vor mir lag eine größere Straße, das war gut. Größere Straßen führten wenigstens irgendwohin. Ich bog ab und sah vor mir die Erlösung. Sie erschien in Form eines Parkhauses. Die Suche hatte ein Ende gefunden. Ich danke dem Gott aller Parkhäuser für meine Rettung. Es war Viertel vor drei. Ich würde es schaffen. Sicher, die gemeinsame Zukunft von Sarah und mir war gerettet. Nachdem ich das Auto abgestellt hatte, zog ich eine Karte an einem dieser gelben Automaten und spazierte gutgelaunt ins Freie. Ich hatte gewonnen. Ich hatte die Stadt mit all ihren Irrwegen besiegt und war im Triumph eingezogen. Die Sonne schien, die Luft roch nach Frühling. Sogar die Zigarette, die ich gerade angezündet hatte, schmeckte nicht ungesund. Nur etwas irritierte mich: Vor mir lag ein Dutzend freie Parkplätze. Die musste ich wohl übersehen haben vor lauter Parkhauseuphorie. Blöd irgendwie: Für einen Parkplatz zu zahlen, wenn direkt daneben ein ganzes Arsenal an Freiflächen nur darauf wartet, kostenfrei beparkt zu werden. Ich lief zurück in das Parkhaus. Der Parkautomat zeigte vier Mark an. Ich suchte nach Geld, aber alles, was ich fand, war ein 50-Mark-Schein. Ich stopfte den Schein in den Automaten, und das gelbe Ding begann zu rattern. Eine Münze fiel in die Geldausgabe. Dann noch eine. Noch eine. Es wurden immer mehr. Scheine gab das Ding nicht zurück. Dieser Parkautomat funktionierte wie ein einarmiger Bandit. Es klimperte und machte keinerlei Anstalten, mit diesem Geräusch aufzuhören. Markstück für Markstück kam da heraus.

Ich stopfte 46 Markstücke in meine Hosentaschen. Das

Gewicht der Münzen brachte meine Hose ins Rutschen. Ich schnürte meinen Gürtel um zwei Löcher enger und bekam Bauchweh. Schweren Schrittes stapfte ich zurück zum Auto und fuhr hinauf. Als ich vor den Parkplätzen stand, war dort auf einmal ein Taxi. Und nicht nur das: Neben dem Taxi war auch ein Schild, auf dem «Taxi» stand. Nochmals in das Parkhaus zurückzufahren, kam mir irgendwie bescheuert vor (obwohl ich genug Geld in den Taschen hatte, um jeden Betrag exakt bezahlen zu können). Ich fuhr die große Straße entlang. Ich hatte noch zehn Minuten. Ich wollte zurück zum Café. Ich würde mich einfach – scheiß auf alles – vor dieses Café stellen, egal, ob dort Parken erlaubt oder verboten war.

Es war Viertel nach drei, als ich zwar immer noch nicht wusste, wo ich war, aber einen Parkplatz fand. Ich nahm ihn und stieg in ein Taxi und nannte dem Fahrer die Adresse des Cafés. Meine einzige Hoffnung war, sie würde gewartet haben. Um 15.20 Uhr war ich endlich dort, wo ich bereits vor 50 Minuten gewesen war. In der Zwischenzeit war ich um 15 Mark ärmer geworden und ein nervliches Wrack. Nur Sarah war nicht da. Sie kam auch nicht mehr.

Out of Nowhere

Warum ist da kein einziges Münchner Kennzeichen?», fragte ich.

«Wenn du in der Stadt leben tätest, würdest du dann herausfahren?»

Vreni sprach in letzter Zeit anders. Sie hatte sich diese überdeutliche Aussprache angewöhnt, in die Bayern immer dann verfallen, wenn sie Hochdeutsch sprechen sollen und damit ihre Ablehnung gegen die ihrer Meinung nach Überkorrektheit und Pedanterie alles Preußischen zum Ausdruck bringen wollen. Nur: Ich konnte mich an überhaupt keine Gelegenheit erinnern, bei der Vreni überhaupt schon einmal Bairisch gesprochen hatte.

«Auf keinen Fall!», sagte ich. «Aber die Leute … die Leute, die hier sind, fahren ja 50 Kilometer und mehr, nur um in dieses Out zu kommen. Die könnten doch gleich nach München.»

«Das sind Großraumdissen-Fans. Die kommen wegen der Lasershow und der Schaumparty. Manche fahren sogar von Österreich hierher.»

Das «Out of Nowhere» lag im Gewerbegebiet von Hofning. Es war ein gigantischer Quader, der nachts permanent von Scheinwerfern angestrahlt wurde. In klaren Nächten konnte man das «Out», wie es alle nannten, also «Aut», sogar noch hinter dem Bimskofener Forst erkennen; wie einen Leuchtturm inmitten des Speckgürtels. Auf seinem Dach prangte in großen, blau leuchtenden Lettern «Out of Nowhere». Es war die einzige Großraumdisse des Landkreises, die diesen Namen auch wirklich verdiente. Das Out warb mit Superlativen wie «2500 Quadratmeter – der größte Dancefloor Oberbayerns» oder «Vier Floors für jeden Musikgeschmack» und «Die längste Weißbiertheke Mitteleuropas», was auch immer das zu bedeuten hatte. Vor dem Quader erstreckte sich ein Parkplatz, auf dem an guten Nächten mehrere hundert Autos standen. Heute war eine gute Nacht.

Von hier waren es etwa 20 Kilometer bis nach München. Es war Freitagabend. Der Scheinwerfer von Vrenis Golf warf ein Licht auf die Nummernschilder der parkenden Autos: MÜ, EBE, ED, RO, FS, PA, R, DAH, und FFB. Mühldorf am Inn, Ebersberg, Erding, Rosenheim, Freising, Passau, Regensburg, Dachau und Fürstenfeldbruck.

Und warum waren wir hier? Aus Neugierde, und weil, so hatte ich den Verdacht, Vreni auf irgendeinen Typen stand, der hier verkehrte, dessen Namen sie mir aber nicht nennen wollte. Vreni hatte zum 18. Geburtstag einen neuen VW Golf bekommen. Ihre Eltern besaßen einen florierenden Düngerhandel in Bimskofen. In letzter Zeit sagte sie öfter Sätze wie «Vielleicht übernehme ich den Laden ja einmal».

Wir stellten das Auto ab und gingen über den Parkplatz Richtung Eingang. Wir kamen an einem Auto vorbei, dessen Türen offen standen. Aus dem Inneren bumperte dumpf ein Song des «Wutang-Clan». Vor dem Auto lehnten fünf junge Männer, als posierten sie gerade für ein Hip-Hop-Video. Zwei hatten die Arme vor der Brust verschränkt, der dritte blickte starr zu Boden. Die anderen beiden saßen auf den Vordersitzen und nickten mit dem Kopf. Alle trugen weiße Baseball-Caps, und alle hatten irgendwelche glitzernden Stecker oder Ringe im Ohr.

«Der Nazi kriegt auf die Fresse», bellte einer. Es war Özcan vom Bahnhof.

Wir gingen schneller, aber Özcan meinte uns nicht. Seitdem er mit seinen Cousins bei Finks Hütte gewesen war, war unser Verhältnis entspannt; er grüßte, indem er kurz mit dem Kopf nickte.

Wir gingen weiter und stellten uns in eine Schlange, die so lang war wie der Sportplatz von Dingenskirchen. Die meisten Frauen rochen stark nach Erdbeere, was wohl mit einem bestimmten Parfüm zu tun hatte. Die bayerischen Männer stanken nach Schweiß und Alkohol, die nicht-bayerischen, meist Türken oder Albaner, rochen auch nach einem anderen Parfüm, das einen starken Anisgeruch verströmte.

«Vreni, wir können hier nicht bleiben», jammerte ich. Was durch die Tür der elendlangen Schlange nach außen drang, war «2 Unlimited» und ein wenig später die «Venga Boys».

«Du darfst das alles nicht so ernst nehmen. Kannst du es nicht mit Humor sehen?»

In diesem Moment knallte etwas auf meine linke Schulter, das sich anfühlte wie ein voller Kasten Bier.

«Servus! Na endlich sehma uns mal wieder! Hast jetzt den bleeden Schein endlich?»

Die blonden Locken des Kreithmayer Schorsch standen wie immer wirr nach allen Seiten ab, aber er hatte sich für diesen Anlass Mühe gegeben: Unter einem etwas verschlissenen Bundeswehrparka lugte der weiße Kragen eines Hemdes hervor. In der Hand hielt er zwei kleine Schnapsflaschen, von denen er mir eine in die Hand drückte.

«Ja, aber nur mit viel Glück», sagte ich. «Als ich rückwärts einparken sollte, hat sich Horst im Auto eine Zigarette angezündet, woraufhin der Prüfer ausgeflippt ist und sich mit Horst gestritten hat. Das Rückwärtseinparken hat er dabei ganz vergessen. Und du?»

«Mog i ned drüber reden», der Kreithmayer Schorsch schraubte die Schnapsflasche auf und kippte den Inhalt in seinen Riesenkörper.

Dann beugte er sich zu mir hinunter und sagte mit leiser Stimme und in ebenso überkorrektem Hochdeutsch: «Ich-habe-kei-nen-Führer-schein.»

«Wegen was denn?»

«Hab i vergessen!» Der Kreithmayer Schorsch schepperte schon wieder los und klopfte mir abermals brachial auf die Schulter.

«Is mir a wurscht, sag i dir ganz ehrlich. Is mir sogar scheißegal! Weil fahren tun wir sowieso, ob mit oder ohne Führerschein.»

Der Kreithmayer Schorsch, so erzählte mir später einer seiner Kumpels, hätte mit dem Horst beinahe eine Schlägerei angefangen, weil dieser ihn als «dummen Bauern» beschimpft hatte. Jetzt hatte er die Fahrschule gewechselt, aber bis er wieder zur praktischen Prüfung zugelassen war, würden noch einige Wochen vergehen, und dem Kreithmayer Schorsch war die Lust auf Fahrstunden nach diesem Erlebnis irgendwie vergangen.

Der Blick des Türstehers wanderte von meinem Gesicht abwärts auf meine Skate-Schuhe, deren Loch am rechten großen Zeh nicht mehr zu übersehen war, und wieder hinauf zu meinem Gesicht. Dann sah er in das Gesicht des Kreithmayer Schorsch, der ihn grinsend mit einer Alkoholfahne ansah. Ein

Moment verging, dann nickte der Mann, und wir gingen an ihm vorbei.

Ich war noch nie auf einer Schaumparty gewesen. Nur hatte ich es mir ein wenig orgiastischer vorgestellt. Die Tanzfläche glänzte glitschig. Zwei Grufti-Mädchen mit schwarz umrandeten Augen versuchten lustlos, sich gegenseitig einen Schaumball zuzuwerfen. Ein paar nach Erdbeeren riechende Mädchen tanzten auch. Ab und zu blubberte aus einer Maschine, die Ähnlichkeiten mit den Dingern hatte, die die Ghostbusters auf den Rücken trugen, süßlich riechender Schaum. Der lila Scheinwerfer, der periodisch den Schaum beleuchtete, war nicht im Takt. In der Mitte der Tanzfläche hing eine Discokugel.

Männer waren keine auf der Tanzfläche, die standen alle an einer Bar oder saßen auf kleinen gepolsterten Sitzgruppen, in deren Mitte ein Tisch mit einer Flasche Wodka und ein Kübel mit mehreren Red-Bull-Dosen standen. Die meisten von ihnen sahen finster aus. Es musste sich um Menschen handeln, die zur Schau gestellte gute Laune für ein Zeichen von Schwachsinn halten.

Der Kreithmayer Schorsch lief an die Bar und kam mit drei Rüscherln, dieser Cola-Weinbrand-Mischung, zurück.

«Kumm, saufen jetzt!»

Vreni lehnte ab, woraufhin der Kreithmayer Schorsch nur den Kopf schüttelte und das für sie bestimmte Glas in einem Zug austrank.

«Fahren wir wieder», sagte Vreni plötzlich. «Hier ist es scheiße. Hier sind nur Idioten.»

«Aber du hast doch gesagt, man muss es mit Humor nehmen.»

Aus den Boxen schrie eine aufgedrehte Stimme «Hyper hyper!»

«Geil, Scooter mog i gern!», freute sich der Kreithmayer Schorsch, lief auf die Tanzfläche, wo er zunächst ausrutschte und dann auf die zwei Grufti-Mädchen fiel, die kreischend die Tanzfläche verließen. Einer der Jungs, die die ganze Zeit mit verschränkten Armen am Rande der Tanzfläche gestanden hatten, bewegte sich jetzt auf den Kreithmayer Schorsch zu. Er machte eine Art aggressive Greifbewegung in Richtung Schorschs, rutschte aus und fiel ebenfalls auf den gefliesten Boden.

«Wen hast du eigentlich gesucht?»

«Ach egal, er ist nicht hier. Es war eine blöde Idee von mir. Fahren wir, los.»

Vreni griff mich am Ärmel meines Pullovers und zog mich Richtung Ausgang.

«Hey, wart's auf mich!», rief der Kreithmayer Schorsch. Sein Gesicht glänzte.

«Mir g'fällts da herinnen auch nicht, nehmts mich mit.»

In Vrenis Golf baumelte neuerdings ein Duftbaum und strömte starken Minzgeruch aus, und obwohl ich die Dinger nicht mochte, war ich angesichts des nicht mehr ganz so frisch riechenden dritten Passagiers froh darum. Draußen standen sich die Gruppe der Jungs mit weißen Baseball-Caps und eine Art Mofa-Gang gegenüber. Wahrscheinlich kamen sie aus einem anderen Landkreis, denn wir kannten niemanden von ihnen. Die Mofa-Gang-Mitglieder trugen allesamt schwarze Lederjacken, während die Baseball-Caps von Özcan und seinen Jungs weiß leuchteten. Die Situation erinnerte an ein Musical oder ein Theaterstück. Zwei aus der Gruppe schubsten sich gegenseitig herum, während die anderen gespannt abwarteten. Özcan schrie «Hurensohn». Ein MoGaMi konterte mit «Drecksau». Eine flache Hand landete im Gesicht des MoGaMis. Es war das Signal zur Schlägerei, denn dieser schlug nun wild mit der Faust auf Özcan ein. Sein weißes Cap flog auf den Asphalt, Özcan deckte sich, doch prasselten so viele Schläge auf ihn ein, dass er gar keine Gelegenheit erhielt zurückzuschlagen. Einer seiner Jungs sprang mit ausgestrecktem Fuß auf eine Schwarzjacke zu, der sich zur Seite drehte, um den Angriff mit seinen Ellbogen abzuwehren. Beide lagen am Boden. Wieder schrie einer «Hurensohn!», und nun stürmten die restlichen sechs Kombattanten aufeinander zu.

«Schaug dir de o», sagte der Kreithmayer, seinen Kopf zwischen die beiden Vordersitze geklemmt. In der Ferne hörten wir eine Polizeisirene. Vreni startete den Motor.

«Schorsch, magst heim?», fragte sie.

«Ist mir wurscht», sagte der Schorsch. «Fahr irgendwo hin, aber ned heim. Oder von mir aus auch heim, es ist mir egal. Es ist eh überall das Gleiche.»

Vreni hielt zehn Minuten später an der Tankstelle am Ortsrand von Hofning. Die Tankstelle leuchtete hell in die Nacht hinaus. Wir waren an einem Fixpunkt in dieser zerfaserten, zersiedelten Landschaft angekommen. Ein Dreiklang aus Bier, Benzin und Bifi-Balls versprach Großes. Diese Tankstelle unterschied sich in nichts von ihren Schwestern in München, Berlin, London.

Wir gingen hinein, kauften drei Bier und der Kreithmayer Schorsch sich noch einen Eine-Mark-Schnaps, auf dessen Etikett bunte Luftballons abgebildet waren. Die warme Luft der Nacht strich über die feinen Haare unserer Unterarme. Wir saßen auf dem Bürgersteig und warteten, bis die Polizei oder der Tankstellenchef kommen würde, um uns zu verscheuchen. Wir redeten über Fink und nahmen uns vor, ihn bald endlich einmal zu besuchen. Jetzt, mit dem Führerschein, sei das ja kein Problem mehr. Wir sprachen über Schmidi, wie sehr er uns manchmal auf die Nerven gegangen war, und dass die Ingrid jetzt mit dem Gerlinger Sepp zusammen war. Ich dachte an die blaue Hochsprungmatte am Sportplatz von Dingenskirchen, und der Kreithmayer Schorsch erzählte, wie er als Achtjähriger beim Kuhmelken ausgerutscht war und in den Misthaufen gestolpert war. Es war Spätsommer, und in einem Monat stand die Bundestagswahl an.

Irgendwann kam Bombe, der sich jetzt wieder Marcel nannte, aber noch immer seine alte Lederjacke trug, mit seinem nagelneuen Golf vorbei. Er kaufte sich eine Packung Kaugummi und Drehtabak. Wieder draußen nahm er aus einem Eimer einen Schwamm und putzte die Scheiben seines Autos.

«Lass uns Republikaner-Wahlplakate kaputt treten!», schlug Vreni vor.

«Scheiß Faschos», sagte Marcel, wischte pedantisch an einem Batzen Taubendreck herum.

«Mein Vater wählt die», sagte der Kreithmayer Schorsch und zögerte. «Aber i mogs a ned, fahr'ma los!»

Wir stiegen in das Auto und fuhren über die nächtliche Landstraße. Vorbei an der alten Mühle, den kurz vor der Ernte stehenden Maisfeldern und den nun blau schimmernden Wiesen. Vor der Autobahnbrücke, dort wo rechts das Moor lag und links eine Abzweigung zum Hof der Kreithmayers führte, war die Luft kühl und feucht. Die Straße war leer, nur die Scheinwerfer von Marcels Golf waren noch hinter uns. Fünf Minuten später waren wir in Dingenskirchen. An der Bushaltestelle hielt Vreni. Wir stiegen aus, der Kreithmayer Schorsch riss das Plakat aus seiner Drahtaufhängung und warf es auf den Boden. Er sprang mit beiden Füßen darauf herum. Der Gritschneder Marcel kritzelte mit einem Edding auf die Scheibe des Haltestellenhäuschens den Satz «Punx not dead!». Wir fuhren weiter zum nächsten Plakat. Diesmal schleuderte ich es auf die Straße, und Vreni fuhr mit dem Auto immer wieder darüber, als handele es sich um eine Leiche in einen Horrorfilm, die bis zur Unkenntlichkeit verstümmelt werden muss. Als wir ganz Dingenskirchen erledigt hatten, fuhren wir weiter nach Bimskofen. Beim nächsten Plakat holte Marcel eine Flasche Feuerzeugbenzin aus seinem Auto und überschüttete das Plakat damit. Die Flammen waren immerhin einen guten Meter hoch, als der Kreithmayer Schorsch damit anfing, noch mehr brennbares Material wie Äste und Zweige daraufzuwerfen.

Wir fuhren weiter. Überall im ganzen Landkreis brannten nun kleine Feuer aus Wahlplakaten der Republikaner. Wir beglückwünschten uns gegenseitig zu dieser gelungenen Aktion, als wir in der Ferne blaues Licht sahen.

Der Raum, in dem wir saßen, war ein tristes Exemplar einer Beamtenstube. Die Wände waren blassgelb gestrichen und hatten tatsächlich dieselbe Farbe wie die Hemden der Menschen, die hier arbeiteten. Von der Decke flackerte eine Halogenröhre. Auf braunen Sperrholzplatten mit Plastiküberzug lagen ein paar Akten, und an der Wand hing eine Karte des Landkreises, in der in unregelmäßigen Abständen rote Stecknadeln platziert waren. Wir saßen schon seit einer Viertelstunde auf einer Holzbank, von einer dicken Glasscheibe vom Rest des Büros getrennt. Niemand schien uns zu beachten. Ein Beamter mit Schnauzbart in einer für seine Leibesfülle sehr unvorteilhaft geschnittenen, braunen Hose telefonierte und stöhnte dabei immer wieder genervt auf.

«Was soll ich jetzt mit denen? I hab doch was Besseres zum tun, als die Saubuam da zu verhören. Auf der Autobahn hat's an Unfall gegeben. Ja, Unfall. Ja, was Großes, a LKW hat seine

Ladung verloren. Mordssauerei auf der Fahrbahn. Ja, 'zefix. Servus.»

Der Mann mit dem Schnauzbart und dem dicken Bauch winkte uns müde zu sich herein. Es summte, wir drückten die Glastür auf, und er deutete uns mit einer Handbewegung, Platz zu nehmen.

«Ihr habt's also die Wahlplakate kaputt gemacht.»

«Naziwahlplakate», wandte der Gritschneder Marcel ein.

«Des is in dem Fall wurscht, weil Wahlplakat ist Wahlplakat und von welcher Partei des is, geht euch überhaupt nix an. Deswegen ist-das-Sach-be-schä-di-gung und das gibt eine Anzei-geeee.»

Er sagte wirklich «An-zei-geeee».

«Aber ...», sagte der Kreithmayer Schorsch.

«Nix aber. Ihr seid's also herumgefahren und habt's die Dinger angezündet, ja?»

Wir schüttelten alle vier den Kopf.

Es entstand eine Pause.

«Hat dein Vater den Mais schon geerntet?»

Der Kreithmayer Schorsch war etwas verdutzt über die Frage, passte sie doch so gar nicht in diese eher unangenehme Situation. Er sagte: «Na, den Mais ernt'ma immer erst am Ende vom September.»

«Und wie viele Plakate waren des denn?»

«Mindestens 30, Herr Wachtmeister!», sprudelte es aus dem Kreithmayer Schorsch heraus.

Das war jetzt blöd gelaufen.

«Auf keinen Fall», sagte der Gritschneder Marcel, «höchstens drei!»

«Dann sagen wir 15, des liegt in der Mitten.»

Der Mann tippte mit einem Zweifingersystem etwas in seinen Computer. Hin und wieder vertippte er sich, woraufhin ihm ein «Kruzefix» entfuhr. Diese Prozedur nahm etwa 20 Minuten Zeit in Anspruch. Anschließend fragte uns der Mann nach unseren Personalien. Er druckte viermal einen Zettel aus, auf dem der Tathergang in Beamtendeutsch beschrieben war. «In der Nacht vom 22. auf den 23. August beschädigten und zerstörten wir in den Dörfern Dingenskirchen, Bimskofen und Hofning mutwillig bis zu 15 Wahlplakate.»

«Republikaner-Wahlplakate», sagte Marcel. «Ich will, dass dort Republikaner-Wahlplakate steht. Wir haben nur die zerstört.»

«Aber dann muss i ois no amoi tippen», sagte der Polizist.

«Sonst unterschreibe ich nicht.»

Kruzefix, fluchte der Beamte und stieß noch eine ganze Palette weiterer Beschimpfungen auf Bairisch hervor, deren Bedeutung wohl nur der Kreithmayer Schorsch kannte. Seine zwei Finger hackten im Sturzflug neue Buchstaben auf die Tastatur, und nach weiteren zehn Minuten war das Vernehmungsprotokoll bereit, von uns unterschrieben zu werden, was wir der Reihe nach auch taten.

Ein halbes Jahr später verurteilte uns ein Gericht zu 16 Stunden sozialer Arbeit im Hofninger Forst.

Epilog

Fink

wurde nach einem Jahr Jugendhaft auf Bewährung entlassen und zog zunächst wieder bei seiner Mutter und seiner Oma ein. Nach vielen häuslichen Reibereien verschaffte ihm das Jugendamt eine eigene Wohnung in Hofning unter der Bedingung, dass Fink eine Ausbildung mache. Er entschied sich für den Beruf Gärtner. Nach erfolgreichem Abschluss der Lehre ging er auf das Abendgymnasium, um sein Abitur nachzuholen, gab aber nach zwei Jahren entnervt auf. Vor vier Jahren schwängerte er eine um fünf Jahre ältere Frau, die aus einem Dorf in der Nähe von Kiel nach Hofning gezogen war. Seitdem betreibt er mit der Mutter seines Kindes einen florierenden Handel mit Bioprodukten. Die Anbauflächen im Wald zwischen Dingenskirchen und Bimskofen sind nur wenige hundert Meter von dem Platz entfernt, an dem einst Finks Hütte stand.

Der Gritschneder Marcel aka «La Bombe»

machte sein Abitur mit 1,1, zog anschließend nach Berlin, um dort Informatik zu studieren, und wurde Mitglied des Chaos Computer Clubs. Heute arbeitet er als Abteilungsleiter in einem großen IT-Unternehmen und lebt mit seinem Lebensgefährten in einer Altbauwohnung im Prenzlauer Berg. Sie denken darüber nach, ins Berliner Umland zu ziehen. Seinen Nom de Guerre legte er nach der Führerscheinprüfung ab.

Jürgen

muss in den Wochen nach Finks Festnahme irgendwann seine Sachen gepackt haben und verschwunden sein. Er wurde seitdem nicht mehr gesehen, auch nicht bei der Gerti.

Vreni

begann nach dem Abitur, Biologie in Würzburg zu studieren. Nach dem Vordiplom wechselte sie an die Uni München und lebte dort mehrere Jahre lang mit begeisterten Snowboard-Fahrern aus Fürstenfeldbruck und anderen Städten des Münchner Umlands in einer WG. Nach dem Studium zog sie zurück nach Dingenskirchen, wo sie bis heute die Düngemittelfabrik ihrer Eltern leitet. Hört immer noch Death Metal.

Der Kreithmayer Schorsch

setzte sich mit Gebrüll gegen den alten Kreithmayer durch, machte das Abitur nach und studierte Landwirtschaft in Weihenstephan. Seine Promotion über «Milchviehfütterung in der ökologischen Landwirtschaft» steckt in den letzten Zügen. Der Kreithmayer Schorsch hat ein Angebot von einer chinesischen Universität, überlegt aber noch, ob er es annimmt.

Der Gerlinger Sepp

schloss seine Ausbildung zum Fliesenleger erfolgreich ab und verdient seitdem das Doppelte seines Bruttogehalts noch einmal schwarz hinzu, da er bei sämtlichen Neubauten seiner Spezln Fliesen in Bad, Küche, Flur und manchmal auch im Rest des Hauses verlegt. Seine Abende verbringt er nur noch selten im Out, dafür aber umso öfter bei der Gerti. Die anderen Gang-Mitglieder trifft er immer am Samstag- oder Sonntagnachmittag beim Fußballspiel seines achtjährigen Sohnes.

Ingrid

ist gerade zum dritten Mal Mutter geworden. Sie lebt mit dem Gerlinger Sepp in einer Doppelhaushälfte und kauft sich alle drei Monate ein neues Fitnessgerät, welches dann aber unbenutzt im Hobbykeller vor sich hin steht. Ingrid fährt ihre drei Kinder jeden Tag mit dem Auto in den Kindergarten, zur Schule und zum Fußballtraining.

Özcan

musste im darauffolgenden Jahr eine Haftstrafe im Jugendgefängnis verbüßen, nachdem er mehrere Anzeigen wegen Körperverletzung und Landfriedensbruch erhalten hatte (Gerüchten zufolge soll er im Out hochprozentigen Alkohol auf eine Sitzgruppe verteilt haben, diesen angezündet und so einen Schwelbrand verursacht haben. Das Out musste infolge der starken Rauchentwicklung zwei Wochen lang schließen.

Das war, kurz bevor bekannt wurde, dass der Besitzer des Outs einen schwunghaften Handel mit Anabolika betrieb). Im Jugendgefängnis traf er Fink. Zwischen beiden entstand eine bis heute andauernde Freundschaft. Özcan leitet heute das Reisebüro seines Vaters in Hofning, das sich auf Reisen in die Türkei spezialisiert hat, und ist Vater zweier Kinder.

Ich

zog nach dem Abitur nach München, um zu studieren. Nach einiger Zeit kam ich dort zu der bahnbrechenden Erkenntnis, dass in der Stadt auch alle nur mit Wasser kochen. Ins Münchner Umland fahre ich ungefähr einmal im Monat, um meine Mutter zu besuchen. Ich bin des Bairischen mächtig und hätte gern, dass meine Kinder eines Tages wissen, wie eine grüne Haselnuss schmeckt.

MIX
Papier aus verantwortungsvollen Quellen
FSC® C083411

Das für dieses Buch verwendete FSC®-zertifizierte Papier
Lux Cream liefert Stora Enso, Finnland.